Die Welt blickt nach China. Das riesige Land hat sich in den letzten Jahren zu einer selbstbewussten Wirtschaftsmacht entwickelt. Immer mehr Europäer zieht es in das Reich der Mitte. Doch was erwartet die Besucher? Auf der einen Seite erscheinen die Chinesen aufgeschlossen für alles Neue, auf der anderen Seite sind sie Traditionen verhaftet, die einem Westeuropäer fremd sind. Yu-Chien Kuan und Petra Häring-Kuan sind in beiden Kulturen zu Hause. Lebendig und mit vielen persönlichen Beispielen zeigen sie, wo die Fettnäpfchen lauern. Diese zu umgehen und den Aufenthalt für beide Teile zu einem erfolgreichen Abschluss zu bringen ist das Ziel dieses Buches.

Yu-Chien Kuan wurde 1931 in Kanton geboren. Nach einer dramatischen Flucht aus dem China der Kulturrevolution und anderthalb Jahren Schutzhaft in einem ägyptischen Zuchthaus fand er 1969 seine zweite Heimat in Deutschland. Er promovierte an der Universität Hamburg und lehrte dort Sinologie. Im chinesischsprachigen Raum gehört er zu den anerkannten Fachleuten für europäische Fragen, in Deutschland ist er einer der bekanntesten Vermittler chinesischer Kultur.

Petra Häring-Kuan, geboren 1950, lernte 1970 Yu-Chien Kuan kennen. Sie gab ihren Wunsch, Medizin zu studieren, auf und entschied sich für Sinologie. Sie beschäftigte sich intensiv mit der chinesischen Sprache, Literatur sowie traditioneller chinesischer Medizin. Studienaufenthalte in der VR China und in Taiwan vertieften ihre Kenntnisse und machten sie zu einer profunden Kennerin Chinas. Sie lebt heute als Autorin und Dolmetscherin für Chinesisch und Englisch in Hamburg und in Shanghai.

Unsere Adresse im Internet: www.fischerverlage.de

Yu-Chien Kuan
Petra Häring-Kuan

Der China-Knigge

Eine Gebrauchsanweisung
für das Reich der Mitte

Fischer
Taschenbuch
Verlag

10. Auflage: Dezember 2014

Originalausgabe
Erschienen im Fischer Taschenbuch Verlag,
einem Unternehmen der S. Fischer Verlag GmbH,
Frankfurt am Main, September 2006

© S. Fischer Verlag GmbH, Frankfurt am Main 2006
Dieses Werk wurde vermittelt durch die Literarische Agentur
Thomas Schlück GmbH, 30827 Garbsen
Satz: Pinkuin Satz und Datentechnik, Berlin
Druck und Bindung: CPI books GmbH, Leck
Printed in Germany
ISBN 978-3-596-16684-8

Inhalt

China – *Zhong Guo* – das Reich der Mitte im Wandel   9

***Tianxia* – das Land unter dem Himmel**
Ein kurzer Überblick über die chinesische Geschichte   13
China und der Westen – die Geschichte einer Beziehung

China, eine Kulturnation   42
Zwei Männer, die die chinesische Welt prägten: der Philosoph Konfuzius und der Reichsgründer Qin Shi Huang Di · Zwei Männer, die das moderne China prägten: der Revolutionär Mao Zedong und der Reformer Deng Xiaoping · Die Chinesen – ein Volk der Tüftler und Erfinder

Die Grundlagen der Philosophie   65
Der Daoismus · Der Konfuzianismus · Der Legalismus – die Rechtsschule

Religiöses Leben   70
Ahnenkult

Chinesisch – ganz einfach, aber nichts für Faulpelze   83

Die Menschen   89
Lao bai xing – die alten hundert Familiennamen – das Volk · Nachnamen vorangestellt · Die Wahl der Vornamen

Mentalität und Verhaltensweisen – Versuch einer Beschreibung   92
Individuum und Gemeinschaft · Ganzheitliches Denken und Harmoniebedürfnis · Die Anpassungsfähigkeit der Chinesen · Das Zusammengehörigkeitsgefühl · Heimat-

verbundenheit · Der Stolz auf die alte Kultur · Weisheit und Schläue kontra Wagemut und Abenteuerlust · Von Gefühlen · Vom undurchschaubaren Lächeln · Nur nicht das Gesicht verlieren · Geduld und Pragmatismus · Bescheidenheit – eine bewährte Tugend · Offenheit und Neugier · Höflichkeit · Geschäftssinn und grenzenloser Fleiß · *Renao* – von Trubel und Lärm · Meister der Über- und Untertreibungen · *Cha bu duo!* Es fehlt nicht viel – chinesische Ungenauigkeit · Reinlichkeit

Die Familie – Solidargemeinschaft und Urzelle der chinesischen Gesellschaft 119

Die großen Clans · Verwandtschaftsbezeichnungen · Die Herkunft der Familie · Das konfuzianisch geprägte Familiensystem · Familiensinn und Vetternwirtschaft · Traditionelle Großfamilie kontra moderne Kleinfamilie

Die Situation der Frauen 128

Mann und Frau, eine harmonische Gemeinschaft · Die traditionelle Rolle der Frau · Die gebundenen Füße · Die Befreiung der Frauen · Die Situation der Frauen heute · Prüderie · *Bao er nai* – sich eine Nebenfrau halten · Die Rückkehr der Prostitution

Der Kreis des Lebens 139

Partnerwahl · Ein Leben als Single? · Hochzeit – Die Jungen heiraten, die Alten feiern · Scheidung · Alter · Tod

Rund um den Nachwuchs 157

Ein Junge ist ein Glück, ein Mädchen ein Segen für die Familie · Die Ein-Kind-Politik · Ein Kind wird geboren · Erziehung und Ausbildung – Chinesische Eltern haben es schwer und ihre Kinder ebenfalls

Von *Qi, Yin* und *Yang* und *Wu Xing*, den fünf Wandlungsphasen 171

Die traditionelle chinesische Medizin · *Yang sheng* – das

Leben pflegen · *Fengshui* – »Wind und Wasser« – die Lehre von den Lebensströmen · Tierkreiszeichen · Von Kiefer, Bambus und Pflaumenblüte – chinesische Symbolik · Zahlensymbolik früher und heute · Chinesische Handzeichen

Umgangsformen 199
Titel und Bezeichnungen · Die Anrede: duzen oder siezen? · Vom Grüßen und Begrüßen · Visitenkarten · Das Gespräch · Körperliche Berührung · Höflichkeit im privaten Umgang · Verletzende Klarheit · Telefonieren in China

Chinesische Gastfreundschaft 210
Zur Begrüßung ein Getränk · Das gemeinsame Essen – das wichtigste Kommunikationsmittel der Chinesen · Verabredung und Einladung · Bestätigung ist ratsam · Eine neue Regel in vielen Privathaushalten: Schuhe ausziehen · Gastgeschenke · Die sparsamen Deutschen · Nicht jeder isst Käse · Auf die Qualität kommt es an

Tischsitten 218
Sitzordnung · Von der Vielfalt eines »gemeinsamen« Essens · Der zurückhaltende Gast · Die Aufforderung zum Essen · Stäbchen und Schale · Vom gemeinsamen Trinken · Von Zungenakrobaten und zwangloser Etikette · Geräusche bei Tisch · Zigaretten und Alkohol gehören allen · Reste lassen ist höflich · Der Abschluss eines Essens · Der Kampf um die Rechnung oder *going Dutch* · Trinkgelder · Verabschiedung von Gästen

Vom Essen und Trinken 230
Chinas Essgewohnheiten und Regionalküchen · Von der Ausgewogenheit der chinesischen Küche · Nahrungsmittel sind Heilmittel – von Geschmack, Temperaturverhalten und energetischer Wirkrichtung · Nicht alle Chinesen sind Reisesser · Drei warme Mahlzeiten am

Tag • Die Chinesen und die westliche Küche • Die Vielzahl der Regionalküchen • Die chinesische Küche – eine Küche der Armen • Wer kocht? • Was wird getrunken? • China – das Land des Tees

Feiertage und Feste 244

Das Neujahrsfest, *Guonian*, auch Frühlingsfest, *Chunjie*, genannt • Laternenfest, *Yuanxiaojie* • Das Fest des klaren Lichts, *Qingmingjie* • Das Doppelfünffest, *Duanwujie*, auch Drachenbootfest, *Longchuanjie*, genannt • Fest der Liebenden, *Qiqiaojie* • Das Fest der Hungergeister, *Yuelanjie* • Mittherbstfest, *Zhongqiujie*, auch Mondfest genannt • 1. Mai, *Wu Yi*, Tag der Arbeit, und 1. Oktober, *Shi Yi*, Gründungstag der Volksrepublik China • Geburtstage

Aspekte des modernen Lebens 256

Guanxi – das Netzwerk persönlicher Beziehungen • *Danwei*, die Einheit im Wandel der Zeit • *Chai na!* Reißt alles ab! Chinas Städte im Wandel • Wohnungswesen • Anonymes Wohnen • Das tägliche Chaos auf den Straßen • *Zhen – Jia*, von Original und Fälschung • Korruption – *Fubai* und *Tanwu* • Kriminalität • Teilnahmslosigkeit und Aggressivität • Einkaufen in China • Freizeit • China macht Urlaub • Das Verhältnis zu Tieren

Deutsch-chinesisches Miteinander 296

Chinesen über Deutsche • Deutsch-chinesische Freundschaften und Ehen • Eurozentristische Arroganz • Ist jeder Chinese ein Vertreter seiner Regierung?

China, so groß und vielfältig wie ein Kontinent 305

Lage und Topographie • Klima • Wetterphänomene • Bevölkerung • Sprache • Von Mandschuren und Kantonesen

Nachbemerkung 316

China – *Zhong Guo* –
das Reich der Mitte im Wandel

Die Welt blickt nach China. Das riesige Land am östlichen Ende des eurasischen Kontinents mausert sich zu einer selbstbewussten Großmacht. Für viele Menschen im Westen ist die Vorstellung noch ungewohnt, dass das einstmals arme und unterentwickelte asiatische Land in der internationalen Wirtschaft und Politik maßgeblich mitentscheidet, zu tief sitzt das Selbstverständnis einer politischen, wirtschaftlichen und kulturellen Vorherrschaft Europas und Nordamerikas.

Wir erleben China heute in einem atemberaubenden Übergangsprozess. Aus der Agrar- wird eine Industriegesellschaft, Dörfer verwandeln sich in Städte, Bauern in Stadtbewohner und das ehemalige Entwicklungs- wird zu einem Hightech-Land. Der tief greifende Wandel setzte schon vor über 150 Jahren ein, als der Niedergang der Qing-Dynastie zu Rückständigkeit und Armut führte und ausländische Mächte die Schwäche des Landes nutzten, um ihm einen aggressiven Handel aufzuzwingen und es zu kolonialisieren. 1911 erfolgte der Sturz der jahrtausendealten Kaiserdynastie. Die folgenden Jahrzehnte waren geprägt von Kämpfen gegen Kriegsherren und ausländische Invasoren; und einem erbitterten Bürgerkrieg folgte schließlich 1949 die kommunistische Revolution. Mit der Gründung der Volksrepublik schöpften die Menschen Hoffnung auf einen Neubeginn und den Aufbau einer gerechten Gesellschaft. Doch die sozialistische Umgestaltung war begleitet von endlosen politischen Kampagnen, die verheerende Folgen hatten und in der menschenverachtenden Kulturrevolution gipfelten. Wie ein altes, marodes Schiff kreuzte das Land durch stürmische Gewässer und gelangte erst ab 1978 mit Beginn von Deng Xiaopings Reform- und Öffnungspolitik in ruhigeres Fahrwasser.

Die Wirtschaftsexperten sind sich heute einig: Die wichtigsten Absatzmärkte der Zukunft liegen in China. Große internationale Unternehmen haben sich längst darauf eingestellt und sind seit

Jahrzehnten vor Ort aktiv. Aber auch kleinere Firmen sind nach Fernost aufgebrochen, ebenso selbständige Unternehmer und Freischaffende. Für viele, die in Europa kaum noch Chancen sehen, ist China zu einem Land mit unbegrenzten Möglichkeiten geworden. Niemand, so heißt es in der Wirtschaft, könne es sich heute noch leisten, seine Fühler nicht auch nach China auszustrecken. Das Land ist inzwischen Deutschlands wichtigster Handelspartner in Asien und zweitwichtigster Handelspartner außerhalb Europas.

China ist auf dem Weg, zur Weltfabrik zu werden. Hergestellt werden nicht nur beschäftigungsintensive Massenwaren, sondern auch Produkte der Hochtechnologie. Schon jetzt ist das Land führend in der Herstellung von Computern, Handys und Fernsehern, aber auch von so alltäglichen Dingen wie Knöpfen oder Büstenhaltern. Selbst Las Vegas kommt ohne chinesische Pokerkarten nicht mehr aus. Im Westen empfinden dies manche als Bedrohung. Sie sehen in Chinas Aufschwung den Grund für Stagnation und Wirtschaftsflaute im eigenen Land. Andere betrachten das Reich der Mitte als Herausforderung, der man sich stellen muss, die inspiriert und Chancen bietet, denn Wettbewerb spornt bekanntlich zur Steigerung der eigenen Leistung und zu neuen Ideen an.

Nicht nur im Westen tut man sich schwer mit dem Wandel. Auch unter den älteren Chinesen gibt es viele, die den dramatischen Veränderungen der letzten Jahrzehnte nicht gewachsen sind. Von der strikten Planwirtschaft ging es über in die freie Marktwirtschaft, aus staatlichen Betrieben wurden private, aus lebenslangen Arbeitsverhältnissen wurden zeitlich befristete und vertraglich geregelte Beschäftigungen. Die Menschen waren an ein soziales Netz gewöhnt, an die so genannte »eiserne Reisschale«: Der Staat kümmerte sich um seine entmündigten Bürger. Von der Geburt bis zur Beerdigung wurde alles organisiert. Heute muss jeder selbst sehen, wo er bleibt. Die Entwicklung einer gesetzlich geregelten Sozialversorgung, die im Falle von Krankheit, Arbeitslosigkeit und Alter einspringt, steckt noch in den Kinderschuhen. Für viele junge Leute, zumal für jene in den Städten, ist das kein Problem. Sie sind in der neuen Zeit groß geworden. Es sind zum Teil hervorragend ausgebildete Menschen, einige haben an ausländischen, andere an chinesischen Universitäten studiert und arbeiten heute als Manager, Investmentbanker, Ingenieure, Architekten und Designer. Von Maos Revolution wollen sie nichts wissen. Sie haben ihre eigenen Maßstäbe, die sich eher am westlichen Lebensstil als an den einstigen proletarischen Idealen orientieren. Dennoch wollen sie den Westen nicht kopieren. Sie sind stolz auf ihr Land und auf ihre Kultur, und sie blicken optimistisch in die Zukunft. Sie gehören zu denen, die mit ihren Ideen und ihrer Arbeit zu den Veränderungen des Landes beitragen. Viele der heute reichsten Chinesen sind noch keine 40 Jahre alt. Es sind mutige junge Leute, risikobereit, innovativ und unglaublich fleißig. Im Schnitt haben sie zwölf Jahre gebraucht, um sich an die Spitze zu kämpfen, und sie sind es, die Chinas Zukunft prägen werden.

Früher waren die meisten arm, heute sind einige sehr reich. Die Schere zwischen Arm und Reich klafft weit auseinander. Manche machen keinen Hehl aus ihrem Wohlstand und leben in schlossähnlichen Villen, die von amerikanischen oder europäischen Architekten entworfen und eingerichtet wurden. Nichts ist zu teuer, nur das Edelste ist gerade gut genug, während andere noch in großer materieller Not leben. Und dennoch geht es heute den Menschen besser als noch zu Beginn der 80er Jahre. Der Reformpolitik Deng Xiaopings ist es zu verdanken, dass 400 Millionen Menschen, die früher unter der Armutsgrenze lebten, aus ihrer Misere befreit wurden.

China erlebt neben dem wirtschaftlichen auch einen geistigen Wandel. Sehr häufig begegnet man im chinesischen Alltag ruppigen Umgangsformen, Rücksichtslosigkeit und Egoismus. Die politischen Kampagnen der Vergangenheit haben den Menschen den Glauben an ideelle Werte genommen. Längst hat das Volk erkannt, dass es mit politischen Losungen wie »dem Volke dienen« und der Idee vom »neuen Menschen«, der sich bedingungslos für die Gesellschaft aufopfert, betrogen wurde. Die Kulturrevolution brachte eine ganze Generation junger Menschen ohne angemessene Erziehung und Ausbildung hervor. »Verlorene Generation« nennt man sie. Sie war als Mittel zum Zweck in einem erbarmungslosen Machtkampf missbraucht worden. Für sie und für viele andere zählt heute nur noch Geld. Doch besinnt man sich langsam auch wieder auf traditionelle Werte und auf das kulturelle Erbe. Es sind die alten Tugenden, nämlich Geduld, Fleiß, Sparsamkeit und Ausdauer, die heute Erfolg versprechen und von denen vor allem die neue, rasant wachsende Mittelschicht profitiert.

Fast unbemerkt verändern sich auch die politischen Verhältnisse. Die Menschen haben heute unvergleichlich mehr Freiheiten als früher. Als Yu-Chien, der Autor dieses Buches, ins Berufsleben eintrat, durfte sich niemand sein Betätigungsfeld selbst auswählen, und völlig ausgeschlossen war es, auf eigene Faust ins Ausland zu reisen. Gefährlich konnte auch der Kontakt zu Ausländern sein. Mitte der 70er Jahre war es Petra, der Autorin, während ihres ersten Besuches in China nicht möglich, Yu-Chiens Familie in Beijing zu besuchen, denn selbst harmlose Gespräche mit Fremden konnten Chinesen in den Verdacht geraten lassen, für ausländische Geheimdienste zu arbeiten. Die Grundrechte, wie sie heute in China wieder gewährt werden und die für viele Menschen im Westen so selbstverständlich sind, werden besonders von den älteren Chinesen dankbar angenommen. Bis China sich jedoch zu einem nach deutschem Verständnis demokratischen Rechtsstaat entwickelt, wird noch einiges an Zeit vergehen. Manche Chinesen warnen allerdings schon jetzt vor einem zu raschen Wandel und sehen in einer starken zentralen Führung den Garant für Stabilität und Frieden. Wegen seiner enormen Größe und seiner 1,3 Milliarden Einwohner müssten Veränderungen wohl bedacht und ruhig angegangen werden. Chinas Reform- und Erneuerungsprozess sei mit der Fahrt in einem langen, schwer beladenen Zug vergleichbar. Wenn er zu schnell fährt, kann er entgleisen.

Tianxia – das Land unter dem Himmel. Ein kurzer Überblick über die chinesische Geschichte

Auf fünftausend Jahre Kulturgeschichte blicken die Chinesen zurück, darunter auf fast dreitausend Jahre mit authentischer Geschichtsschreibung. Kein anderes Land der Erde besitzt eine derart lange Kontinuität seiner Kultur, und kein anderes Volk einen ähnlich starken Traditionalismus. Denn immer war es die Vergangenheit, an der sich die Menschen orientierten und in der sie Vorbilder für die Gegenwart suchten. Die Vorstellung von einem Universalstaat, wie er im Altertum existiert haben soll, überdauerte alle Teilungen, Eroberungen und Veränderungen, die das Reich im Laufe seiner langen Geschichte erschütterten. Immer wieder gelang es, das Land zu einen und den Fortbestand der chinesischen Nation zu sichern – *Tianxia*, das Land unter dem Himmel, ein geeintes China.

Eine Besonderheit der chinesischen Geschichte ist ihre dynastische Periodisierung, die Einteilung und Zählung nach Herrscherhäusern, die über die gesamte Kaiserzeit eingehalten wurde. Jeder Begründer einer Dynastie gab dieser einen Namen, mit dem eine neue Zeitrechnung begann. So etwa Zhu Yuanzhang, der 1368 seine Dynastie *Ming* (hell und klar) nannte. Jeder Kaiser stellte zudem die einzelnen Jahre oder seine gesamte Regierungszeit unter eine bestimmte Devise. *Hongwu*, »umfassendes Kriegertum«, nannte der erste Ming-Kaiser seine Regierungszeit, während der dritte Kaiser derselben Dynastie unter der Devise *Yongle*, »Ewige Freude«, regierte. Als nach fast 280 Jahren und insgesamt 17 Kaisern die Mandschuren die Ming-Dynastie stürzten, gründeten sie 1644 die *Qing-Dynastie*, mit der für das Reich der Mitte abermals eine neue Zeitrechnung begann.

Am Anfang der chinesischen Geschichte steht ein legendäres Zeitalter mit seinen mythischen Herrschern, denen man Weisheit, persönliche Integrität, Tugend und Pflichtbewusstsein nachsagt. Sie sollen das Land ganz im Einklang mit der Natur regiert und immer den Würdigsten von allen zum Herrscher gewählt haben. Deshalb waren sie seit jeher Symbol und Vorbild für eine ideale Regentschaft. Viele Legenden erzählen von ihren heroischen Leistungen. Von Fu Xi etwa, der die Sippenverbände formte, Namen einführte und außerdem die Menschen in Jagd, Fischfang und Tierhaltung unterwies, oder von Shen Nong, dem Göttlichen Ackersmann, der den Pflug erfand, den Anbau der fünf Kornarten förderte und die Naturheilkunde entwickelte. Auch Huang Di zählt zu den mythischen Herrschern. Er wird noch heute als Urahn der Chinesen verehrt. Huang Di soll das Reich in Provinzen eingeteilt und eine geordnete Verwaltung eingeführt haben. Von weiteren erhabenen Herrschern und ihren großartigen Leistungen berichten die Legenden. Historisch belegt ist jedoch nichts davon.

Es gab mehrere Zentren, in denen sich die chinesische Zivilisation entwickelt hat. So an den Ufern des Gelben Flusses, im Tal des Yangzi und in Gebieten des heutigen Liaoning und Shandong. Ausgrabungen lassen vermuten, dass es einzelne lokale Kulturen waren, die untereinander Fertigkeiten und Güter austauschten, und schließlich eine große neue Kultur, nämlich die chinesische, entwickelten. Im Zentrum der Aufmerksamkeit stand bisher die Region am Mittellauf des Gelben Flusses, im heutigen Henan, weil dort die ersten schriftlichen Zeugnisse gefunden wurden, eingeritzt in Schildkrötenbauchpanzer und in Schulterblätter von Rindern. Sie stammen aus dem zweiten vorchristlichen Jahrtausend und zeugen von einer bereits existierenden Hochkultur. Um etwa 2000 v. Chr. entstand dort ein erster chinesischer Staat, die *Xia-Dynastie* (ca. 2100–1600 v. Chr.), gegründet vom »Großen Yu«, von dem die Legende berichtet, dass er den Gelben Fluss bändigte. Der Gelbe Fluss wie auch der Yangzi haben die Menschen schon früh zu kollektivem Handeln gezwungen, denn nur in gemeinschaftlichen Anstrengungen war es möglich, den periodisch auftretenden Überschwemmungen und Dürren mit der Schaffung von Ent- und Bewässerungssystemen vorzubeugen.

Auf die legendäre *Xia*- folgte die *Shang-Dynastie* (ca. 1600–1100 v. Chr.), die im 14. Jahrhundert ihre Blütezeit erlebte. Die Menschen der Shang kannten bereits Streitwagen und Bronzewaffen, befestigte Städte und die Schrift. Die eingangs erwähnten, in Tierknochen eingravierten Schriftzeugnisse stammen aus dieser Zeit. Sie wurden für Weissagungen genutzt, weshalb sie auch Orakelknochen genannt werden. Mit ihnen erhofften sich die Menschen Antworten auf Fragen zu allen Bereichen ihres Lebens, ob es sich um Reisen und geplante Kriegszüge oder um Ernteaussichten, Wetter, Geburt, Krankheit und Tod handelte oder ob man Feste feiern und bestimmte Opfer bringen sollte. Durch Erhitzen brachte man die flachen Knochen zum Splittern. In dem Moment des Splitterns sprachen die Götter und Ahnen zu den Menschen, und es oblag den Weisen, die Risse zu deuten. Die Frage und die Interpretation der »Antwort« wurden auf den Knochen vermerkt. Über hunderttausend davon hat man zutage befördert und durch sie erfahren, was die Menschen damals bewegte. Auf diese Weise erhielt man Kenntnis von den Opferriten der Shang und den Anfängen des Ahnenkultes (siehe auch »Ahnenkult«, S. 78), der das chinesische Denken entscheidend prägt. Von der Pracht der Opferrituale in der Shang-Zeit zeugen reich verzierte Bronzegefäße von mehreren Hundert Kilo Gewicht, die man bei Ausgrabungen gefunden hat.

Mit dem Niedergang der Shang- und dem Aufstieg der nachfolgenden Zhou-Dynastie wird ein typisches Verlaufsmuster deutlich, das sich in der chinesischen Geschichte häufig wiederholen sollte: Unter den um Vorherrschaft kämpfenden Kräften setzt sich ein Mann durch und gründet eine neue Dynastie, die unter der Regierung seiner Nachkommen einen Höhepunkt erreicht. Dann aber schwächen Dekadenz, Korruption und Vergnügungssucht das Herrscherhaus. Die Bauern, auf deren Schultern das Wohl und Wehe des Landes ruht, verelenden und machen ihrer Wut durch Aufstände Luft. Rebellionen erschüttern das Reich, frische Kräfte setzen sich durch und beenden die alte Dynastie durch Gründung einer neuen.

Die *Zhou-Dynastie* (ca. 1100–221 v. Chr.) gilt als das klassische Zeitalter Chinas. In dieser Zeit entstand die Vorstellung von einem Idealstaat, geführt von einem tugendhaften Herrscher, der nach sozialer Ordnung und Fürsorge strebt. Der Himmel war oberste Gottheit und zugleich auch Wächter über die irdische

Herrschaft. In seinem Auftrag regierte der Herrscher als Sohn des Himmels die Welt. Als Mittler zwischen Himmel, Erde und Menschen brachte er dem Himmel Opfer dar, so wie in den Familien der älteste Sohn den Ahnen Opfer brachte. Wurde der Herrscher dem göttlichen Auftrag nicht gerecht, verwarnte ihn der Himmel, indem er durch ungewöhnliche Naturerscheinungen ein Zeichen seines Missfallens gab. Er konnte ihm aber auch die Macht entziehen und einem anderen das Regierungsmandat übertragen.

In dieser am längsten währenden chinesischen Dynastie entwickelte sich der Feudalismus zu voller Blüte. Die Könige der Zhou teilten ihr neu erobertes Land in Lehen auf, die sie an Mitglieder der Herrscherfamilie, an Stammesfürsten und loyale Adlige vergaben. Im Laufe von 300 Jahren erstarkten diese Lehnsstaaten und wurden zu erblichen Fürstentümern. Im Jahre 771 v. Chr. erhob sich ein Teil von ihnen, tötete den König und vertrieb dessen Nachkommen aus der westlichen Hauptstadt nahe dem heutigen Xi'an in die östliche Hauptstadt, dem heutigen Luoyang. Die nächsten 500 Jahre waren geprägt von erbarmungslosen Kämpfen um die Vorherrschaft. Sie gingen als Periode der »Streitenden Reiche« in die Geschichte ein.

Trotz der vielen Kriege, Machtkämpfe und dem Niedergang der königlichen Herrschaft entwickelte sich in dieser Zeit ein Geistesleben von nie wiederkehrender Vielfalt. Die Blüte des klassischen Schrifttums begann. Die berühmtesten Denker Chinas wie Konfuzius, Mengzi, Zhuangzi, Mo Di, Han Feizi und Xunzi wirkten in dieser Zeit. Sie schufen die Grundlagen der chinesischen Philosophie.

Dem Fürsten von Zheng gelang es, alle anderen Staaten zu unterwerfen und das Reich zu einen (siehe auch »Qin Shi Huang Di«, S. 46). Er gründete die *Qin-Dynastie* (221–206 v. Chr.) und ist als Kaiser Qin Shi Huang Di heute weltberühmt. Obwohl seine Dynastie nur von kurzer Dauer war, entstand in dieser Zeit ein Staatssystem, das über 2000 Jahre im Wesentlichen beibehalten werden sollte.

Unter der anschließenden *Han-Dynastie* (206 v.–220 n. Chr.) dehnte sich der chinesische Machtbereich bis weit in den Nordosten, Nordwesten und Süden aus. Neue Handelswege leiteten den Waren- und kulturellen Austausch mit dem Westen ein. Der Buddhismus kam ebenfalls auf diesem Wege von Indien nach China.

Die Herrscher der Han übernahmen den straff organisierten Zentralstaat der Qin und schufen eine dem Kaiser loyal ergebene, hierarchisch aufgebaute Gelehrtenbürokratie. Der Konfuzianismus wurde Staatsdoktrin und zur Grundlage aller Prinzipien in Sitte und Moral. Damit entstand ein Konfuzianertum, das bis zum Ende der Kaiserzeit 1911 weitgehend erhalten blieb.

Feldzüge gegen Feinde von außen und Machtkämpfe im Innern schwächten im Laufe der Zeit die Zentralregierung. In den Händen reicher Familien konzentrierte sich der Boden, was zu Verarmung und Landflucht der Bauern führte. Kämpfe zwischen den Kaiserinnen-Clans und Eunuchen um Macht und Positionen beschleunigten den Niedergang. Unter der einstmals loyalen Beamtenschaft grassierte die Korruption. Am Ende der Han-Dynastie standen Aufstände und der Kampf zwischen drei mächtigen Generälen um die Vorherrschaft. Die folgenden 400 Jahre erlebte das Reich Dynastien und Königreiche, die nur von kurzer Dauer waren.

Wieder einmal erschütterten endlose Machtkämpfe das Land. Erst 581 gelang es einem Heerführer, das Reich wieder zu einen. Er gründete die *Sui-Dynastie* (581–618), die ähnlich kurzlebig war wie die Qin-Dynastie von Qin Shi Huang Di. Die Sui-Herrscher hinterließen der Welt ein einmaliges, wenn inzwischen auch fast vergessenes Bauwerk: den Kaiserkanal, der die Flüsse Haihe, Gelber Fluss, Huaihe und Yangzi miteinander verband und mit über 1500 Kilometern die längste künstliche Wasserstraße der Welt wurde. Dieser Kanal ermöglichte einen regen Warenaustausch zwischen dem Norden und Süden Chinas.

Prunk- und Verschwendungssucht des Kaiserhofes führten zu Bauernaufständen und zum Untergang der Sui. Ein General setzte sich gegen seine Rivalen durch und begründete ein neues Herrschergeschlecht: die *Tang-Dynastie* (618–907). Unter den ersten beiden Tang-Kaisern entwickelte China sich zur Großmacht und erlebte einen weiteren kulturellen Höhepunkt in seiner Geschichte. Das Reich erfuhr eine nie da gewesene Ausdehnung, was zu einer Blütezeit des Außenhandels und zu Wohlstand führte. Ausländer kamen ins Land und ließen sich nieder. Die Hauptstadt Chang'an, das heutige Xi'an, war mit zwei Millionen Einwohnern eine Weltmetropole. Das Goldene Zeitalter der chinesischen Poesie und der Malerei fällt in diese Zeit. Die Werke bedeutender Dichter, unter ihnen Li Bai, Du Fu und Bai Juyi, haben bis heute überlebt. Der Buddhismus wurde zur vorherrschenden Religion. In Tempeln und Grotten entstanden prächtige Wandmalereien.

Wieder verlor die Zentralregierung an Macht, mächtige Gouverneure versagten ihr die Loyalität, Fraktionskämpfe zwischen Beamten und Eunuchen verschlimmerten die Lage, jahrzehntelange Bauernaufstände und Revolten führten schließlich zum Sturz der Dynastie. Es folgten fünf kurzzeitige Dynastien, das Land zerfiel in zehn Königreiche. Gut 50 Jahre später wählten Offiziere einen ihrer Generäle zum neuen Kaiser, der Teile des Reiches wieder vereinte und seine Dynastie *Song* (960–1279) nannte. Wieder erlebte das Land vor allem in kultureller Hinsicht eine Glanzzeit. Noch heute ist die Keramik aus dieser Zeit berühmt, das Seladon, das aus Steingut gefertigt und mit einer hellgrünen Glasur versehen wurde. Erstmals kam auch weißes Porzellan mit blauer Bemalung auf.

Im 13. Jahrhundert eroberten die Mongolen China und machten es zu einem Teil ihres Weltreiches, das sich nahezu über den gesamten eurasischen Kontinent erstreckte. Kublai Khan gründete die *Yuan-Dynastie* (1271–1368) und bestimmte das heutige Beijing zu seiner Hauptstadt. Von nun an besetzten Mongolen die höchsten Regierungsämter. Unterstützt wurden sie von Fremden, zum Beispiel Türken, Uiguren und Persern. Unter ihnen war angeblich auch der berühmte venezianische Kaufmannssohn Marco Polo, der 17 Jahre im Dienst der Mongolen gestanden haben soll. Doch es gelang den Mongolen nicht, den hoch zivilisierten chinesischen Agrarstaat zu regieren. Die Bauern verelendeten, und Hungerrevolten erschütterten das Land. Zhu Yuanzhang, ein Bettelmönch, der einer verarmten Kleinbauernfamilie entstammte, setzte sich an die Spitze der Aufstandsbewegung und gründete nach Vertreibung der verhassten Mongolenherrscher die *Ming-Dynastie* (1368–1644).

Mit dem Zerfall des Mongolenreiches auch in Innerasien wurden die Handelswege von und nach Westen unzugänglich und dadurch der Fernhandel unterbrochen. Die Seefahrt gewann an Bedeutung. Schon in der Han-Dynastie waren chinesische Schiffe nach Indonesien und Korea gesegelt. Doch nun setzte man andere Maßstäbe: China wurde zur überlegenen Macht des 15. Jahrhunderts und zur führenden Seefahrernation. Unter dem Kommando von General Zheng He, einem Eunuchen, stachen riesige Schiffsverbände in See, Neunmaster von über 120 Meter Länge und Hunderte von Begleitbooten mit 28 000 Mann Besatzung. Sie segelten über die Weltmeere bis nach Ostafrika, legten an fremden Küsten an und trieben Handel. Seide, Tee, Porzellan und Sandelholz waren im Westen heiß begehrt, ebenso Waren aus Lack, Bronze, Silber und Eisen. Die Chinesen tauschten sie ein gegen Edelsteine, Gewürze, Teppiche, seltene Hölzer, Elfenbein, Giraffen und andere Tiere. Doch schon gegen Ende des 15. Jahrhunderts fand die ambitionierte Flottenpolitik ein Ende. Die Kaiser wandten ihre Aufmerksamkeit dem Kampf gegen innerasiatische Steppenvölker und der Abgrenzung nach außen zu. Ein Zeugnis dieser neuen Politik ist die Große Mauer, wie sie heute noch in der Nähe von Beijing zu sehen ist. Das Ende der Ming-Dynastie wurde erneut durch Misswirtschaft, Bauernrevolten und Cliquenkämpfe zwischen Eunuchen und Beamten ausgelöst. Dieses Chaos nutzten tungusische Volksstämme aus der Mandschurei, die sich mit den Nachkommen der einstmals vertriebenen Mongolen verbündeten. Sie stürzten die Ming- und gründeten die *Qing-Dynastie* (1644–1911). Zum Zeichen ihrer Unterwerfung und unter Androhung der Todesstrafe mussten die Chinesen einen Zopf tragen.

Unter den ersten Qing-Kaisern wurde China zur vorherrschenden Macht in Zentral- und Ostasien. Ost-Turkestan und Tibet waren dem Reich angegliedert worden, Korea, Indochina und Nepal hatten die chinesische Oberhoheit anerkannt. Anfangs gaben sich die mandschurischen Herrscher den westlichen Wissenschaften gegenüber sehr aufgeschlossen. Jesuiten bekamen Zugang zum Hof und wirkten dort auf verschiedenen Gebieten. Ihre begeisterten Berichte über die chinesische Kultur beeindruckten europäische Gelehrte, allen voran Voltaire und Leibniz, und prägten lange Zeit das Chinabild im Westen.

Der lange innere Friede führte zu einem enormen Bevölkerungsanstieg. Nach weniger als 200 Jahren hatte sich die Bevölkerung bei gleich bleibenden landwirtschaftlichen Produktionsverhältnissen mehr als verdreifacht. Die Bauern – etwa vier Fünftel der chinesischen Bevölkerung – hatten hohe Steuern zu zahlen und mussten Frondienste leisten. Die Mehrheit von ihnen lebte in Armut. Alternativen für überschüssige Arbeitskräfte gab es nicht. Handwerk und Gewerbe litten unter der Willkür der korrupten Beamtenschaft, und es war profitabler, in Landbesitz zu investieren und Beamtenposten zu erkaufen, als, ähnlich wie in Europa, Finanzmittel in den Aufbau einer Industrie zu stecken. So begann mit dem 19. Jahrhundert eine Zeit der Stagnation. Jahrhundertelang war China in Wissenschaft und Technik führend gewesen, doch nun erstickte das Land durch die Unfähigkeit der Regierung, längst fällige Reformen einzuleiten.

Im Niedergang der Dynastie sahen ausländische Mächte eine Chance, China zu kolonialisieren. Kaufleute aus anderen Ländern durften nur in Kanton und Macao mit chinesischen Monopolkaufleuten Handel treiben. Der chinesische Tee war zum wichtigsten Handelsgut geworden, das in Silber bezahlt werden musste. Da vor allem die Briten gewaltige Mengen Tee importierten, fürchteten sie um ihre Silberreserven und begannen das Geschäft mit indischem Opium. Die chinesischen Behörden erließen mehrere Einfuhrverbote für Opium, doch konnte man diese durch Schmuggel und Korruption umgehen. Als die Opiumsucht bedrohliche Ausmaße annahm, befahl die chinesische Regierung 1839 die Verbrennung der britischen Opiumvorräte in Kanton. Daraufhin beschossen britische Kriegsschiffe die südostchinesische Küste. Dieser erste so genannte Opiumkrieg zeigte die waffentechnische Überlegenheit der Europäer und ermutigte diese, immer dreistere Forderungen zu stellen. Im ersten der »Ungleichen Verträge« – weil unter Gewaltandrohung geschlossen – musste China 1842 unter anderem fünf Häfen für den Handel mit den Fremden öffnen und eine Kriegsentschädigung zahlen. Auch eine für China verhängnisvolle Meistbegünstigungsklausel wurde durchgesetzt, die besagte, dass alle Vorrechte, die China anderen Staaten zugestand, automatisch auch für England galten. In nachfolgenden Verträgen wurden weitere Handelshäfen geöffnet, Hongkong an die Briten abgetreten und der Opiumhandel de facto zugelassen. Der europäische Imperialismus hatte China erreicht. Das Land wurde unter den Kolonialmächten, darunter Großbritannien, Frankreich, Russland und später auch Deutschland, in ausländische Einflusszonen geteilt und auf einen halb kolonialen Status herabgesetzt. Die fremden Machthaber kontrollierten Zoll, Außen- und teilweise auch Binnenhandel, ebenso die wichtigsten Städte.

Bürgerkriegsähnliche Aufstände und ein zweiter Opiumkrieg erschütterten das Land. Der Taiping-Aufstand (1851–1864), angeführt von christlichen Fanatikern, wandte sich gegen die verhassten Mandschu-Herrscher, wurde jedoch, teilweise mit ausländischer Hilfe, blutig niedergeschlagen. Dürrekatastrophen, Überschwemmungen, wirtschaftliche Not und der Hass auf die Fremdmächte, zu denen auch das herrschende mandschurische Kaiserhaus zählte, führten 1900 zum Boxeraufstand. Doch die Regierung verstand es, die Volkserhebung gegen die westlichen Ausländer zu lenken. Als die Aufständischen das europäische Gesandtschaftsviertel in Beijing belagerten, schickten die Westmächte zur Befreiung eine international zusammengesetzte Armee, deren Strafaktionen schwere Verwüstungen anrichteten. Zur selben Zeit schlossen sich junge chinesische Intellektuelle im Ausland zu einem Revolutionsbund zusammen. Sun Yatsen, ein in westlicher Medizin ausgebildeter Arzt, führte die Bewegung an. Er verfasste die »Drei Grundlehren vom Volk«, ein radikales politisches Programm zur Modernisierung des Landes. China sollte eine unabhängige, selbständige Nation werden mit einer nach westlichem Vorbild gestalteten republikanischen Staatsform. Noch heute gilt er als einer der Väter des modernen China.

Am 10. Oktober 1911 kam es in Wuchang zu einer Militärrevolte, die sich schnell in großen Teilen Süd- und Zentralchinas ausweitete. Die meisten Provinzgouverneure sagten sich von der

Zentralregierung in Beijing los. Das Ende der Qing-Dynastie war erreicht und damit das Ende des Kaiserreiches. Am 29. Dezember 1911 wurde Sun Yatsen zum provisorischen Präsidenten ernannt, am 1. Januar 1912 die *Republik China* (1912–1949) gegründet, die zu einem modernen, zivil geführten Staat aufgebaut werden sollte. Doch Sun fürchtete den Widerstand der Militärführer und einen drohenden Bürgerkrieg. Um das zu verhindern, verzichtete er schon einen Monat später auf sein Amt und übergab es Yuan Shikai, dem mächtigsten Militärführer jener Zeit, der als Einziger über eine modern ausgebildete Armee verfügte und damit den Norden des Landes kontrollierte. Die Hoffnung, Yuan Shikai würde die junge Republik verteidigen, zerschlug sich jedoch, denn diesem schwebte die Gründung einer eigenen Dynastie und die Rückkehr zum Kaiserreich vor. Er löste 1914 das ein Jahr zuvor gegründete Parlament auf, verfolgte seine politischen Gegner – Sun Yatsen flüchtete bereits 1913 nach Japan – und ließ sich mit japanischer Unterstützung 1915 zum Kaiser ausrufen. Doch der Widerstand im In- und Ausland war so gewaltig, dass er noch vor seiner Inthronisation seine Entscheidung rückgängig machte. Er starb ein Jahr später.

Die junge Republik bot nach diesen Ereignissen ein Bild der inneren Zerrissenheit. Die Zentralregierung verlor zunehmend an Bedeutung. Rivalisierende Militärführer und mächtige Provinzmachthaber kämpften in immer neuen Koalitionen um die politische Macht und die Aufteilung des Landes. Ihnen unterstanden Provinz- und Regionalarmeen sowie die Zivilverwaltungen der einzelnen Landesteile. In ihre Kämpfe griffen die ausländischen Mächte parteiisch ein. Inflation, Korruption und die Ausbreitung des Banditenunwesens erhöhten die inneren Wirren. Hinzu kam das Bestreben Japans, aus China ein Protektorat zu machen. Schon mit Beginn des Ersten Weltkrieges in Europa hatten die Japaner versucht, sich als imperialistische Macht in China zu etablieren, indem sie das deutsche Pachtgebiet »Kiautschou« besetzten.

Die Nachrichten von den Ereignissen der russischen Oktoberrevolution im Jahre 1917 fanden besonders bei der jungen Elite

Beachtung, die unter der Ohnmacht ihres zerrütteten Vaterlandes litt. Seit dem ausgehenden 19. Jahrhundert hatten viele junge Chinesen an amerikanischen, europäischen oder japanischen Universitäten studiert und neue Ideen ins Land gebracht. Diese hatten ein dramatisches Umdenken auf allen geistigen Gebieten zur Folge. Als 1919 deutlich wurde, dass die chinesische Regierung beabsichtigte, den Vertrag von Versailles anzuerkennen, kam es zu heftigen Protesten. Der Vertrag sah die Übertragung der ehemals deutschen Kolonie »Kiautschou« an Japan vor. Aufgebrachte Studenten organisierten daraufhin in Beijing patriotische Demonstrationen. Ähnliche Aktionen in anderen Städten folgten, und schließlich erfasste eine breite, mehrere Monate andauernde Protestwelle das Land. Arbeiter schlossen sich mit Streiks an, ebenso Kaufleute mit einem Boykott gegen japanische Waren. Ein starkes Nationalbewusstsein erwachte in den Menschen und ergriff alle Bevölkerungsschichten. Bald ging es nicht mehr nur allein um die ehemalige deutsche Kolonie und deren mögliche Übertragung auf Japan, sondern vielmehr um Forderungen nach Modernisierung des Landes, um die Zerschlagung feudaler Strukturen und die Vertreibung der Kolonialmächte. Der landesweite Protest ging als »Vierte-Mai-Bewegung« in die chinesische Geschichte ein und symbolisiert für viele den eigentlichen Beginn des modernen China. Die Studenten verstanden sich von nun an als politische Avantgarde, die sich mit großem Elan auf weitere Kämpfe einstellte.

Sun Yatsen war nach Yuan Shikais Tod nach China zurückgekehrt, scheiterte aber in seinem Bemühen, die Einheit Chinas gegen den Willen der verschiedenen Militärmachthaber durchzusetzen. So kam es zwischen der von ihm mitgegründeten Nationalen Volkspartei und der 1921 gegründeten Kommunistischen Partei zu einem Bündnis, das ein gemeinsames Vorgehen gegen die Militärs zum Ziel hatte. Doch schon 1925 starb Sun Yatsen und Chiang Kai-shek, ein ehemaliger Berufssoldat und Anhänger Sun Yatsens, stieg in einer wahren Blitzkarriere zum führenden Politiker des Landes auf. Unter seinem Oberbefehl brach die nationalrevolutionäre Armee zum Einigungsfeldzug auf. Bis 1928 gelang es ihm, die Militärvorherrschaft zu brechen.

Dieser Sieg basierte jedoch weniger auf militärischen Erfolgen als vielmehr auf der Einverleibung der gegnerischen Truppen in die eigene Armee und die Belohnung ihrer Anführer mit beträchtlicher politischer Autonomie.

Durch Einheirat in eine der reichsten Familien Chinas wurde Chiang Kai-shek Teil des Großbürgertums und zum Sachwalter ihrer Interessen. Er löste das Bündnis mit den Kommunisten und schlug im April 1927 im Einvernehmen mit Wirtschaftsbossen und Unterwelt in Shanghai einen von den Kommunisten organisierten Streik nieder, bei dem Tausende von Arbeitern in Straßenkämpfen ums Leben kamen. Außerdem widmete er seine Aufmerksamkeit weniger der Modernisierung des Landes und dem Vordringen der Japaner als vielmehr der Ausschaltung der Kommunisten, in denen er gefährliche Konkurrenten sah. Diese proklamierten 1931 in Ruijin im Wuyi-Gebirge eine chinesische Sowjetrepublik. In fünf Umkesselungsfeldzügen versuchte Chiang Kai-shek, sie zu vernichten. Doch es gelang den kommunistischen Truppen, den Belagerungsring zu durchbrechen. Hunderttausend kommunistische Kämpfer zogen 1934 quer durch China, immer auf der Flucht vor den Truppen der Nationalpartei und anderer feindlicher Kriegsherren. Nach gut einem Jahr und einem Fußmarsch über fast 12 000 Kilometer und durch elf Provinzen kam weniger als ein Zehntel der ursprünglichen Truppenstärke in Nord-Shaanxi an, wo in Yan'an ein neuer Standort geschaffen wurde. Der chinesischen Roten Armee hing nach diesem »Langen Marsch« der Mythos der Unsterblichkeit an.

1931 hatten die Japaner die Mandschurei besetzt, ab 1937 setzten sie ihre Eroberungen fort und brachten die gesamte Osthälfte Chinas unter ihre Kontrolle. Kommunisten und Nationalisten gingen daraufhin erneut ein Bündnis ein, um gemeinsam gegen die japanischen Invasoren vorzugehen. Doch erst die Atombomben von Hiroshima und Nagasaki sollten die japanische Herrschaft auf chinesischem Boden beenden. Nach dem Abzug der japanischen Truppen entbrannte ein erbitterter Bürgerkrieg zwischen Kommunisten und Nationalisten. Obwohl die Nationalisten unter Chiang Kai-shek militärisch im Vorteil waren, weil ihnen massive amerikanische Unterstützung zuteil wurde, gelang ihnen weder eine Agrarreform, die der Verelendung der Bauern Einhalt geboten hätte, noch die Eindämmung von Korruption, Inflation und Misswirtschaft. Die Kommunisten unter Mao Zedong verbesserten hingegen in den von ihnen kontrollierten Gebieten mit einer Bodenreform die Lage der Bauern, was ihnen die Sympathie großer Teile der Landbevölkerung eintrug. Die Nationalisten verloren sowohl auf dem Land als auch in den Städten allmählich ihre Anhängerschaft.

Der Bürgerkrieg endete mit dem Sieg der Kommunisten. Am 1. Oktober 1949 proklamierte Mao Zedong auf dem Platz des Himmlischen Friedens in Beijing die Gründung der *Volksrepublik China*. Chiang Kai-shek floh mit Tausenden seiner Anhänger nach Taiwan, geschützt durch ein Seeembargo der Amerikaner. Seinen Anspruch auf ganz China gab Chiang bis zu seinem Tod im Jahre 1975 nie auf.

Der Sieg der Revolution und die Hoffnung auf Frieden und eine bessere Zukunft führten zu großer Euphorie in der chinesischen Bevölkerung. Doch die harten Methoden, mit denen die Kommunistische Partei ihre Ziele durchsetzte, sollten in den nächsten Jahren schwer wiegende Folgen haben. Nach 20 Jahren stand China am Rand des Ruins.

1976 wurde für die Chinesen zum Schicksalsjahr. Drei führende Persönlichkeiten starben nach einem Erdbeben: Zhou Enlai, Zhu De und Mao Zedong. Ein deutlicheres Zeichen hätte es nicht geben können. Die Chinesen waren sich sicher, dass der Himmel der politischen Führung das Mandat entzogen hatte.

Nach Maos Tod fand die extrem linke Politik ein Ende. Seine Witwe und ihre drei Vertrauten, die so genannte Viererbande, wurden verhaftet und die Macht in die Hände des Pragmatikers Deng Xiaoping gegeben, der China mit seiner Reform- und Öffnungspolitik in nur 20 Jahren zur dynamischsten Wachstumszone der Welt machte.

Ackerland wurde an Bauern verpachtet, individuelle Bewirtschaftung und Privatinitiative wurden erlaubt. Staatliche Unternehmen mussten nach marktwirtschaftlichen Gesichtspunkten arbeiten. Endlich fand der jahrzehntelange Klassenkampf gegen ehemalige Landbesitzer, reiche Bauern und Kapitalisten ein Ende. Die so genannten »Rechtsabweichler«, die Ende der 50er Jahre der »Anti-Rechts-Kampagne« zum Opfer gefallen waren, wurden bis auf wenige Ausnahmen rehabilitiert, die Kulturrevolution als erheblicher Fehler kritisiert.

Im Dezember 1978 gaben China und die USA die Aufnahme diplomatischer Beziehungen bekannt. Studenten durften zum Studium ins Ausland reisen, ausländische Unternehmen sich in Joint Ventures auf dem chinesischen Markt etablieren. Fünf Sonderwirtschaftszonen wurden in den Provinzen Guangdong und Fujian eingerichtet, in denen ausländisches Kapital zum Aufbau exportorientierter Industrien investiert werden konnte.

Je tiefer die Wirtschaftsreformen griffen, desto lauter wurde der Ruf nach politischen Reformen. In den Jahren 1986/87 demonstrierten Studenten für mehr Freiheit und Demokratie, was mit der »Bewegung gegen den kapitalistischen Liberalismus und für ein Festhalten an den Vier Grundprinzipien« beantwortet wurde. Letztere beinhalteten den Führungsanspruch der Kommunistischen Partei, das Festhalten am sozialistischen Weg, am Marxismus-Leninismus und an den Mao-Zedong-Ideen sowie das Festhalten an der Diktatur des Proletariats.

Trauerkundgebungen in Beijing zum Tode des ehemaligen reformorientierten KP-Generalsekretärs Hu Yaobang, der zwei Jahre zuvor wegen seiner Haltung hinsichtlich der Studentendemonstrationen sein Amt verloren hatte, weiteten sich zu einer Protestbewegung aus, die in der Bevölkerung breite Zustimmung fand und in vielen anderen Städten zu ähnlichen Aktionen anregte. Erneut wurden politische Reformen und Demokratie gefordert und die zunehmende Korruption, Funktionärswillkür und Inflation angeprangert. Die Regierung begegnete den Kundgebungen mit Konfrontation. Den Studenten wurde aufrührerisches Verhalten vorgeworfen und unterstellt, sie handelten im Auftrag gewisser Hintermänner oder Institutionen, die sich möglicherweise sogar im Ausland befanden. Mit Empörung reagierten die Menschen auf diese Vorwürfe. Immer größere Demonstrationen, denen sich auch viele Angehörige staatlicher Organisationen anschlossen, führten im Mai 1989 in Beijing zu einer Massenbewegung, die sich auf den Platz des Himmlischen Friedens konzentrierte. Etwa 2000 Studenten traten schließlich in den Hungerstreik. Dies alles geschah vor den Augen der Weltpresse, die angereist war, um über den Besuch von Michail Gorbatschow und den nach nahezu 25 Jahren ersten chinesisch-sowjetischen Parteigipfel zu berichten. Trotz Verhängung des Ausnahmezustandes hielten die Studenten 50 Tage lang den Platz, der das symbolische Zentrum des chinesischen Reiches darstellt, besetzt. Die politische Führung war sich uneins darüber, wie mit dieser Situation zu verfahren sei. Sie ließ die Mitglieder des Ständigen Ausschusses des Politbüros über einen Militäreinsatz abstimmen. Mit dem Ergebnis, dass die Proteste in der Nacht vom 3. auf den 4. Juni 1989 mit schwerem Kriegsgerät blutig niedergeschlagen wurden. China erstarrte, der Westen war schockiert, und in Osteuropa setzten die großen politischen Umwälzungen ein.

Auf die dramatischen Ereignisse folgten innerparteiliche Auseinandersetzungen. Nicht alle waren mit dem harten Durchgreifen einverstanden gewesen. Zunächst sah es so aus, als hätte die Reform- und Öffnungspolitik nun ein Ende gefunden. Doch Deng Xiaoping setzte seinen Weg fort. Weitere wichtige Reformmaßnahmen in Wirtschaft, Verwaltung und Armee wurden durchgeführt und ganz China von einem ökonomischen Fieber erfasst. Ein beispielloser Wirtschaftsboom setzte ein, der mit einem dramatischen Wertewandel einherging. Politischer Idealismus gilt heute als naiv, alles was zählt, ist Geld, und trotz des großen Ansehensverlustes, den die chinesische Regierung mit der gewaltsamen Unterdrückung der Proteste einstecken musste, ist China schnell wieder auf das Parkett der internationalen Politik zurückgekehrt.

China und der Westen – die Geschichte einer Beziehung

> Yu-Chiens Vater war neunzig Jahre alt, als ein deutscher Besucher ihn fragte, ob von China noch immer eine »gelbe Gefahr« ausgehe. Der alte Herr dachte lange nach, bis er schließlich erwiderte: »In meinem langen Leben habe ich nur die weiße Gefahr kennen gelernt, und ich glaube, heute verhält es sich ähnlich. Schauen Sie auf die Weltkarte und zeigen Sie mir, wo außerhalb unseres Landes chinesische Soldaten stehen. Sie werden nur amerikanische, britische und Soldaten anderer westlicher Nationen finden, die in allen Ecken der Welt stationiert sind. Wir Chinesen sind schon im 15. Jahrhundert mit unseren Schiffen bis nach Afrika gesegelt. Doch wir haben nur Handel getrieben, an der Gründung von Kolonien waren wir nie interessiert. Es waren die Weißen, die den amerikanischen Kontinent eroberten und dessen Bevölkerung ausrotteten, die auch Australien eroberten und dort die Ureinwohner unterwarfen. In Asien, in Afrika, überall besetzten sie fremdes Land und gründeten Kolonien. Diese Weißen, die sich bis heute überall auf der Welt in die Angelegenheiten anderer Länder einmischen, wagen es, mit dem Finger auf uns zu zeigen und uns eine ähnliche Aggression zu unterstellen. Das verstehe ich nicht.«

Das alte China befand sich aufgrund seiner geographischen Lage in relativer Isolation. Hochgebirge, Wüsten und Meere machten das Land schwer zugänglich. Da die Nachbarvölker zivilisatorisch weniger weit entwickelt schienen, glaubten die Chinesen, dass ihre eigene Kultur allen anderen überlegen sei. China sah sich als Zentrum der Welt, mit einem Kaiser an der Spitze, der das Land als Sohn des Himmels regierte. Er ragte als der edelste Mensch auf Erden heraus. Der Himmel selbst hatte ihm das Mandat zur Herrschaft über seine Untertanen gegeben. Wie konnte er da gleichberechtigte Beziehungen zu anderen Ländern unterhalten? Offizielle Kontakte mit dem Ausland regelte das Tributsystem.

Länder, die das chinesische Reich als reale oder mögliche Vasallen betrachtete, und solche, die mit China Kontakt unterhalten wollten, schickten in regelmäßigen Abständen Delegationen zum chinesischen Kaiser, um ihm Tribut in Form von lokaltypischen Schätzen zu zollen. Sie wurden dafür reich mit Waren beschenkt, die den Wert ihrer Tributleistungen meist überstiegen. Erlesene Dinge wie Seide, Spiegel, Bücher und Schmuck waren darunter, alles begehrte Kostbarkeiten in den Kreisen der Oberschicht der fremden Länder. Das Übergaberitual schloss die symbolische Unterwerfung vor dem chinesischen Kaiser mit ein, den Kotau, ein dreimaliger Kniefall und neunmaliges Aufschlagen der Stirn. Dieses Ritual war für die Chinesen von großer politischer Bedeutung, dokumentierte es doch aus chinesischer Sicht die Anerkennung der chinesischen Oberhoheit. Für die Fremden war das Ritual eher von wirtschaftlicher Bedeutung, denn es eröffnete ihnen die Möglichkeit des Handels. Mit jeder Tributgesandtschaft durften Händler mit ins Land kommen, die ihre mitgeführten Waren auf den chinesischen Märkten verkauften und sich ihrerseits mit chinesischen Gütern (zum Beispiel Keramik, Waffen und Tee) eindeckten. Damit war das Tributsystem eine legale Form des Außenhandels.

Ost und West stehen seit mehr als 2000 Jahren über die verschiedensten Handelswege in Verbindung. Bereits unter der Herrschaft des Kaisers Wu Di der Han-Dynastie, der von 141 bis 87 v. Chr. regierte, wurden mehrere Expeditionen Richtung Westen geschickt. Eine von ihnen erreichte das westliche Zentralasien und kam dort mit der griechisch-römischen Kultur in Berührung. In jener Zeit gelangte die Seide nach Europa und wurde zum wichtigsten Handelsgut mit Ostasien. Im alten Rom schätzte man diesen kostbaren Stoff über alle Maßen und nannte jenes im Osten gelegene Herkunftsland der Seide *sera*, das »Seidenland«, und sprach von den *seres*, dem »Seidenvolk«.

Im Jahre 97 n. Chr. reiste ein chinesischer Gesandter bis zum Persischen Golf. Er hatte den Auftrag, einen Weg zum östlichen Römischen Reich zu erkunden. Das Unternehmen scheiterte an den vielen Unbilden, denen sich der Gesandte gegenübersah. Allen voran war es das Volk der Parther, das den gewinnbringenden Zwischenhandel mit chinesischer Seide betrieb und kein Interesse daran hatte, dass China direkt mit den Römern in Kontakt treten würde. Man warnte den Gesandten vor den tödlichen Gefahren einer Weiterreise, und so kehrte er um. Für China und Europa ging damit die Gelegenheit einer frühen Begegnung im Altertum verloren. Der Seidenimport soll im 2. und 3. Jahrhundert die Goldreserven des Römischen Reiches verschlungen und zum Niedergang seiner Wirtschaft beigetragen haben. Erst nachdem im 6. Jahrhundert das wohl gehütete Geheimnis der Seidenherstellung den Byzantinern verraten wurde, konnte auch im Westen mit der Seidenherstellung begonnen werden.

Im 7. Jahrhundert drangen durch die Türken Informationen über China nach Europa, die der byzantinische Chronist Teophylaktos aufzeichnete. Es wurde von einem Volk berichtet, das nach gerechten Gesetzen lebte. In jener Zeit erkundeten die Perser und Araber den Seeweg nach China. Sie ließen sich in Quanzhou, in der heutigen Provinz Fujian, nieder, damals eine der wichtigsten Hafen- und Handelsstädte der Welt, ein Umschlagplatz für Seide, Porzellan, Gewürze und Duftstoffe. Die fremden Kaufleute brachten den Islam mit nach China. Etwa zeitgleich entfalteten nestorianische Mönche und Kaufleute, Anhänger der aus der christlichen Kirche Persiens hervorgegangenen Glaubensgemeinschaft, eine rührige Missionstätigkeit im gesamten vorder- und mittelasiatischen Raum, schließlich auch in China. Noch heute kann man im Stelenwald von Xi'an einen Gedenkstein sehen, der von der Gründung einer nestorianischen Gemeinde im Jahre 635 in der damaligen Hauptstadt Chang'an erzählt. Ein Missionar aus Syrien soll der Gründer der Gemeinde gewesen sein. In 200 Jahren konnte sich die christliche Lehre so weit ausbreiten, dass man um 840 rund 260 000 Christen zählte. Ein Verbot aller fremden Religionen setzte dann jedoch der weiteren Ausbreitung des nestorianischen Christentums in China ein jähes Ende.

Mit Schaffung des mongolischen Weltreiches im 13. Jahrhundert, das von China bis in die Ukraine reichte, begann eine Zeitspanne des intensiven Kulturaustausches. Die Grenzen waren zwischen allen eroberten Gebieten offen, das heißt vom Chinesischen Meer im Osten bis an die westliche Grenze Russlands in Europa und Persien im Südwesten. Verbunden waren die weiten Teile des Reiches durch die alten Handelswege, die allen Völkern offen standen, eine günstige Voraussetzung für den internationalen Warenaustausch, der in jener Zeit denn auch einen gewaltigen Aufschwung nahm. Angehörige verschiedenster Nationen verkehrten zwischen dem Fernen Osten und Europa. Neben dem Handel setzte ein intensiver Austausch von Fertigkeiten und Erfahrungen auf dem Gebiet der Naturwissenschaften und Technik ein.

Viele Chinesen reisten in jener Epoche gen Westen und ließen sich in Persien und Russland nieder. Im 14. Jahrhundert soll es in Moskau und Nowgorod bereits chinesische Viertel gegeben haben. Zu den berühmtesten chinesischen Reisenden gehörte der Mönch Chang Chun, Patriarch der daoistischen Quanzhen-Schule, der 1219 auf Drängen Dschingis Khans nach Afghanistan reiste und erst 1224 nach Beijing zurückkehrte. In seinem Reisebericht erzählte er unter anderem von chinesischen Handwerkern in Russland.

Im Jahre 1245 entsandte Papst Innozenz IV. den italienischen Franziskanermönch Giovanni de Piano Carpini nach Karakorum, um dort den Großkhan zu treffen. Der Papst bat die Mongolen um Frieden und warb für seinen Vorschlag, sich zum katholischen Glauben bekehren zu lassen. Er hoffte, in ihnen Verbündete gegen den expandierenden Islam zu gewinnen. Der Bericht des heimgekehrten Carpini enthielt nicht nur detaillierte Angaben zum Reich der Mongolen, sondern auch Informationen über China. In gleicher Mission reiste im Jahre 1253 Wilhelm von Rubruk, Franziskanermönch aus Flandern, nach Karakorum, ebenfalls im Auftrag des Papstes sowie des französischen Königs Ludwig IX.

Der Venezianer Marco Polo verbrachte nach eigenen Angaben 17 Jahre, von 1275 bis 1292, in China und bereiste als Beamter Kublai Khans einen großen Teil des Reiches. Sein Bericht, den er 1298 im Gefängnis von Genua einem Mitgefangenen diktierte, wurde ein – wie man heute sagen würde – Bestseller. Doch niemand wollte ihm damals Glauben schenken, denn zu sehr brachte er das mittelalterliche Weltbild der Europäer ins Wanken, das die Existenz eines hoch entwickelten Kulturraums außerhalb der christlichen Welt für undenkbar hielt. Seine Schilderungen über die Ausmaße von Reichtum und Pracht trugen ihm den Beinamen »Il Milione« ein. Allerdings zweifeln heute viele Wissenschaftler an der Authentizität seines Berichts, vielmehr scheint er aus verschiedenen mündlichen Schilderungen anderer Chinareisender frei zusammengewürfelt worden zu sein.

Ein weiterer Franziskaner, der Italiener Monte-Corvino, errichtete Ende des 13. Jahrhunderts im damals Khanbalik genannten Beijing eine Missionszentrale und wurde 1307 vom Papst zum Erzbischof von Khanbalik ernannt.

Reiseberichte der eigenen Landsleute und die detaillierten Schilderungen der fremden Besucher gaben den Chinesen ein Bild der äußeren Welt, das der Geograph Li Zemin um 1330 zu einer Weltkarte zusammenfügte, die alle zu jener Zeit von Europäern und Arabern angefertigten Weltkarten an Genauigkeit übertraf.

In Europa war China inzwischen unter dem Namen *Kitai* (Cathay) bekannt, benannt nach dem Land der Kitan, jenem Volksstamm, der im 10. Jahrhundert Nordchina erobert und die Liao-Dynastie gegründet hatte. Noch lange nach dem Niedergang jener Dynastie im Jahre 1125 und der Vertreibung der Liao-Herrscher hielten die Völker Zentral- und Vorderasiens an dem Namen Kitai fest.

1368 führte der buddhistische Mönch Zhu Yuanzhang einen Aufstand gegen die mongolische Fremdherrschaft an und gründete eine neue Dynastie: die Ming-Dynastie (1368–1644). Damit ging eine Epoche der Aufgeschlossenheit gegenüber fremden Einflüssen – die herrschenden Mongolen waren schließlich selbst Fremde – zu Ende. In den ersten Jahrzehnten ihrer Herrschaft statteten die Ming-Kaiser noch große See-Expeditionen aus. Im Jahre 1405 wurde der zum General ernannte Palasteunuch Zheng He mit Hunderten von Schiffen und 28 000 Mann gen Westen geschickt. Die Expeditionen führten bis nach Ostafrika. Doch ab 1430 wurden die Expeditionen als zu kostspielig angesehen und schließlich eingestellt. Die Kaiser konzentrierten sich auf die Sicherung der Nordgrenze, wo immer wieder innerasiatische Steppenvölker einfielen. Es setzten sich zudem jene Kräfte am Hofe durch, die alles Ausländische ablehnten und die Isolation des Landes befürworteten.

Um 1510 entdeckten die Portugiesen den Seeweg nach China. In Macao, dem damals einzigen für sie zugänglichen Handelsplatz, gründen sie 1557 eine eigene Niederlassung.

Mit der Ankunft der Portugiesen begann eine höchst dramatisch verlaufende Periode der Beziehungen zwischen Ost und West. Die Europäer, die fortan an die chinesischen Küsten drängten, waren auf der Suche nach neuen Märkten und durchaus bereit, diese mit Gewalt zu erobern. Sie beanspruchten die Handelsfreiheit als ihr natürliches Recht; anders die chinesischen Kaiser, die die Gewährung des Außenhandels nicht von dem materiellen Nutzen abhängig machen wollten, sondern ihn noch immer als Teil des Tributsystems betrachteten. Zwar war an bestimmten Grenzplätzen und Überseehäfen der Handel erlaubt, doch dessen Zulassung galt nach wie vor als Akt der kaiserlichen Gnade. China war wirtschaftlich weitgehend autark und gab sich an ausländischen Waren offiziell nicht interessiert. Dennoch ließ Kaiser Jiaqing (reg. 1522–1566) den König von England wissen, dass er bereit sei, den Europäern Güter wie Porzellan, Tee und Seide zu verkaufen.

Mit den portugiesischen Schiffen kamen außer Kaufleuten auch Missionare in den Osten. Im 17. und 18. Jahrhundert waren es die Gelehrten des Jesuitenordens, die die chinesische Geisteswelt für Europa entdeckten. Der bedeutendste unter ihnen war der Italiener Matteo Ricci (1552–1610), der 1582 in Macao eintraf und unter dem Namen Li Madou bis zu seinem Tode in China lebte. Diesem außergewöhnlichen Mann gelang es dank seines phänomenalen Gedächtnisses, in kürzester Zeit die chinesische Sprache und Schrift zu erlernen und sich mit der klassischen konfuzianischen Literatur vertraut zu machen. Auf diese Weise trat er den hoch gebildeten Beamten und Gelehrten als ebenbürtiger Gesprächspartner entgegen und konnte nicht als ungebildeter Barbar abqualifiziert werden. Dadurch und nicht zuletzt wegen seiner erstaunlichen technischen Kenntnisse vermochte er sich

Zugang in die herrschende Beamtenklasse und an den Kaiserhof zu verschaffen. Er war davon überzeugt, dass der katholische Glaube nur dann in China Fuß fassen konnte, wenn er in den führenden Kreisen Anhänger fand, und dies setzte ein intensives Studium der chinesischen Kultur voraus. Er hoffte, das Christentum mit der konfuzianischen Lehre in Einklang bringen und der chinesischen Mentalität anpassen zu können. Hierzu verband er europäische Leitgedanken mit konfuzianischen Grundsätzen und verfasste mehrere Texte auf Chinesisch. Tatsächlich gewann er unter den Chinesen viele Freunde und manch neue Anhänger des Christentums.

Die Berichte und Übersetzungen des Matteo Ricci und die seiner Glaubensbrüder, die ihm nach China folgten, bestimmten das Chinabild in Europa bis in das frühe 19. Jahrhundert hinein. Die Jesuiten wurden zu Mittlern zwischen den Welten. In den gebildeten und adligen Kreisen Europas entstand ein ausgeprägtes Interesse an China. Die Chinoiserie kam in Mode. Hochwertige chinesische Produkte wie Seide, Papiertapeten, Porzellan und Lackarbeiten wurden überall bewundert und waren heiß begehrt. Wer auf sich hielt, richtete sich ein Chinazimmer oder einen Chinapavillon ein. Die Berichte der Jesuiten fanden viele aufmerksame Leser, vor allem unter Denkern und Philosophen. Ein idealisiertes Chinabild entstand, geprägt von der Vorstellung, das Land werde von einem weisen Kaiser und einer hoch gebildeten Beamtenschaft in Harmonie und Frieden regiert. Das konfuzianische China stand für die These, dass Moral und Vernunft unabhängig von der Theologie waren, denn wie sonst war es möglich, dass in einer nichtchristlichen Gesellschaft ein so hohes moralisches Niveau erreicht werden konnte. Die europäischen Vorreiter der Aufklärung, allen voran Voltaire und Leibniz, wurden inspiriert. Leibniz führte eine rege Korrespondenz mit den Jesuiten. Er eignete sich das gesamte Wissen seiner Zeit über China an und schrieb zahlreiche Kommentare.

Gegen Ende der Ming-Dynastie gelang es den Jesuiten, sich dank ihrer Kenntnisse in der Mathematik, Astronomie, Technik (unter anderem der Bau von Kanonen) und Diplomatie am Kaiserhof unentbehrlich zu machen.

1644 eroberten die Mandschuren China und gründeten die Qing-Dynastie. In den ersten Jahren dieser neuen Fremdherrschaft erlebten die Jesuiten den eigentlichen Höhepunkt ihrer Mission. Einige herausragende Persönlichkeiten nahmen offizielle Ämter an, zum Beispiel Adam Schall von Bell (1592–1666) aus Köln, der mit der Leitung des Astronomischen Amtes betraut, also ein staatlicher Beamter mit allen Rechten und Pflichten wurde. Dank des großen Einflusses, den Schall und seine Ordensbrüder bei Hofe genossen, konnte sich die katholische Religion erfolgreich verbreiten. Zu Beginn des 18. Jahrhunderts soll es wieder mehr als 200 000 Christen in China gegeben haben und etwa 100 Missionare, unter ihnen nicht nur Jesuiten, sondern auch Franziskaner, Augustiner und Dominikaner. Es erhoben sich jedoch auch Proteste gegen die Jesuiten und den europäischen Einfluss. So mancher chinesische Beamte sah in ihnen Ketzer, denn nach konfuzianischem Selbstverständnis konnten nur minderwertige Menschen ihr Heimatland verlassen und einem fremden Kaiser Treue geloben. Treu durfte man lediglich dem eigenen Vater und Herrscher sein. Die von den Jesuiten verbreiteten wissenschaftlichen Theorien zur Geographie, Kartographie, Astronomie und Mathematik lehnten sie voller Arroganz und blinder Selbstüberschätzung ab.

Das Ende der Kangxi-Regierungsperiode (1662–1722) leitete den Niedergang der Mission ein. Ein Grund dafür lag in einem Dekret des Papstes, mit dem er 1715 den chinesischen Katholiken die Teilnahme an Staatskulten verbot. Der chinesische Kaiser sah darin eine schwer wiegende Einmischung eines ausländischen »Fürsten« in innerchinesische Angelegenheiten. Die Missionare wurden in den folgenden Jahren verjagt und ausgewiesen.

Im Laufe des 18. Jahrhunderts und mit dem Ausbleiben der Jesuitenberichte (der Jesuitenorden wurde 1773 von Papst Klemens XIV. aufgelöst) veränderte sich in Europa das Chinabild zum Negativen. Das Zeitalter der »Kanonenbootpolitik« brach an. Mit militärischer Gewalt verschafften sich die westlichen Mächte Zugang in das Land der 400 Millionen Menschen, dem schon damals größten Absatzmarkt der Erde. Allen voran waren es die Briten, die in Ermangelung eigener handelstauglicher Waren die Einfuhr von Opium aus Britisch-Indien erzwangen und damit den Versuch unternahmen, ein ganzes Land vom Opium abhängig zu machen. Kaufleute, Reisende und Diplomaten bestimmten nun, was das Ausland über China erfuhr. In den Augen dieser Menschen erschienen die Chinesen rückständig, kulturlos und dumm. Zweifel an den Berichten der chinafreundlichen Jesuiten keimten in Europa auf. Der Schiffskaplan Jacob Wallenberg machte anlässlich seiner Reisen, die ihn zwischen 1769 und 1771 bis nach China führten, ein paar Anmerkungen über die Jesuiten.

> »Man schreibt von China Wunderwerke. Man will die Einwohner des Landes so alt als die Welt machen, und ihre Menge zählt man nur nach der Menge der Sterne. Von ihrem Konfucius machen sie, wenn man den Missionaren glauben soll, unbeschreiblich viel Wesens ... Ihre Regierung hat ihresgleichen nicht, ihre Gesetze sind göttlich, ihre Sitten ein Muster ...
> Ich möchte wohl wissen, auf welchen Grund die Jesuiten dergleichen Schimären eigentlich bauen? Ich will nicht sagen, auf die anerkennenden Summen, welche sie von den Chinesen erhielten; denn wie sollte verworfener Eigennutz über die Seelen dieser ehrwürdigen Väter etwas vermögen? Vermutlich dann auf die vorgegebene Ehre der Religion. Wie sehr würde diese nicht durch die erhoffte Eroberung eines so großen und unvergleichlichen Kaisertums ausgebreitet werden? Welch ein reicher Ablasshandel, was für gesegnete Einkünfte aus dem mächtigen China für Rom! Wer sieht da nicht die wichtigen Ursachen, welche den Herren verschwenderische Lobpreisungen über dieses Land einflößten?« (aus: Jacob Wallenberg: Ergötzliche Seefahrt, von Schweden nach China 1769–1771, Tübingen 1976, S. 175)

Die Opiumkriege machten die große Überlegenheit der europäischen Waffentechnik deutlich. Die folgenden »Ungleichen Verträge«, weil unter Gewaltanwendung erzwungen«, unterhöhlten die Souveränität Chinas. Die chinesische Regierung musste Land abtreten und der Gründung von ausländischen Niederlassungen, Pachtgebieten und Konzessionen (Stadtteile unter ausländischer Verwaltung und ausländischer Polizeigewalt) auf chinesischem Boden sowie einer Vielzahl von Sonderrechten zustimmen. Sie verlor die Zollhoheit, wodurch die Opiumeinfuhr legalisiert wurde. Und mittels eines Übersetzertricks setzten die Westmächte auch die Missionsfreiheit durch. Die Missionare hatten daraufhin das Recht, sich wo immer sie wollten niederzulassen. Dass diese neuen christlichen Missionare im Schlepptau von Opiumhändlern und Kanonenbooten ins Land kamen, wurde zu einem Makel, den sie nicht mehr loswurden.

Mit den ausländischen Flotten- und Truppenverbänden strömten immer mehr Europäer ins Land. Sie ließen sich in den Hafenstädten, später auch in anderen Großstädten nieder und bereisten bald das ganze Land. Die Europäer machten Eindruck, wenn auch auf sehr unterschiedliche Weise. Es hing immer davon ab, wer sie selbst und in welcher Eigenschaft sie nach China gekommen waren, ob als Kaufleute, Militärs, Missionare, Forscher, Abenteurer oder was auch immer. Zudem kam es darauf an, in welchen Kreisen sie verkehrten, ob in reichen oder armen, gebildeten oder ungebildeten, städtischen oder ländlichen. Chinesen, die in ihren Diensten standen, gewannen einen anderen Eindruck von den Fremden als jene, die von ihnen hofiert, unterrichtet und respektiert wurden. Den einfachen Menschen in den großen Städten galten die Europäer als privilegierte Menschen, die sich in Sänften oder Rikschas transportieren ließen, sich häufig in Begleitung reicher, sich höflich verneigender Chinesen befanden oder von den gefürchteten indischen Sikh-Polizisten, die von den Briten mit ins Land gebracht worden waren, abgeschirmt wurden. Man einigte sich bald auf eine allgemeine Bezeichnung für alle Ausländer – »ausländische Teufel« – und hielt sich an die bewährte alte Weisheit: »Teufel und Götter muss man respektieren und immer auf Abstand halten.« Den Fremden mit ihren großen Nasen, tief liegenden Augen und gelben, wenn nicht gar roten Haaren warf man anmaßendes und respektloses Auftreten vor. Sie schienen Gewalttätigkeit und Brutalität tatsächlich mit Tapferkeit gleichzusetzen.

Die zweite Hälfte des 19. Jahrhunderts stand unter dem Bemühen, China in eine Kolonie zu verwandeln. Das Reich wurde zum Spielball und häufig auch zum Gespött der europäischen Mächte. Längst ging es nicht mehr nur um Handel und riesige Absatzmärkte, sondern auch um die Möglichkeit, ausländisches Kapital rentabel in China zu investieren, zum Beispiel in Infrastrukturprojekte, Bergwerke, Schifffahrtslinien und kapitalintensive Industriebetriebe. Erbitterter Fremdenhass machte sich in der chinesischen Bevölkerung breit und führte zu heftigen Zusammenstößen. Doch auf jedes chinesische Aufbegehren antworteten die Fremden mit militärischen Aktionen. 1860, im zweiten Opiumkrieg, der auf eine weitere Öffnung Chinas für westliche Interessen abzielte, besiegten etwa 18 000 Mann starke britische-französische Kolonialtruppen das chinesische Heer. Anschließend marschierten die Fremden nach Beijing, plünderten und verwüsteten den kaiserlichen Sommerpalast Yuanmingyuan und zerstörten damit unermessliche Werte. Ein Wettkampf um Einflusszonen war unter den westlichen Mächten entbrannt, zu denen neben Großbritannien, Frankreich und vielen anderen europäischen Nationen auch Amerika und Japan gehörten.

1860 stellten sich die Deutschen mit einer preußischen Expedition offiziell in China vor. Im Namen des Norddeutschen Bundes schloss diese mit dem chinesischen Kaiserreich einen Freundschafts-, Handels- und Schifffahrtvertrag. Die Deutschen hatten lange Zeit geglaubt, zu spät zu kommen, da sie nicht als geeintes Reich auftreten konnten. Das holten sie nach der Gründung des Deutschen Reiches nach. Nun wollte auch Kaiser Wilhelm II., ähnlich den Briten, einen »Platz an der Sonne« haben. Nachdem ein günstiges Gebiet ausgekundschaftet und Marineeinheiten in China bereits angekommen waren, wurde im November 1897 der Mord an zwei deutschen Missionaren der katholischen Steyler Mission zum Vorwand genommen, die Region von Kiautschou in der Provinz Shandong zu besetzen. Im März 1898 wurde ein Pachtvertrag für 99 Jahre unterzeichnet. China musste inzwischen fürchten, unter den ausländischen Mächten aufgeteilt zu werden.

1900 kam es zum Boxeraufstand, ursprünglich eine Bewegung,

die sich im ländlichen Shandong unter Kampfsportanhängern gebildet hatte. Die Provinz Shandong war von mehreren schweren Naturkatastrophen heimgesucht worden, für die Bevölkerung ein Hinweis auf den Zorn des Himmels und der Götter, der sich gegen die ausländischen Missionen wandte. Die Bewegung breitete sich über die Grenzen der Provinz aus und wurde zu einem Aufstand gegen die Westmächte, in deren Verlauf der deutsche Gesandte von Ketteler ermordet und das Gesandtschaftsviertel in Beijing belagert wurde. Daraufhin schickte der deutsche Kaiser 20 000 Mann zu einem Rachefeldzug nach China. Als diese im Dezember ankamen, war die Belagerung in Beijing von den alliierten Truppen bereits niedergeschlagen worden. Trotzdem unternahm das Expeditionskorps mehrere Strafaktionen, die eine breite Spur der Verwüstung hinterließen. Ganze Dörfer samt Frauen und Kindern wurden niedergemetzelt.

Kiautschou, auf 99 Jahre gepachtet, blieb nur 17 Jahre lang deutsche Kolonie. Nach Beginn des Ersten Weltkrieges eroberten die Japaner das Gebiet. Mit dem Friedensvertrag von Versailles verloren die Deutschen alle Ansprüche in China.

Die Auseinandersetzung mit dem Westen vollzog sich inzwischen auch auf geistigem Gebiet. Aus chinesischer Sicht lag die westliche Überlegenheit allein in der höheren technologischen Entwicklung begründet. Schon der erste Opiumkrieg hatte Chinas Schwäche auf militärtechnischem Gebiet offenbart. Deshalb schickten die chinesischen Behörden schon seit 1850 Studenten zum Studium in die USA und nach Europa (England, Frankreich und Deutschland), um den westlicher Vorsprung in Technik und Wissenschaften aufzuholen. Auch Militärs gingen ins Ausland und eigneten sich Kenntnisse in moderner Waffentechnik und Industrietechnologie an. Damit strömte zunehmend westliches Gedankengut in Form von Büchern ins Land, die von chinesischen Studenten und Experten übersetzt wurden. Es formierte sich eine »Selbststärkungsbewegung«, die China aus der hoffnungslosen Schwäche befreien wollte. Die Übernahme von westlichen technischen und materiellen Errungenschaften sollte helfen, ein modernes China aufzubauen, dessen Staatssystem jedoch auf chinesischen Grundsätzen basierte. »Von der machtvollen Überlegenheit der Fremden lernen, um sie im Zaume zu halten und die eigene Schwäche zu beheben«, war eine der Thesen jener Zeit.

Um 1890 scheiterten Reformversuche an internen Machtkämpfen am Kaiserhof. Die Revolution von 1911 stürzte schließlich das verhasste mandschurische Kaiserhaus, und die Diskussion um einen geeigneten Weg zur Errettung des Vaterlandes ging in eine neue Runde. Die Ereignisse um den 4. Mai 1919, jener patriotischen Protestbewegung, lösten im politischen Sinne das Erwachen der chinesischen Nation aus. Zugleich begann eine große revolutionäre Bewegung, die die Gesellschaft von den Fesseln der Tradition zu befreien suchte und in westlichen Staats- und Gesellschaftsformen ihre Vorbilder sah. Richtungsweisende Begriffe wie Freiheit und Wissenschaft entlehnte man den Ideen der Französischen Revolution und der amerikanischen Unabhängigkeitsbewegung. Allerdings enttäuschte die Realität die begeisterten Erneuerer. Wie sehr sie auch die europäischen Wissenschaften, die Kultur und Werte wie die Gleichberechtigung aller Völker sowie die Menschenrechte bewunderten, im täglichen Umgang mit den Ausländern wurden sie eines Besseren belehrt. Noch immer führten sich viele Europäer wie Kolonialherren auf. Sie pochten weiterhin auf ihre Vorrechte und forderten die grundsätzlich ungleiche Behandlung von Ausländern und Chinesen. So waren verschiedene Einrichtungen wie internationale Clubs oder Erste-Klasse-Passagen auf Schiffen den Chinesen verwehrt. Selbstverständlich entlohnte man sie auch wesentlich schlechter. Mit diesem hochmütigen Auftreten beleidigten die Europäer die jungen, westlich beeinflussten Intellektuellen. Sie fühlten sich betrogen.

Während der beiden Weltkriege hatten die Europäer weitgehend mit sich selbst zu tun. Die Japaner nahmen ihren Platz ein und versuchten, ihre Interessen in China durchzusetzen. Nach deren Kapitulation kam eine neue Welle von Europäern und Amerikanern ins Land, unter ihnen Horden engstirniger Missionare, nach Profit lechzender Kaufleute und Abenteurer, die ohne jedes Verständnis für die lokalen Verhältnisse arrogant und oft voller Verachtung auf die chinesische Bevölkerung herabsahen.

Als 1949 die Volksrepublik China gegründet wurde, wählte man nicht ohne Grund ein Lied aus dem Widerstandskrieg gegen die Japaner zur Nationalhymne: Steht auf, nicht länger wollen wir Sklaven sein.

China wurde kommunistisch, und der aus dem Westen stammende Marxismus krempelte die gesamte chinesische Gesellschaft um. Ohne dass sie es merkten, wurden die Chinesen durch die fremde Ideologie verwestlicht. Die Vorlagen lieferte das politische System der Sowjetunion. Schon Ende der 50er Jahre distanzierten sich die politischen Führer vom russischen Weg, hielten aber an der strengen Ideologie fest. Viele Chinesen sehen heute im Klassenkampf und in der Intoleranz gegenüber Andersdenkenden typisch europäische Phänomene, die nicht zur Tradition der Chinesen passen. Als Beispiel nennen sie die Intoleranz innerhalb der Christenheit mit ihren vielen konfessionellen Spaltungen. Langsam besinnt man sich auf eigene traditionelle Werte, bemüht sich, Elemente aus der alten Kultur wiederzubeleben, und viele fragen sich, was die alten Philosophen denn damals gemeint haben, als sie von Harmonie, vom Ausgleich der Gegensätze und vom Dao gesprochen haben. Ein weiteres Mal versucht man, sich an der Vergangenheit zu orientieren.

China, eine Kulturnation

Zwei Männer, die die chinesische Welt prägten: der Philosoph Konfuzius und der Reichsgründer Qin Shi Huang Di

Sie waren die Bedeutendsten in der chinesischen Geschichte. Keiner vor ihnen und keiner nach ihnen hat China so beeinflusst. Konfuzius (551–479 v. Chr.) kam erst nach seinem Tod zu großen Ehren. Seine streng patriarchalische Lehre blieb über alle Kaiserdynastien hinweg bis ins 20. Jahrhundert die gültige Staatsmaxime. Qin Shi Huang Di (259–210 v. Chr.) einte das Land und schuf das Reich der Mitte. Als erster Kaiser Chinas legte er mit einem zentralistischen Regierungssystem den Grundstein für alle späteren Kaiserdynastien.

Konfuzius

Ein zu Lebzeiten wenig geachteter Gelehrter wird seit seinem Tod als der größte Lehrer des Landes und als das Symbol des traditionellen China verehrt: Kong Qiu, auch »Meister Kong«, *Kongzi* oder *Kongfuzi*, genannt. Im 17. Jahrhundert latinisierten Jesuitenpater seinen Namen, unter dem er im Westen bekannt wurde: Konfuzius. Er ist der Begründer einer Lehre, die das gesamte Staats- und Kulturgefüge der chinesischen Welt geprägt hat.

> *»Jing-gong fragte Konfuzius, was Regieren heiße. Der Meister antwortete ihm: ›Der Herrscher muss Herrscher sein, der Untertan muss Untertan bleiben. Der Vater sei Vater, der Sohn Sohn.‹«* (Lunyu 12.11, aus Ralf Moritz, Konfuzius Gespräche, Stuttgart 1998)

Konfuzius entstammte einer verarmten, niederen Adelsfamilie aus dem Staate Lu im heutigen Shandong. Der Legende zufolge wartete sein Vater im Alter von 70 Jahren noch immer auf einen gesunden Stammhalter. Seine Frau hatte ihm nur Töchter und seine Nebenfrau einen verkrüppelten Sohn geschenkt. Da nahm er sich eine neue junge Frau, und weil diese den Wunsch ihres Mannes unbedingt erfüllen wollte, begab sie sich auf den Ni-Qiu-Berg, um die Geister um Hilfe zu bitten. Tatsächlich gebar sie wenig später den ersehnten Sohn, der nach dem hilfreichen Berg benannt wurde – Kong Qiu. Konfuzius war zwei Jahre alt, als sein Vater starb und seine Mutter mit ihm nach Qufu zog, wo er in Armut aufwuchs.

Es waren schwere Zeiten, in denen die Menschen damals lebten. Das Herrscherhaus der Zhou-Dynastie hatte seine Macht und Stärke eingebüßt, die Ordnung in Staat und Gesellschaft war aufgelöst, das Land in rivalisierende Teilstaaten zerfallen, die in erbitterten Kriegen um die Vorherrschaft kämpften. Gelehrte sannen darüber nach, wie das Land zu retten sei. Viele von ihnen gingen auf Wanderschaft, um den einzelnen Fürsten ihre Dienste anzubieten. Mancher bekam auf diese Weise einen Ministerposten und konnte seine Ideen in der Praxis erproben. Zu Dutzenden, häufig auch zu Hunderten, hielten sich die Gelehrten als Ratgeber an den Fürstenhöfen auf und stritten über geeignete Maßnahmen, wie ein idealer Staat zu regieren sei. So auch Konfuzius, der mit seinen Ideen und Lehrsätzen einen Weg aus dem Chaos hin in eine bessere Welt weisen wollte.

Konfuzius hatte in seiner Heimat mehrere Beamtenposten innegehabt. Der Legende nach tat er sich durch mustergültige Führung hervor, dennoch schienen ihn die Fürsten von Lu wenig zu schätzen, denn er wandte sich von ihnen ab und verließ seine Heimat, um wie die anderen Berater auf Wanderschaft zu gehen, immer auf der Suche nach einem Herrscher, der seinen Ideen Gehör schenkte.

Konfuzius glaubte, die Probleme seiner Zeit durch die Wiederherstellung der alten Ordnung lösen zu können. Er warb für die Rückbesinnung auf den Staat des Altertums, wie er zu Beginn der Zhou-Dynastie um das 11. Jahrhundert v. Chr. existiert haben soll. Damals, im so genannten Goldenen Zeitalter, hätte Harmonie zwischen der natürlichen und der menschlichen Welt geherrscht. Er knüpfte damit an kosmische Vorstellungen an, die Himmel und Erde als eine Einheit und die Menschen als einen Teil des Ganzen verstanden. Der Himmelsstaat am Firmament mit dem Polarstern in der Mitte und den ihn umgebenden Gestirnen hatte seine irdische Entsprechung in dem Erdenstaat, in dessen Zentrum der Herrscher stand mit den ihn umgebenden zehntausend Staaten der Lehensfürsten. Nur der weiseste unter den Menschen sollte Herrscher sein und ein Mittler zwischen Himmel und Erde, der im Auftrag des Himmels regierte.

Konfuzius stützte seine Lehre auf moralische Werte. Er war der Überzeugung, dass nur ein tugendhafter Herrscher sein Land ordnen und seine Untertanen durch sein Vorbild zu Sittlichkeit und Rechtschaffenheit anhalten konnte.

> *»Ji Kang-Zi (ein Adliger in Lu) fragte: ›Wie kann man erreichen, dass das Volk ehrerbietig und ergeben ist und sich die Menschen gegenseitig zum Guten ermahnen?‹*
> *Der Meister antwortete: ›Seid gegenüber dem Volk ernst und würdevoll, dann wird es auch Achtung und Ehrerbietung zeigen. Wenn Ihr selbst dafür ein Beispiel gebt, dann wird Euch auch das Volk ergeben sein.*
> *Fördert jene, die es wert sind, und unterweist die, die nichts können. Dann werden sich die Menschen gegenseitig zum Guten ermahnen.‹« (Lunyu 2.20, ebd.)*

Im Mittelpunkt seiner Lehre stand der »Edle«, der die staatliche Ordnung tragen und die »Gemeinen«, die Masse der Menschen, leiten sollte. Zum Edlen wurde man nicht durch Geburt, sondern durch moralische Erziehung und literarische Bildung. Damit schuf Konfuzius die Leitfigur der chinesischen Gesellschaft, den »Edlen«, die Verkörperung von Tugend, Sittlichkeit und Rechtschaffenheit.

> *»Konfuzius sprach: ›Will man Gehorsam durch Gesetze und Ordnung durch Strafe, dann wird sich das Volk den Gesetzen und Strafen zu entziehen versuchen und alle Skrupel verlieren.*

Wird hingegen nach sittlichen Grundsätzen regiert und die Ordnung durch Beachtung der Riten und der gewohnten Formen des Umgangs erreicht, so hat das Volk nicht nur Skrupel, sondern es wird auch aus Überzeugung folgen.‹« (Lunyu 2.3, ebd.)

Staat und Gesellschaft müssten klar strukturiert und das Verhältnis des Einzelnen zu seinen Mitmenschen hierarchisch festgelegt werden. Jeder sollte wissen, welchen Platz er innehat. Die »fünf menschlichen Beziehungen« wurden formuliert, die die Grundlage für den Umgang unter den Menschen bildeten, die Beziehung zwischen Fürst und Untertan, Vater und Sohn, Mann und Frau, älterem und jüngerem Bruder, älterem Freund und jüngerem Freund. Innerhalb dieses Systems war die Anerkennung der übergeordneten Autorität Pflicht. Nur wenn sich die Menschen in Bescheidenheit und Mäßigung übten, wenn sie sich unterordneten und sich zu einer harmonisch geordneten Gemeinschaft zusammenschlossen, konnten sie dem Chaos ein Ende setzen.

»Zigong fragte den Konfuzius: ›Gibt es ein Wort, das ein ganzes Leben lang als Richtschnur des Handelns dienen kann?‹ Konfuzius antwortete: ›Das ist gegenseitige Rücksichtnahme. Was man mir nicht antun soll, will ich auch nicht anderen Menschen zufügen.‹« (Lunyu 15.24, ebd.)

Mit derartigen Einsichten ließ sich kein Land erobern, und so fand Konfuzius bei den rivalisierenden Fürsten auch kein Gehör. Sie setzten weiterhin lieber auf Intrigen und Kriege als auf moralische Werte. Nach 13 Jahren kehrte Konfuzius enttäuscht in seine Heimat zurück und widmete sich fortan nur noch der Zusammenstellung alter Schriften und dem Studium der Riten und Zeremonien. Schüler scharten sich um ihn und Anhänger, die ihn als weisen Lehrer verehrten. Mit seinen lehrhaften Unterweisungen begründete er die Tradition der konfuzianischen Privatschulen, die sich die Ausbildung der »Edlen« zum Ziel setzten. Seine Gegner spotteten über Konfuzius und bezeichneten ihn als realitätsfremd. Seine Lehre sei völlig ungeeignet, die Probleme der Zeit zu lösen. Sie warfen ihm Unfähigkeit und Rückschrittlichkeit vor. Er sei wie vernarrt in alles Alte und Rituelle, hätte einen Hang zu lächerlichem Pomp und geziertem Gehabe. Er sei ein Schmarotzer, genauso wie seine Anhänger.

Nach seinem Tod im Jahre 479 v. Chr. blieb seine Lehre zunächst eine von vielen philosophischen Richtungen. Erst nach Gründung der Han-Dynastie sollte sich dies ändern, als man erkannte, dass die von seinen Schülern inzwischen weiterentwickelte Lehre den Herrschenden die Macht sicherte. Nicht zum Erobern eignete sie sich, sondern zum Bewahren von Erreichtem, weil sie die imperiale hierarchische Ordnung stützte. So wurde die streng patriarchalische Lehre des Konfuzius zur ethischen und moralischen Grundlage des chinesischen Kaiserreiches, zur Staatsphilosophie, die den gesamten chinesischen Kulturraum prägen sollte. Träger dieser Staatsphilosophie war die dem Kaiser loyal ergebene gelehrte Beamtenelite. Dass sich diese Beamtenelite jedoch überhaupt bilden konnte, dafür war ein anderer verantwortlich: Qin Shi Huang Di.

Qin Shi Huang Di

Qin Shi Huang Di, der erste Kaiser Chinas, war ein Mann, der neue Maßstäbe setzte, nicht nur in China, sondern in der ganzen Welt. Er schuf ein Reich und errichtete ein Staatssystem, das in seinen Grundfesten mehr als 2000 Jahre Bestand haben sollte.

Der Kampf der Teilstaaten um die Vorherrschaft hielt über viele Jahrhunderte an. Unzählige Fürsten wurden ermordet, ganze Familien ausgerottet, Heerscharen niedergemetzelt und Landstriche entvölkert. Nur selten erlebte eine Zeit so viel Brutalität wie jene der letzten vorchristlichen Jahrhunderte. Sieben Fürstentümer blieben übrig, und schließlich triumphierte über alle anderen ein einziger Mann, der Fürst Zheng von Qin.

Das Land der Qin lag im Westen, im heutigen Shaanxi und Gansu. Radikale Reformen hatten im 4. Jahrhundert v. Chr. zum wirtschaftlichen und militärischen Aufstieg des Landes geführt.

Zu verdanken war dies der Lehre der so genannten Rechtsschule (siehe auch »Der Legalismus – die Rechtsschule«, S. 69), an der sich die Herrschenden orientierten. Anders als die Konfuzianer setzten die Anhänger der Rechtsschule nicht auf Tugend und Sittlichkeit, sondern auf strenge Gesetze. Eine zentralistische Verwaltung stärkte die Macht des Herrschers, Ungehorsam wurde hart bestraft, Tapferkeit und Fleiß belohnt. Nicht die Herkunft entschied über die Beförderung zum Beamten, sondern die erworbenen Verdienste. Ein System der gegenseitigen Überwachung ermöglichte die Kontrolle über jeden einzelnen Untertan. Die Säulen dieses Staatswesens bildeten Ackerbau und Militär. Auf diese Weise hatte sich das Land der Qin zu einem außergewöhnlichen Staat entwickelt, dem kein anderer gewachsen war.

Fürst Zheng wurde 259 v. Chr. geboren. Nach dem Tod seines Vaters bestieg er mit 13 Jahren den Thron, die Regentschaft lag allerdings zunächst noch in den Händen seiner Mutter. 238 v. Chr., mit 21 Jahren, übernahm er die Herrschaft und begann einen entschlossenen Kampf gegen die anderen Fürstentümer. 17 Jahre später, 221 v. Chr., hatte er das Letzte von ihnen unterworfen, sodass unter seiner Führung das Reich geeint werden konnte. Rigorose Vereinheitlichungsmaßnahmen, gewaltige Bauvorhaben, die Unterdrückung jedweder Opposition und drakonische Strafen kennzeichneten Zhengs Herrschaft und sollten ihn zum meistgehassten Kaiser der chinesischen Geschichte machen.

Er nannte sich *Huang Di*, »gottgleich erhaben«, ein Titel, der an die mythischen Herrscher erinnerte. Da er glaubte, Begründer einer über 10 000 Generationen währenden Dynastie zu sein, fügte er *Shi* hinzu, *Shi Huang Di*, »erster Kaiser«.

Mit der Einigung des Reiches stellte sich die Frage, wie das nun entstandene Gebiet regiert werden sollte. Qin Shi Huang Di folgte dem Rat seines Kanzlers Li Si, einem Anhänger der Rechtsschule. Dieser schlug ihm vor, das Reich in Verwaltungseinheiten aufzuteilen, anstatt es, nach dem Vorbild der vorangegangenen Zhou-Dynastie, partiell als Lehen an Verwandte und verdiente Gefolgsleute zu übergeben. So entstanden 36 Provinzen, die wiederum in Bezirke aufgeteilt wurden. An der Spitze der Provinzen standen drei Repräsentanten: ein Zivilgouverneur, ein

Militärgouverneur und ein kaiserlicher Inspektor, der die beiden Ersten überwachte. Diese drei wurden nach ihren Verdiensten ausgewählt und von der kaiserlichen Kanzlei ernannt. Sie konnten jederzeit abberufen werden. Damit entstand eine völlig neue politische Klasse: nicht der Feudaladel, sondern die Beamtenschaft stellte nun die Stütze des streng autoritär aufgebauten Staates dar. Der Adel war somit entmachtet. Auch alle späteren Reiche stützten sich auf die Beamtenschaft. Um jeglichen Widerstand des aufbegehrenden Adels im Keime zu ersticken, zwang Qin Shi Huang Di die führenden Familien zum Umzug in die Hauptstadt. Es sollen an die 120 000 Familien gewesen sein, die auf diese Weise aus allen Teilen des Reiches nach Xianyang, nahe dem heutigen Xi'an, zogen.

Ein weiterer wichtiger Schritt in Richtung Einheitsstaat war die Einführung einer Norm. In den einzelnen Teilstaaten hatten sich in den vorangegangenen Jahrhunderten unterschiedliche Maß-, Gewichts- und Münzsysteme entwickelt, deren Vereinheitlichung als wichtige Voraussetzung für die künftige Entwicklung von Wirtschaft und technischen Fähigkeiten angesehen wurde. Ein geschlossener Wirtschaftsraum sollte entstehen, und deshalb wurde ein weit verzweigtes Straßennetz angelegt, das alle Teile des Reiches mit der Hauptstadt Xianyang verband. Dieses basierte auf fünf Hauptverkehrsstraßen von insgesamt 6850 Kilometer Länge, standardisiert auf 15 Meter Breite und nur benutzbar für Fahrzeuge mit festgelegter Achsenbreite.

Weil es in den einzelnen Regionen unterschiedlichste Dialekte und Sprachen mit eigenen Schriftsystemen gab, setzte Qin Shi Huang Di die »kleine Siegelschrift« als einzig verbindliche Schriftform durch, ein Schritt von ungeheurer Bedeutung, denn mit der Vereinheitlichung der Schrift schuf er die Grundlage für Chinas kulturelle Kontinuität.

Auch als Initiator monumentaler Bauwerke ging Qin Shi Huang Di in die Geschichte ein. Hunderte von Palästen entstanden während seiner Regierungszeit. Von der einstigen Pracht zeugt noch heute die 1974 in der Nähe von Xi'an entdeckte Tonsoldatenarmee, die zu dem weitläufigen Areal seiner Grabstätte gehörte. Qin Shi Huang Di gilt ebenso als Erbauer der Chinesischen Mauer, allerdings ist der unter seiner Herrschaft angelegte Befestigungswall nicht mit der heute noch nahe Beijing sichtbaren, aus dem 15. Jahrhundert stammenden Mauer identisch. Bereits vor seiner Zeit waren im Norden Festungsanlagen errichtet worden, die feindliche Angriffe abwehren sollten. Qin Shi Huang Di ließ diese Mauerstücke zu einem Grenzwall von 4100 Kilometer Länge verbinden, der zwischen sieben bis 10 Meter hoch und bis zu 3,5 Meter breit war, bestückt mit 25000 hölzernen Wachttürmen. Hunderttausende von Fronarbeitern und Sklaven sollen am Bau dieses militärischen Bollwerks beteiligt gewesen sein, und Unzählige fanden dort ihren Tod. Ihren Zweck hat die Mauer nie erfüllt, weil sich die aus dem Norden und Nordwesten heranstürmenden innerasiatischen Steppenvölker nicht durch Lehm- und Ziegelwälle einschüchtern ließen. Stattdessen erlangte das Bauwerk als »Mauer der Tränen« und »längster Friedhof der Welt« unter den Chinesen traurige Berühmtheit.

Dennoch waren es nicht diese irrsinnigen Bauvorhaben und die maßlose Verachtung von Menschenleben, die Qin Shi Huang Di den Ruf eines Tyrannen eintrugen. Die spätere, konfuzianisch geprägte Geschichtsschreibung warf ihm ein in ihren Augen viel schlimmeres Verbrechen vor: die Bücherverbrennung. Durch sie wurden historische Schriften, insbesondere die Aufzeichnungen der verschiedenen Philosophenschulen wie die der Konfuzianer vernichtet. Die Bücherverbrennung war der Versuch, Kontrolle über die geistige Elite des Landes auszuüben, denn man fürchtete deren aufrührerischen Widerstand gegen die gnadenlose Uniformierung des Landes. Vor allem die Konfuzianer, die sich am Altertum orientierten, kritisierten mit ihren Schriften die neue Ordnung. Der Besitz solcher Literatur stand ab 213 v.Chr. unter Todesstrafe.

So rational denkend und unerbittlich streng Qin Shi Huang Di als Herrscher war, so überaus abergläubisch erwies er sich hinsichtlich seiner eigenen Person. Drei Attentate hatte er überlebt. Von manischer Todesfurcht besessen und voller Angst vor Geistern und Dämonen, nutzte er seine ausgedehnten Inspektionsreisen durch das Reichsgebiet, um nach dem sagenumwobenen Elixier der Unsterblichkeit zu suchen. Auf einer dieser Reisen, im

Sommer 210, starb er, und schon bald brachen Aufstände und Aufruhr aus, denn zu groß war die Unzufriedenheit im Land und zu kurz seine Herrschaft, um die Macht der Dynastie zu festigen. Fronarbeiter und Sklaven erhoben sich, die Aristokraten kämpften um ihre alten Privilegien, und die Abkömmlinge der alten Fürstenfamilien um die Macht. 206 v. Chr. endete die auf 10 000 Generationen angelegte Herrscherdynastie der Qin. Liu Bang, ein einfacher, ungebildeter Mann aus dem Volk, der ursprünglich nur ein kleines Amt innehatte, das in heutiger Zeit dem eines Dorfpolizisten entsprechen würde, gründete die Han-Dynastie, die 400 Jahre währen sollte. Auch wenn sich die neuen Herrscher nun den Konfuzianern zuwandten und die Rechtsschule mit ihrer Gesetzeslehre ablehnten, wurde der von Qin Shi Huang Di geschaffene Staat als Grundlage von allen folgenden Dynastien übernommen. Dennoch blieb Qin Shi Huang Di selbst bis in die Neuzeit hinein der am meisten verachtete und in seiner Bedeutung völlig unterschätzte Herrscher.

Zwei Männer, die das moderne China prägten: der Revolutionär Mao Zedong und der Reformer Deng Xiaoping

Mao Zedong

Ganz gleich wie man Mao Zedong und sein Wirken heute beurteilen mag, er bleibt eine der herausragendsten Persönlichkeiten des 20. Jahrhunderts. Mao steht für den Sieg der Revolution und für die Befreiung von Fremdherrschaft und Demütigungen durch die Kolonialmächte. Er gab den Chinesen ihren Nationalstolz zurück. Wer es nicht selbst miterlebt hat, kann sich kaum vorstellen, wie begeistert die Mehrheit des chinesischen Volkes war, als er 1949 die Volksrepublik China ausrief. Das nach Krieg und Bürgerkrieg völlig zerrüttete Land war endlich wieder unabhängig und vereint. Voller Zuversicht blickten die Menschen in die Zukunft. Mao war für viele der einzige Hoffnungsträger, sie verehrten ihn wie einen Messias. Ein berühmtes Lied aus jener Zeit beginnt mit den Worten: »Der Osten ist rot, die Sonne aufgegangen, in China ist Mao Zedong erschienen.«

Doch Maos Name steht auch für radikale Experimente, mit denen er eine sozialistische Gesellschaft aufbauen wollte. Er ist verantwortlich für menschenverachtende politische Propaganda- und Säuberungskampagnen, die das Land in Katastrophen größten Ausmaßes stürzten und die Millionen Menschen das Leben kosteten.

Mao wurde am 26. Dezember 1893 in dem Dorf Shaoshan in der südchinesischen Provinz Hunan als ältester Sohn eines wohlhabenden Bauern geboren. Schon früh soll er gegen den Willen seines jähzornigen Vaters aufbegehrt haben. Mit 14 Jahren weigerte er sich, einem ihm unbekannten zehnjährigen Mädchen ein Heiratsversprechen zu geben. Von den Eltern arrangierte Hochzeiten waren damals allgemeiner Brauch. Maos Weigerung verstieß gegen die konfuzianische Tugend der kindlichen Pietät gegenüber den Eltern, die von den Söhnen und Töchtern absoluten Gehorsam verlangten. Auch wollte er kein Reisbauer werden wie sein Vater. Er hatte von seinem achten bis 13. Lebensjahr eine Schule besucht und träumte von einem Studium. Mit 16 drohte er seinem Vater mit Selbstmord, wenn er ihn schlagen würde, mit 17 lief er von zu Hause fort, um weiter zur Schule gehen zu können. Als 1911 die Rebellion gegen die Qing-Dynastie aufflammte, schloss er sich für kurze Zeit einer revolutionären Armee an, folgte aber schon ein halbes Jahr später seinem Traum und begann ein Studium am Lehrerseminar von Changsha. Seine Lieblingsfächer sollen Geschichte und Philosophie gewesen sein. Nach dem Abschluss seiner Ausbildung wurde er 1918 Hilfsbibliothekar an der Beijing-Universität. Dort hatte sich eine Gruppe junger Intellektueller um die Gelehrten Li Dazhao und Chen Duxiu gesammelt, die zu den ersten Marxisten Chinas gehörten. Sie forderten den Bruch mit den alten Traditionen und warben für eine geistige Neuorientierung. Mao wurde von ihren Lehren nachhaltig beeinflusst. Auch die Berichte über die Oktoberrevolution in Russland und die Lektüre russischer Autoren wie Tolstoi und Bakunin faszinierten ihn. 1919 kehrte er nach Changsha in seine Heimatprovinz zurück und wurde Lehrer an einer Grundschule. Zur selben Zeit begann er seine politische Laufbahn. 1921 nahm er in Shanghai als einer von 22 Teilnehmern an der Gründungsversammlung der Kommunistischen Partei teil und wurde zum Parteisekretär von Hunan ernannt.

Mao war inzwischen eine eindrucksvolle Erscheinung: groß, gut aussehend, mit glühenden Augen und überzeugenden Argumenten. Im selben Jahr heiratete er und begeisterte damit die junge geistige Elite von Changsha, weil er eine Liebesheirat und keine von den Eltern diktierte Ehe einging, womit er ein Beispiel für die Missachtung überkommener Traditionen gab. Das Paar bekam drei Söhne.

Mao ging nicht zum Studium ins Ausland, wie es viele andere junge Intellektuelle seiner Zeit taten. Er machte sich stattdessen mit der Situation im eigenen Lande vertraut. 1925 unternahm er eine mehrmonatige Wanderung durch seine Heimatprovinz. Die Eindrücke dieser Wanderung trugen zu der Erkenntnis bei, dass es falsch war, sich nach der kommunistischen Lehre auf das städtische Proletariat zu konzentrieren. Nicht die Städte boten das revolutionäre Potenzial, sondern die Bauern, die traditionell die Grundlage des chinesischen Staates bildeten, also musste die Revolution vom Land ausgehen. Mit dieser Erkenntnis stand er im Widerspruch zur russischen Linie und stieß deshalb auf scharfe Kritik und entschiedenen Widerstand.

Maos politischer Aufstieg begann Mitte der 30er Jahre mit dem legendären »Langen Marsch«. Chiang Kai-shek hatte den Kommunisten den Kampf angesagt. Zu Tausenden waren sie in den Städten verhaftet und ermordet worden. Auch Maos Frau und eine seiner Schwestern wurden getötet. In mehreren Vernichtungsfeldzügen versuchte Chiang, die erste chinesische Sowjetrepublik, die die Kommunisten in den Bergen von Jiangxi und Fujian gegründet hatten, zu zerschlagen. Doch es gelang den kommunistischen Truppenverbänden zu entkommen, wenn auch unter enormen Verlusten. Im Laufe dieses Marsches kam es zum Streit über die einzuschlagende Route: Mao wollte als Ziel die Guerillabasis in der Provinz Shaanxi durchsetzen, seine Kontrahenten lehnten dies als zu gewagt ab und bevorzugten den nordwestlichen Weg in Richtung Xinjiang. Die Truppen teilten sich schließlich in zwei Verbände. Maos Truppe kam an, die andere wurde nahezu aufgerieben. Dieser Erfolg stärkte seine Position. In der Abgeschiedenheit von Yan'an in der Provinz Shaanxi und außerhalb der Reichweite von Chiang Kai-sheks Soldaten entstand ein neues kommunistisches Hauptquartier, eine zweite chinesische Sowjetrepublik. Hier verfasste Mao mehrere Schriften, die seinen Ruf als kommunistischer Theoretiker begründeten. Wie schon zuvor in der ersten chinesischen Sowjetrepublik, setzte er auch hier eine Bodenreform durch, was ihm nicht nur die Solidarität der Bauern eintrug. Zu Tausenden strömten Sympathisanten heran, unter ihnen auch Ausländer. Vom Bauernsohn zum genialen Revolutionsführer – der Mythos fand in Yan'an seinen Anfang. Hier setzte Mao sich als unumschränkter Führer der Partei durch. 1943 wurde er zum Vorsitzenden des Zentralkomitees der Kommunistischen Partei gewählt, ein Amt, das er bis zu seinem Tod innehatte.

Mit dem Sieg der Kommunisten bestimmte Mao ab 1949 den Weg Chinas. Er tat dies ganz im konfuzianischen Geist, in dem er selbst erzogen worden war und der auf Gehorsam sowie Unterordnung setzte und keinerlei Kritik zuließ. Von der Vision beseelt, China in einen kommunistischen Musterstaat umzuwandeln, hielt er die Menschen mit beispiellosen Kampagnen in Atem. Mittels ideologischer Umerziehung und Indoktrination wollte er einen »neuen Menschen« schaffen, der sich selbstlos und kompromisslos dem Gemeinschaftsinteresse unterordnete, wobei Mao bestimmte, was im Interesse der Gemeinschaft lag. Leidtragende waren die Intellektuellen, denen er zutiefst misstraute und deren Kritik er am meisten fürchtete. So dienten seine Aktionen zunehmend dem Ziel, missliebige Kritiker auszuschalten und die eigene Machtposition zu stärken.

Zwischen 1950 und 1952 wurden im Rahmen der Bodenreform Großgrundbesitzer und reiche Bauern enteignet, und das Land an arme sowie besitzlose Bauern verteilt.

1951 wandte sich die »Drei-Anti-Bewegung« gegen Korruption, Verschwendung und Bürokratie innerhalb der staatlichen Verwaltungsorgane. Der Säuberung fielen offiziell 4,5 Prozent aller Verwaltungskader zum Opfer.

Ein Jahr später sollten mit der »Fünf-Anti-Bewegung« die so genannten »fünf Gifte« bekämpft werden, nämlich Bestechung, Steuerhinterziehung, Diebstahl von Staatseigentum, betrügerische Verträge mit dem Staat und privater Missbrauch von Wirtschaftsinformationen. Diese Kampagne traf insbesondere Kaufleute und Unternehmer und diente der Verstaatlichung privater Betriebe.

Eine Folge der »Drei-Anti-Bewegung« und »Fünf-Anti-Bewegung« war, dass sich Experten und Kader im Wirtschafts- und Finanzbereich von nun an scheuten, eigene Entscheidungen zu fällen und Verantwortung zu übernehmen. Auch hatte sich ein teuflischer Mechanismus herausgebildet, der typisch wurde für alle weiteren Kampagnen. Fand man keine entsprechenden »Übeltäter«, gegen die sich die gerade laufende Aktion richtete, wurden einfach welche ausgedeutet. Dies öffnete maßloser Übertreibung und der Begleichung alter Rechnungen Tür und Tor. Niemand war mehr sicher vor den Denunziationen missgünstiger oder auch verblendeter Nachbarn, Kommilitonen, Kollegen und sogar eigener Angehöriger, wenn es darum ging, »Vergehen« aufzudecken. Viele Betroffene entzogen sich den häufig brutalen Methoden ihrer Verfolger durch Selbstmord.

1955 folgte die Kritikkampagne gegen den Schriftsteller Hu Feng, der um mehr Freiheit für Schriftsteller und Künstler gebeten und die Machtposition angeprangert hatte, die einige unqualifizierte Parteimitglieder im Kulturbetrieb besaßen. Hu Feng wurde verhaftet, und wer mit ihm zu tun gehabt oder auch nur seine Bücher gelesen hatte, wurde angegriffen. Mao entschied, dass die so genannten Konterrevolutionäre nun endlich allesamt entlarvt werden müssten. Hierzu initiierte er im Mai 1956 die »Hundert-Blumen-Bewegung«. »Lasst hundert Blumen blühen, lasst hundert Schulen miteinander wettstreiten«, lautete die Parole, mit der er an die vorchristlichen Jahrhunderte erinnerte, als Konfuzius und andere Philosophen mit ihren Denkschulen um die richtige Staatsführung stritten und so die Grundlagen der klassischen Philosophie schufen. Mao wollte jedoch keine Diskussion über das Regierungsprogramm, sondern forderte vielmehr zur Kritik an dem Arbeitsstil von Partei und staatlichen Institutionen auf. Niemand folgte seinem Aufruf. Im Oktober kam es zu antisowjetischen Demonstrationen in Polen und Ungarn, im November schlugen sowjetische Truppen den Ungarnaufstand nieder. Mao sprach daraufhin über die richtige Behandlung der Widersprüche im Volk und erneuerte den Aufruf zur freien Kritik an Missständen in der Partei. Viele junge Intellektuelle folgten ihm diesmal – häufig ermuntert durch ältere Parteimitglieder – und äußerten freimütig ihre Meinung. Als die Kritik zu heftig wurde, als es zu antisozialistischen Äußerungen und zu Angriffen auf die Monopolstellung der Kommunistischen Partei kam sowie der Ruf nach Einführung von parlamentarischen Strukturen laut wurde, schnappte die Falle zu. Von Rechtsabweichlern war nun die Rede, die die Kommunistische Partei stürzen wollten. Eine »Anti-Rechts-Kampagne« wurde eingeleitet, mit der die vermeintlichen Gegner von Partei und Sozialismus bestraft werden sollten. Gegner waren nicht nur diejenigen, die öffentlich Kritik geäußert hatten, sondern auch jene, von denen man vermutete, dass sie kritisch dachten. Ein bestimmter Prozentsatz legte fest, wie viele »Übeltäter« es in jeder Organisation und Gruppe geben musste, die es aufzuspüren galt. Wenn die Quote nicht erfüllt werden konnte, meldeten sich in manchen Abteilungen Leute freiwillig als kritische Elemente, ohne zu ahnen, welche Folgen das für sie haben würde. Etwa 550 000 Intellektuelle fielen dieser Kampagne zum Opfer. Sie wurden zu »Rechtsabweichlern« erklärt und verloren Studien- oder Arbeitsplätze. Wenn sie Glück hatten, schickte man sie zum Arbeitseinsatz in landwirtschaftliche oder industrielle Betriebe. Andere landeten im Gefängnis, wurden in Arbeitslager verschleppt oder in entlegene Gebiete verbannt. Viele der besten Köpfe Chinas hatten darunter zu leiden, mancher überlebte diese Kampagne nicht, für andere währte der Albtraum 20 Jahre.

Unzufrieden mit seinen wirtschaftlichen Erfolgen gab Mao 1958 die Parole zum »Großen Sprung nach vorn« aus. In nur wenigen Jahren sollten England und Amerika eingeholt werden. Schon bald zeigte sich allzu deutlich, welch katastrophale Auswirkungen jene abseits jeglicher Realität geplanten politischen Kampagnen haben sollten. Mao glaubte, dass sich die Produktion von Stahl und Getreide mittels Einsatz der Volksmassen enorm steigern ließe. Quasi über Nacht wurden deshalb in den Dörfern Kleinsthochöfen aus Lehm gebaut, in denen die Bauern ihre Schaufeln, Hacken, Kochtöpfe und was sie sonst an Gegenständen aus Metall fanden einschmolzen, um die Stahlproduktion zu unterstützen. Obwohl schon bald klar war, dass auf diese Weise nur unbrauchbares Eisen entstand, ließ man sie dennoch weiterproduzieren, weil der Enthusiasmus der Massen nicht gedämpft werden sollte. Doch nun fehlten den Bauern die Gerätschaften, die sie für ihre tägliche Arbeit und Versorgung brauchten. Außerdem verloren sie durch ihre Einbindung in riesige Volkskommunen ihre Eigenverantwortung. Selbst um ihr tägliches Essen sollten sie sich nicht mehr kümmern müssen. Zentrale Kantinen wurden eingerichtet, die das Selbstkochen überflüssig machen sollten. In der Praxis sah dies allerdings dann so aus, dass die Bauern in entlegenen Gebieten oft stundenlang unterwegs waren, um etwas zu essen zu bekommen.

Darüber hinaus wurden in manchen Regionen völlig abwegige Ackerbaumethoden eingeführt, nur weil sie anderswo erfolgreich waren, wie beispielsweise das Tiefpflügen in weiten Teilen Nordchinas, was zur Versalzung der Böden führte. Oder es wurden Bewässerungskanäle in Gegenden angelegt, in denen es gar kein Wasser gab. Entscheidend waren nicht die realen Bedingungen, sondern die Vorgaben der Zentralverwaltung. Schon 1959 kritisierten einige Parteiführer Maos hoch gesteckten Ziele. Daraufhin rief dieser zu einer »Bewegung gegen den rechten Opportunismus« auf. Doch die Wirtschaft geriet außer Kontrolle, und schließlich musste die Kampagne abgebrochen werden.

Die »drei bitteren Jahre« nennen die Chinesen die Zeit von 1959 bis 1961, denn zu allem Unheil brachen auch noch Naturkatastophen über das Land herein, denen wegen der vielen Fehlplanungen nicht angemessen begegnet werden konnte, sodass die größte von Menschen verursachte Hungersnot ausbrach. Von 20 bis 30 Millionen Toten ist die Rede.

Mao erntete scharfe Kritik aus den eigenen Reihen und wurde für die katastrophalen Auswirkungen des »Großen Sprungs« verantwortlich gemacht. Er verlor sein Amt als Staatspräsident, blieb aber Parteivorsitzender. Pragmatiker übernahmen die Führung, darunter Deng Xiaoping. Viele unsinnige politische Entscheidungen wurden rückgängig gemacht, die private Initiative gefördert, den Bauern mehr Eigenverantwortung zugestanden. Diese erhielten Land zur eigenen Bewirtschaftung zugeteilt, sodass sie auf neu geschaffenen freien Märkten ihre Erzeugnisse verkaufen konnten. Schon in kürzester Zeit war ein bescheidener Wirtschaftsaufschwung erkennbar.

Doch Mao meldete sich rasch zurück. Er warf den Pragmatikern vor, den Kapitalismus wieder einführen zu wollen. 1962 rief er zu einer »Sozialistischen Erziehungsbewegung« auf, die gegen revisionistische Tendenzen vorgehen sollte. Die Kampagne brachte jedoch nicht den von ihm erhofften Erfolg. Sein einziges Ziel war jetzt, seine Gegner in der Partei auszuschalten. 1965/1966 löste er eine neue Massenbewegung aus, die »Große Proletarische Kulturrevolution«. »Reaktionäre«, die sich in die Partei eingeschlichen hätten, sollten aufgespürt und ausgeschaltet, Anhänger von bürgerlichen Ideen sollten verfolgt werden. Es galt, Politik und Wirtschaft, aber auch Wissenschaft, Erziehung, Literatur und Kunst einer permanenten Revolution zu unterziehen. Betroffen waren die Mitarbeiter aller staatlichen Einrichtungen, dazu zählten Ämter und Ministerien genauso wie Universitäten, Schulen und Kindergärten. Man warf einzelnen Personen vor, der Politik der Pragmatiker zu folgen oder mit ihr zu sympathisieren. Betroffen waren auch alle oppositionellen Kräfte und natürlich jene vormals zu »Rechtsabweichlern« erklärten Personen. Mao bediente sich bei der Durchsetzung dieser Kampagne der durch ihn fanatisierten Jugend, meist Mittelschülern, die sich als »Rote Garden« zu Massenorganisationen zusammenschlossen und sich aufmachten, die »vier Alten« zu eliminieren: die alte Kultur, die alten Sitten, Gebräuche und Traditionen. Sie zerstörten Tempel, Klöster und andere Zentren alter Kultur. »Klassenfeinde« wurden von ihnen entlarvt, ebenso die Anhänger westlicher Denkweisen, auch wenn es sich dabei nur um die Liebe zu westlicher klassischer Musik handelte. Sie zerschlugen, verbrannten oder beschlagnahmten das Eigentum der »Klassenfeinde«, die sie manchmal auch ermordeten. Bis heute ist nicht bekannt, wie viele Millionen Menschen der Kulturrevolution zum Opfer gefallen sind. Sie breitete sich wie ein Flächenbrand aus und ließ eine Atmosphäre entstehen, in der Denunziation, Lüge und Verrat blühten. Jeder konnte jeden zum Konterrevolutionär erklären und damit ans Messer liefern. Das Land versank im Chaos. Eine ganze Generation wuchs unter menschenunwürdigen Bedingungen und in einer Zeit des politischen Terrors auf. Da Schulen und Universitäten zum Teil geschlossen blieben und für Jahre kein geregelter Unterricht möglich war, blieben diese jungen Menschen ohne nennenswerte Ausbildung und jeglicher künftiger Berufschancen beraubt.

Doch Mao hatte sein Ziel erreicht. Schon 1969 hatte er seine Macht als alleiniger Führer der Volksrepublik China zurückerlangt und alle wichtigen Positionen mit seinen Anhängern besetzt. Ehemalige Rivalen waren vertrieben oder zu Tode gekommen. Mao hielt die Fäden wieder in seiner Hand. Jiang Qing, seine dritte Ehefrau, nutzte die Gunst der Stunde, um politisch aktiv zu werden und sich aller ihr unliebsamen Personen zu entledigen. In den folgenden Jahren wuchs ihre Macht und die einer Gruppe Gleichgesinnter.

Am 9. September 1976 starb Mao Zedong. Im Oktober 1976 erfolgte die Verhaftung seiner Witwe und ihrer Vertrauten, drei linksorientierter Politbüromitglieder, die man als »Viererbande« vor Gericht stellte. Jiang Qing wurde zum Tode verurteilt, später aber begnadigt. 1991 beging sie Selbstmord.

Ein ganzes Volk schien nach Maos Tod aus einem langen Albtraum zu erwachen. Die Inhaftierung der Viererbande bezeichnete das Ende der extrem menschenverachtenden Politik und kam einer zweiten Befreiung gleich. Noch heute gilt sie als offizielles Ende der Kulturrevolution. Dennoch sollte es Jahre dauern, bis sich die Menschen von den Leiden erholten. Jeder misstraute jedem, im öffentlichen Leben ebenso wie in den Familien. Niemand wollte mehr an Visionen und ideelle Werte glauben.

Deng Xiaoping

Deng Xiaoping (1904–1997) steht für die Modernisierung Chinas. Er gilt als Pragmatiker, der mit seiner Reform- und Öffnungspolitik das Land aus Isolation und wirtschaftlicher Not führte. Ihm gelang, was kein anderer vor ihm jemals zuwege gebracht hatte, sei es in China oder in einem anderen Teil der Welt, nämlich 400 Millionen Menschen, die zuvor unter der Armutsgrenze gelebt hatten, aus ihrer Misere zu befreien und ihnen ein besseres Leben zu ermöglichen.

Deng Xiaoping war der Sohn eines Landbesitzers in Sichuan. Nach einer Volks- und Mittelschulausbildung schickte ihn der Vater nach Chongqing in eine Schule, die mit Französischunterricht und der Ausbildung in technischen Fertigkeiten auf ein Werkstudium in Frankreich vorbereitete. Ein solches Werkstudium, finanziert durch eine Stiftung, ermöglichte es jungen Chinesen, in Frankreich zu arbeiten und zugleich zu studieren. 1920 kam Deng in Frankreich an, doch schon ein Jahr später hatte die Stiftung kein Geld mehr, sodass er sich mit schlecht bezahlter Fabrikarbeit durchschlagen musste. An ein Studium war nicht mehr zu denken. Wichtig für seinen weiteren Werdegang war die Begegnung und Auseinandersetzung mit der Lehre des Marxismus. Er lernte Zhou Enlai kennen, der sich ebenfalls als Werkstudent in Frankreich aufhielt. Deng wurde Mitglied der chinesischen kommunistischen Jugendliga und beteiligte sich an deren Aktivitäten. 1926 ging er nach Moskau, begann dort ein Studium, kehrte aber ein knappes Jahr später nach China zurück. In der Zentrale der Kommunistischen Partei traf er Zhou Enlai, den späteren Ministerpräsidenten der Volksrepublik China, und einige andere Mitstreiter aus Frankreich wieder. Von nun an arbeitete er für die Partei, beteiligte sich am Aufbau von Guerillaeinheiten und nahm am Langen Marsch teil. Nachdem im Oktober 1949 in Beijing die Volksrepublik proklamiert worden war, marschierte Deng im Dezember mit kommunistischen Truppen in Chongqing ein und vertrieb die dortige Regierung unter Chiang Kai-shek. Dieser floh mit seinen Anhängern nach Taiwan. Deng wurde daraufhin Erster Sekretär des Südwestbüros der Kommunistischen Partei und somit Herrscher über die fünf südwestlichen Provinzen Chinas.

Im Juli 1952 holte ihn Mao nach Beijing, wo er höchste Ämter erhielt, diese im Laufe der Zeit aber wieder verlor und schließlich ein Opfer der Kulturrevolution wurde. Sein wirklicher Aufstieg zu uneingeschränkter Macht erfolgte nach Maos Tod und mit seiner Rehabilitation im Juli 1977. In einer Rede verurteilte er die Kulturrevolution und forderte, dass von nun an die Wirtschaft im Mittelpunkt der Politik stehen müsse. Geschickt verstand es Deng, nicht selbst das höchste Amt im Partei- und Regierungsapparat zu übernehmen, sondern den Posten mit Vertrauten zu besetzen. Er machte die Reformpolitiker Hu Yaobang zum Generalsekretär der Partei und Zhao Ziyang zum Ministerpräsidenten, blieb aber dennoch der mächtigste Mann im Lande.

Sein Reformkurs sah die Liberalisierung der Wirtschaft vor. Um mit Marktwirtschaft zu experimentieren, ließ er ab 1979 Sonderwirtschaftszonen einrichten, mit denen ausländisches Kapital angelockt und Know-how ins Land geholt werden sollten. Sein berühmter Satz, »Es ist egal, ob die Katze schwarz oder weiß ist, wichtig ist, dass sie Mäuse fängt«, gibt den Kerngedanken seiner Politik wieder: Planwirtschaft und Marktwirtschaft sollten als Maßnahmen verstanden werden, die dem Markt zu dienen hatten, ganz gleich ob sie sozialistisch oder kapitalistisch waren. Wenn die Wirtschaft wuchs und es den Menschen damit besser ging, war jede Maßnahme gut.

Die Öffnungspolitik brachte frischen Wind ins Land und ließ Forderungen nach politischen Reformen und Demokratie laut werden. Daraufhin stellte Deng klar, dass auch in Zukunft die »vier Grundprinzipien« gelten müssten, nämlich der Führungsanspruch der Kommunistischen Partei, das Festhalten am sozialistischen Weg, am Marxismus-Leninismus und an den Mao-Zedong-Ideen sowie das Festhalten an der Diktatur des Proletariats.

Nach der Niederschlagung der Studentenbewegung am 4. Juni 1989 sah es zunächst so aus, als hätten Reformen und Öffnung ein Ende gefunden. Doch Deng hielt auch weiterhin an seiner

Reformpolitik fest und setzte die Einführung einer sozialistischen Marktwirtschaft durch. Der Kapitalismus sollte als Instrument zur Entfaltung der Wirtschaft genutzt werden. Die Umwandlung von einer kommunistischen in eine kapitalistische Gesellschaft war nun nicht mehr aufzuhalten.

Deng Xiaoping starb 1997 an den Folgen der parkinsonschen Krankheit. Seine Reformpolitik wurde dennoch weitergeführt.

Die Chinesen – ein Volk der Tüftler und Erfinder

Auch wenn Marco Polo selbst China nicht bereist hat, wie einige Historiker vermuten, so gab er doch ein Wissen weiter, das von Chinareisenden stammte und das die Europäer in jener Zeit in ungläubiges Staunen versetzte. China war ein Land der Tüftler und Erfinder und bis ins 15. Jahrhundert dem Westen weit voraus. Über die Handelswege zu Lande und zu Wasser erfuhr das Abendland von den chinesischen Erfindungen, von denen es mehr profitierte als die Chinesen von den europäischen. Es ist eine Ironie der Geschichte, dass China schließlich Opfer seiner eigenen Erfindungen wurde, denn die Europäer machten sich Schießpulver, Kanonen und Kompass zunutze, um die Welt zu erobern und China in die Knie zu zwingen.

Jeder weiß, dass das Papier eine chinesische Erfindung ist. Es wurde um 100 v. Chr. aus Pflanzenfasern hergestellt. Auch der Regenschirm und das Porzellan kommen aus China, die Seide ebenfalls. Die Seidenraupenzucht und die Produktion von Seidenstoffen wurde schon in vorchristlichen Jahrtausenden entwickelt, ebenso verschiedene ausgefeilte Webtechniken. Den Buchdruck erfand man bereits im 8. Jahrhundert. Er diente zunächst der Vervielfältigung buddhistischer Texte. Das älteste noch erhaltene Buch stammt aus dem Jahre 868. Die Liste chinesischer Erfindungen ließe sich noch über Seiten weiterführen. Einige interessante wollen wir herausgreifen.

Aus den Bemühungen, sowohl ein Unsterblichkeitsmittel als auch Gold herzustellen, ging schon im 2. Jahrhundert v. Chr. die Alchemie hervor. Zwar scheiterten die Alchemisten an den beiden angestrebten Zielen, sie entdeckten jedoch verschiedene andere Stoffe, mit denen sie experimentierten, und eines ihrer Ergebnisse führte zur Entwicklung des Schießpulvers, das allerdings – man mag es kaum glauben – zunächst medizinisch genutzt und erst später für militärische Zwecke entdeckt wurde. Da während der Song-Dynastie (960–1279) das Reich geteilt war und ständig Angriffe aus dem Norden drohten, räumte das Kaiserhaus der Forschung auf dem Gebiet der Waffentechnik besondere Priorität ein. So entstanden Bomben (aus Salpeter, Schwefel, Holzkohle und weiteren Stoffen), zweistufige Raketen, Splitterbomben, Landminen und verschiedene andere Waffensysteme, die auf Schießpulverbasis funktionierten. Die chinesische Armee hatte damals eine Stärke von über einer Million Mann. Mit Schaufelradfrachtern wurden sie auf den flachen Wasserwegen innerhalb des Landes transportiert. Dennoch waren die Chinesen dem Sturm der Mongolen nicht gewachsen. China wurde Teil des mongolischen Weltreiches. Damit gelangte das Wissen um die moderne Waffentechnik in den Westen und wurde dort im Laufe der Zeit weiterentwickelt und perfektioniert.

China ist das Land der Enzyklopädien. Aus dem 11. Jahrhundert stammt ein Werk, in dem erstmalig alle Heilkräuter mit ihren Anwendungen beschrieben wurden. Die Medizin gehört zu den ältesten chinesischen Naturwissenschaften. Schon in vorchristlicher Zeit entstanden wichtige heilkundliche Standardwerke, die noch heute Gültigkeit besitzen wie beispielsweise jenes zur Akupunkturtechnik. Im Kampf gegen Epidemien entwickelte man schon im 10. Jahrhundert einen Vorläufer der Pockenschutzimpfung mit einem Verfahren, das auf der Anwendung echter Krankheitserreger basierte. Im 13. Jahrhundert erschien die weltweit erste Abhandlung zur Gerichtsmedizin, die damals an die Recht sprechenden Beamten verteilt wurde. Chinas kaiserliche Verwaltung stützte sich auf Literatenbeamte. Um qualifizierte Kandidaten auszuwählen, führte man bereits in der Han-Dynastie (206 v.–220 n.Chr.) öffentliche Prüfungen ein, an denen unabhängig von ihrer Herkunft und Abstammung entsprechend Gebildete teilnehmen konnten. Im 6. Jahrhundert entstand aus dem Reglement ein ausgefeiltes Prüfungssystem. Insgesamt sind es die ältesten schriftlichen Staatsexamen der Welt.

Um 700 entstand das erste Porzellan, dessen Produktion viele Arbeitsgänge erforderte und das deshalb bereits in Großbetrieben hergestellt wurde. Zur bequemeren Abwicklung des Handels kamen im 10. Jahrhundert Depositenscheine auf, ein Vorläufer des Papiergeldes. Gegen Hinterlegung von Kupfergeld erfolgte die Aushändigung von Scheinen, die in dem Wert des Geldes gehandelt wurden. Der Kompass kam erst ab dem 11. Jahrhundert in der Seeschifffahrt zum Einsatz. Er war jedoch schon in vorchristlicher Zeit entwickelt worden, als wichtigstes Instrument der Fengshui-Meister (siehe auch »Fengshui«, S. 182), die ihn für Vermessungen beim Bau von Wohn-, Tempel- und Grabanlagen brauchten.

Die Chinesen behaupten, auch die Spaghetti wären ursprünglich eine chinesische Erfindung. Marco Polo hätte sie aus China mit nach Italien gebracht. Eine Legende erzählt, dass er auch den in ganz Nordchina so beliebten *Bing*, Teigfladen, mitgebracht hätte, der sich in Italien, mit Käse belegt, zur Pizza entwickelt hätte.

Mit Beginn der Ming-Dynastie (1368–1644) schwand allmählich der schöpferische Erfindergeist. Anfangs wurden noch große See-Expeditionen unternommen. Doch die Herrschaft über ein so gewaltiges Reich erforderte eine zentralisierte Bürokratie, die auf den Schultern der Literatenbeamten ruhte. Diese vertraten konfuzianische Werte wie das Bewahren von Altbewährtem. Die Wirtschaft eines in ihrem Sinne regierten Landes basierte auf der Landwirtschaft. Die soziale Rangliste wurde dementsprechend von Literatenbeamten und Bauern angeführt. Auf den unteren Plätzen dieser Liste rangierten Kaufleute und Handwerker, doch gerade diese waren es gewesen, die bisher den meisten Antrieb zu neuen Ideen und Erfindungen gegeben hatten. Dieser erstarb, denn anders als in vorangegangenen Perioden, als Erfindergeist vom Staat noch belohnt und geachtet wurde, waren die Herrscher der Ming- und der darauf folgenden Qing-Dynastie an Neuerungen nur wenig interessiert. Das ehemals auf technologischem und wissenschaftlichem Gebiet führende Land fiel schließlich in hoffnungslose Rückständigkeit. Erst mit der Modernisierungsbewegung zu Beginn des 20. Jahrhunderts begann eine Aufholjagd, die noch immer nicht abgeschlossen ist.

Die Grundlagen der Philosophie

Um die Mitte des ersten vorchristlichen Jahrtausends befand sich China in einer seiner tiefsten politischen und sozialen Krisen. Die gesellschaftliche Ordnung hatte sich aufgelöst. Schwere Naturkatastrophen erschütterten den Glauben an die Wirksamkeit spiritueller Kräfte und an den Schutz gewährenden Himmel. In dieser Zeit der Umbrüche und Katastrophen entwickelte sich ein Geistesleben von nie da gewesener und auch niemals wiederkehrender Vielfalt. Neue Weltanschauungen entstanden, Modelle für eine alternative soziale Ordnung wurden erdacht, über Staat und Gesellschaft diskutiert, das Verhältnis des Einzelnen zum Ganzen analysiert und über die Pflichten von Herrschern und Untertanen nachgedacht. Die einen verlangten die Rückbesinnung auf alte Werte, die anderen die Schaffung neuer Organisationsformen für Staat und Gesellschaft. Die berühmtesten Denker Chinas wie Konfuzius, Mengzi, Zhuangzi, Mo Di, Han Feizi und Xunzi wirkten in dieser Zeit. Sie sammelten Schüler um sich, die die neuen Lehren an nachfolgende Schülergenerationen weitergaben. Die großen Denksysteme der chinesischen Philosophie wurden in dieser Zeit formuliert, darunter der kosmisch orientierte Daoismus, der streng patriarchalische und auf moralische Ordnung setzende Konfuzianismus und die auf strenger Gesetzgebung basierende Lehre des Legalismus. Als »Zeit der hundert Schulen« ging diese Periode in die chinesische Geschichte ein.

Der Daoismus

Dao ist ein so vielfältiger Begriff, dass er nur unzureichend mit einem einzigen Wort übersetzt werden kann. *Dao* kann »Weg« heißen, aber auch »Prinzip der universellen Ordnung« oder »Wesen allen Seins«.

Das Dao steht für das Urprinzip und damit jenseits von Raum und Zeit. Es ist immer während, existierte schon am Anfang des Universums, als sich die Welt aus dem Chaos entwickelte. Das Dao ist der Ursprung allen Wandels, es bringt die Urelemente Yin und Yang hervor, die beiden polaren Kräfte, die durch ihre Wechselwirkung alle Dinge dieser Welt erschaffen, so auch den Menschen. Alles im Universum steht in Beziehung zueinander und unterliegt durch die Dynamik der Energie *Qi* einem stetigen Wandel. Kein göttlicher Wille ist es, der das Entstehen und Vergehen lenkt, sondern einzig der ewige Kreislauf der Natur.

Als Gründer der daoistischen Schule gilt der legendäre Laozi, der im 7./6. Jahrhundert v. Chr. gelebt haben soll. Historisch belegt ist nichts über seine Person und sein Leben, alle Überlieferungen sind mythologischen Ursprungs. Auch das ihm zugeschriebene zentrale Werk des Daoismus, das *Daodejing* (Buch vom Dao und seinem Wirken), scheint die Arbeit mehrerer Autoren zu sein.

Wie andere philosophische Schulrichtungen jener wirren Zeit suchten auch die Daoisten einen Weg aus Chaos und Not. Sie schufen den Begriff des *Wuwei*, »nicht eingreifen«, und empfahlen den Herrschern, eine Regierungsweise im Einklang mit dem Dao, was bedeutete, sich harmonisch auf die Gegebenheiten einzustellen und nicht unnötig in den natürlichen Ablauf des Wandels in der Welt einzugreifen. Je behutsamer der Herrscher regiere, je mehr er den Dingen ihren freien Lauf ließe und nur als Vorbild in Erscheinung trete, desto besser entwickelten sie sich. Jede Art von Regeln und Gesetzen würden den Menschen nur einengen, verformen und die Zahl der Übeltäter vergrößern. Die Daoisten hoben die Überlegenheit des Schwachen hervor und verglichen es mit dem Wasser, das zwar weich und schwach sei, doch im Laufe der Zeit sogar einen Stein aushöhlen könne. Genügsamkeit, Gewaltlosigkeit und Nachsicht waren die wesentlichen Forderungen ihrer Lehre, ein Leben in Bescheidenheit, Ruhe und Schlichtheit, frei von jeglichen Begierden. Im Einklang mit der Natur leben, der Natur folgen, sie nicht beherrschen und unterdrücken zu wollen, das ist »der Weg«, den der Daoismus beschreibt.

»*Himmelswurzel fragte Namenlos:*
›*Darf ich fragen, wie man Alle unter dem Himmel regiert?*‹
›*Lass deinen Geist in der Leere wandern*‹, *sagte Namenlos,*
›*und deinen Lebensatem eins werden mit der Unendlichkeit. Folge einfach der Natur der Dinge und lass keine persönlichen Vorlieben sich einmischen. Dann wird Alles unter dem Himmel wohlgeordnet sein.*‹« (*Zhuangzi, Innere Kapitel, 7.3, aus: Günter Wohlfart, Zhuangzi, Stuttgart 2003*)

Neben Laozi gilt Zhuangzi (369–286 v. Chr.) als bedeutendster Vertreter des Daoismus. Von ihm sind einige Anekdoten überliefert. So soll er im Staate Song gelebt haben, der von einem Tyrannen regiert wurde, was Zhuangzis Haltung zur Politik negativ beeinflusst hat. Der Historiker Sima Qian (145–86 v. Chr.) berichtet, dass Zhuangzi einst das Amt eines Ministers angeboten wurde, er dieses jedoch ablehnte, weil er davon überzeugt war, dass Macht korrupt mache. Lieber wollte er das Leben eines Habenichts führen, als von seinem Weg abweichen. Ihm ging es in seinen Überlegungen weniger um Staat und Gesellschaft als vielmehr um die Lebensführung des Einzelnen. Der Mensch sollte eins werden mit der ewigen Natur, es galt, die eigene Person vor den Einflüssen der Außenwelt abzuschirmen, um individuelle Befreiung zu gewinnen. Damit entstand ein Individualismus, der sich in Selbstvergessenheit steigern konnte und der von den Konfuzianern strikt abgelehnt wurde.

»*Einst träumte Zhuang Zhou (Zhuangzi), er sei ein Schmetterling – ein Schmetterling, der glücklich und fröhlich umherflatterte. Er wusste nicht, dass er Zhuang Zhou war. Plötzlich erwachte er und war ganz handgreiflich Zhou. Nun wusste er nicht, ob er Zhou war, der geträumt hatte, ein Schmetterling zu sein, oder ein Schmetterling, der gerade träumte, Zhou zu sein. Es muss aber einen Unterschied zwischen Zhou und dem Schmetterling geben. Dies nennt man die Transformation der Dinge.*« (*Zhuangzi, Innere Kapitel, 2.14, ebd.*)

Alle Dinge konnten sich jederzeit wandeln, nichts war absolut. Fände man etwas Schönes, so gebe es sicherlich noch etwas Schöneres; fände man etwas Hässliches, so gebe es sicherlich noch etwas Hässlicheres. So werde das Schöne hässlich und das Hässliche schön. Die Gedanken Zhuangzis sind in einem Werk überliefert, das nach ihm benannt wurde, doch ist auch bei diesem Werk anzunehmen, dass es von mehreren Autoren verfasst wurde.

Den Daoismus kennzeichneten das Einsiedlertum und die Abkehr von der Welt, verbunden mit dem Verzicht auf weltliche Macht. Der Wunsch nach einem langen Leben, Unsterblichkeit und nach Erhaltung der Lebenskraft führte zu großen Entdeckungen auf dem Gebiet der Medizin und der Alchemie. Verschiedene Atem- und Bewegungstechniken wurden entwickelt, ebenso Meditationsformen und Ernährungsratschläge.

Seit dem 1. Jahrhundert und mit zunehmender Verbreitung des Buddhismus nahm der Daoismus religiöse Züge an. Tempel- und Klosteranlagen entstanden, die in ihrem Aufbau den buddhistischen und weltlichen Palastanlagen glichen. Ebenso bildete sich ein reicher Pantheon an Heiligen- und Göttergestalten.

Der Konfuzianismus

Konfuzius betonte die moralisch-sittliche Lebensführung. Im Mittelpunkt seiner Lehre stand die »Menschlichkeit« als eine Grundtugend, die das Verhalten der Menschen untereinander bestimmen sollte. Also auch Menschlichkeit gegenüber rangniedrigeren Personen. Nur ein tugendhafter Herrscher konnte seine Untertanen durch sein Vorbild zu Sittlichkeit und Rechtschaffenheit anhalten und sein Land ordnen. Die zentrale Figur innerhalb der konfuzianischen Morallehre war der »Edle«, der durch persönliche Selbstkultivierung nach moralischer Vollkommenheit strebte.

Der Aufstieg des Konfuzianismus zur Staatsdoktrin und zur Grundlage des chinesischen Kaisertums begann im 2. Jahrhundert v. Chr. Getragen wurde sie von einer dem Kaiser loyal ergebenen Beamtenschaft. Zwecks Rekrutierung fähiger Beamter führte man ein Prüfungssystem ein, das allen Männern, die sich die notwendigen Kenntnisse angeeignet hatten, unabhängig von ihrer Herkunft offen stand. Dadurch wurde der Einfluss der Erbaristokratie verringert, und es entstand eine größere soziale Mobilität. Die Vorbereitung zu diesen Prüfungen umfasste ein oft jahrelanges intensives Studium der konfuzianischen Schriften, aus denen die Prüfungsthemen gewählt wurden. Die auf diese Weise geschaffene konfuzianische Beamtenelite blieb bis zum Ende der Kaiserzeit entscheidender Machtträger.

Der Legalismus – die Rechtsschule

Die Legalisten orientierten sich nicht an moralischen Werten wie die Konfuzianer, sondern traten für allgemein verbindliche Gesetze ein, vor denen alle gleich waren. Ein System von Belohnungen und Strafen stärkte die Macht des Herrschers und ermöglichte die Kontrolle über jeden Untertan. Ziel der Legalisten war der Aufbau eines in militärischer und wirtschaftlicher Hinsicht starken Landes, das getragen wurde von Soldaten und Bauern. Dies gelang den Herrschern von Qin, die den Vasallenstaat im Westen des Zhou-Reiches regierten. Sie hatten die Lehren der Rechtsschule zur Grundlage ihrer Politik gemacht und damit das Land zu einer mächtigen Militärmacht ausbauen können. Als letzter Fürst von Qin und erster Kaiser Chinas folgte Qin Shi Huang Di auch weiterhin den legalistischen Prinzipien, als er einen neuen Staat schuf. Nach dem Untergang des Qin-Reiches kam der Legalismus sofort in Misskredit und wurde von den Konfuzianern erbittert bekämpft. Obwohl es auch in den folgenden Dynastien immer wieder Herrscher gab, die sich trotz konfuzianisch geprägtem Gesellschaftssystem legalistischer Prinzipien bedienten, gelang es der Rechtsschule nie wieder, zur führenden Staatsdoktrin erhoben zu werden.

Religiöses Leben

> Schon als Gymnasiast schloss er sich der Revolution an, indem er Mitglied der Kommunistischen Partei wurde, die damals noch im Untergrund agierte. Inzwischen ist Herr Zhang fünfundsiebzig Jahre alt. Mit Religion hatte er nie viel zu tun. Vor zwei Jahren, während eines Besuches in Sanya auf der Insel Hainan, besichtigte er eine neu entstandene buddhistische Tempelanlage. Diese sei besonders »ling«, wirksam, erfuhr er von seinem Begleiter. Da es Probleme in seiner Familie gab, seine dritte Tochter war frisch geschieden und sein Enkel, der Sohn der zweiten Tochter, ein fauler Schüler, zögerte er nicht lange und kaufte mehrere Bündel armlanger Räucherstäbe, die er dem barmherzigen Guanyin-Bodhisattva opferte. Und was passierte? Die Tochter hat inzwischen einen netten Mann gefunden, ihn geheiratet und ist glücklicher denn je. Der Enkel widmet sich plötzlich von ganz allein seinen Studien und gehört zu den Klassenbesten. Herr Zhang ist zwar kein Buddhist geworden, aber er rät jedem, bei wirklich großen Problemen nach Sanya zu jenem Tempel zu fahren.

Der religiöse Glaube wird heute wieder offen ausgeübt. In Scharen kommen die Menschen in die buddhistischen oder daoistischen Tempelanlagen und bringen ihre Opfer dar. Den Mönchen in den Klöstern geht es gut. Viele von ihnen haben sich auf den neuen Geist der Zeit eingelassen und sind per Handy und Computer auf dem Laufenden. Es gibt sogar schon Golf spielende Mönche. Warum auch nicht, sagen sie. Wir dürfen den Kontakt zur modernen Gesellschaft nicht verlieren.

Die chinesische Sprache hat kein Pendant zum abendländischen Begriff der Religion. Vielmehr spricht man von Lehren bzw. Schulen, die jedoch, soweit sie chinesischen Ursprungs sind, einen philosophischen Hintergrund haben. Konfuzianismus und Daoismus, beide häufig als chinesische Religionen bezeichnet, sind ihrem Wesen nach philosophische Lehren.

Die Chinesen sind in ihrem Herzen in erster Linie Naturphilosophen, zugleich aber auch Sicherheitsfanatiker, die sich in der Vergangenheit mit einem ganzen Heer von Schutzheiligen umgeben haben. Und obwohl viele alte Bräuche und Kulte durch die antireligiösen politischen Kampagnen des 20. Jahrhunderts in Vergessenheit gerieten, bemerkt man heute überall im Land ein Wiederaufleben alter Traditionen, sei es bei Tempelfesten oder zu Hause in den Familien.

Dem alten chinesischen Denken liegt die Überzeugung zugrunde, dass Himmel, Erde und Mensch eine Einheit bilden. Die Menschen beobachteten die Dynamik der Erscheinungen am Firmament, die Jahreszeiten sowie den Lauf der Gestirne, und sie erkannten, dass alle scheinbaren Gegensätze wie Sommer und Winter, Tag und Nacht in Wechselbeziehung standen und zusammengehörten. All das musste eine Entsprechung auf Erden und im Menschen haben. Der Mensch wurde als Teil des Universums verstanden, der Kosmos als eine Einheit aus Harmonie und Ordnung, dessen Wesen die ewige Wandlung war, das ständige Werden und Schwinden, Entstehen und Vergehen, wie in der menschlichen Existenz der Wandel von Geburt, Leben und Sterben. Im Einklang mit der kosmischen Ordnung zu leben und in Harmonie mit der Natur, darin lag das Ideal der Chinesen.

Anders als in den westlichen Religionen kennt die chinesische Tradition keinen einen Gott, der sich offenbart, befiehlt und straft, wenn man sich seinem Willen widersetzt, und den man um Vergebung bitten kann. Es gibt auch keine Schöpfungsgeschichte, sondern nur das zyklisch ablaufende Geschehen ohne Anfang und Ende. Die individuelle Vervollkommnung wird angestrebt, und zwar in diesem einen irdischen Leben, das jeder in Frieden und Wohlstand verbringen möchte.

Statt eines Gottes gab es jedoch eine übernatürliche, abstrakte Macht, und zwar die des »Himmels«, dem selbst der Kaiser als höchstes Wesen auf Erden untertan war. Den Kaiser nannte man »Sohn des Himmels«, denn von diesem hatte er das Mandat zum

Regieren erhalten. Zeigte er sich unwürdig, konnte ihm das Mandat wieder entzogen werden, und dies signalisierte der Himmel durch eindeutige Zeichen. Der Himmel gilt den Chinesen auch heute als die höchste Macht, und noch immer sind viele Menschen davon überzeugt, dass er seinen Unwillen deutlich zum Ausdruck bringt. So geschehen 1976, als jeweils nach einem Erdbeben drei der höchsten politischen und militärischen Führer starben: Zhou Enlai, Zhu De und Mao Zedong.

Dem Himmel brachte man Opfer dar, um ihn um reiche Ernten und um Frieden zu bitten. Dies war jedoch nur den Kaisern gestattet. Sie opferten dem Himmel und ihren Ahnen, auf dass diese den Fortbestand der Dynastie schützten. Die Verehrung verstorbener Verwandter, Herrscher und herausragender Persönlichkeiten war ein Brauch, der durch früheste schriftliche Zeugnisse belegt ist und aus dem der Ahnenkult entstand, der heute wieder in Ansätzen auflebt.

Parallel zu den natürlichen Kräften und der abstrakten Instanz des Himmels glaubten die Chinesen an eine Vielzahl von Geistern, Göttern und Dämonen. Dieser Glaube konnte nie ganz unterdrückt werden und flammt auch jetzt wieder auf.

Seine kleine Tochter hatte ihm eine rote Kordel gedreht und ihm ums Handgelenk gebunden. »Die bringt dir Glück«, sagte sie.
Am nächsten Tag ging der Vater auf Geschäftsreise nach Sichuan. Kaum angekommen, geriet er dort mit einem Taxifahrer aneinander, der ihm das Doppelte des normalen Fahrpreises abknöpfen wollte. Der Streit eskalierte, und der wild gewordene Fahrer schien in der nächsten Sekunde handgreiflich werden zu wollen. Da kam dem Gast eine rettende Idee. Er zeigte auf die rote Kordel an seinem Handgelenk und schrie: »Weißt du, was das ist?«
Der Taxifahrer hielt inne und starrte verdutzt auf die Kordel.
»Du weißt es wirklich nicht?«, triumphierte daraufhin der Gast.
»Also deshalb wagst du es, mich zu betrügen. Dann wundere dich nicht, wenn du morgen ein toter Mann bist.«

Daraufhin zog er das Geld aus der Tasche und reichte dem Fahrer die geforderte Summe. Dieser war inzwischen leichenblass geworden und fragte sich wahrscheinlich, ob er das Mitglied einer mafiaähnlichen Organisation vor sich hatte. Von einem Moment zum anderen änderte sich sein Gesichtsausdruck, und aus der hässlichen Fratze wurde das liebenswürdigste Lächeln. Er entschuldigte sich, versicherte mehrmals, dass es ihm ein Vergnügen gewesen sei, diesen Gast befördert zu haben, und wollte auf keinen Fall dafür Geld kassieren. Der Gast zahlte ihm schließlich die Hälfte, also den normalen Fahrpreis, und verschwand. Von diesem Tag an trug er die Kordel als Talisman.

Die Chinesen verehrten Berge, Flüsse, Bäume, Tiere und Steine, brachten Regengöttern, Fluss-, Stadt- und Erdgöttern Opfer dar, erklärten Heroen, Gelehrte, daoistische und buddhistische Gottheiten zu Schutzheiligen, denen sie eigene Tempel errichteten, wie dem Bodhisattva Guanyin, der als Beschützer und Anwalt der Frauen verehrt wird. Mancher berühmte Schutzheilige lebt direkt bei den Menschen im Haus, wie der Küchengott, der über das Herdfeuer und das Wohl der Familie wacht und einmal im Jahr, vor Neujahr, in den Himmel aufsteigt, um dort Bericht über die Familie zu erstatten.

Es gibt Gottheiten, die in historischen oder legendären Figuren ihren Ursprung haben. Sie werden landesweit oder lokal als Schutzpatrone verehrt, wie etwa General Guan Yu aus dem 3. Jahrhundert n. Chr., der ein Beispiel an Treue und Aufrichtigkeit war. Er wurde später zum Kriegsgott Guan Di und zum Schutzpatron aller Händler erklärt. In vielen privaten Geschäften sieht man kleine Altäre an den Wänden oder auf den Fußböden, die man zu Ehren Guan Dis errichtet hat, auf dass er für einträglichen Handel sorgen möge. Eine lokale Schutzheilige ist die legendäre Mazu, wohl eine Fischerstochter aus Fujian, die von den Seefahrern und Fischern verehrt wird.

Der Glaube an diese Gottheiten ging durch alle Gesellschaftsschichten. Ebenso befanden sich auch die Tempel sowohl in den Vierteln der Reichen als auch in denen der Armen. Allein in Beijing soll es zu Beginn des 20. Jahrhunderts rund 1500 gegeben haben. Die meisten sind längst zerstört. Der Glaube an diese Gottheiten hinderte die Menschen jedoch nicht daran, auch noch anderen religiösen Richtungen anzugehören. In der Regel geben sich die Chinesen in Glaubensfragen überaus tolerant.

> »Man muss sich mit den Göttern gut stellen, egal ob man an sie glaubt oder nicht«, sagt Yu-Chiens Cousine. Sie geht in dieser Beziehung immer auf Nummer Sicher und opfert überall eine Kleinigkeit, egal ob es sich um buddhistische, konfuzianische oder daoistische Tempelanlagen oder christliche Kirchen handelt. Eine Spende könne niemals schaden.

Die Religionen, die heute noch in China lebendig sind, kamen meist aus dem Ausland: der Buddhismus aus Indien, der Islam aus dem arabischen Raum, das Christentum aus Europa.

Konfuzianismus und Daoismus nahmen erst mit der Verbreitung des Buddhismus religiöse Züge an. Neben daoistischen Tempelanlagen wurden überall im Land auch konfuzianische erbaut, in denen man zu Ehren des Ahnherrn Konfuzius alljährlich zeremonielle Feiern abhielt. Doch erhob man ihn nie zu einem Gott, auch wenn sich um seine Person ein aufwendiger Kult entwickelte.

Der *Buddhismus* kam in den ersten Jahrhunderten über die zentralasiatischen Handelswege von Nordindien nach China. Auch diese Lehre verehrt keinen mächtigen Gott, sondern eher ein Leitbild. Der Begründer des Buddhismus, Siddharta Gautama (ca. 560–480 v. Chr.), hatte den Weg zur Erleuchtung und damit die Erlösung gefunden. Jedem Sterblichen ist es möglich, den Weg des Buddha zu beschreiten, selbst ein »Erleuchteter« zu werden und in das Nirwana einzugehen, das jenseits aller irdischen und himmlischen Reiche liegt.

Anfangs waren es hauptsächlich ausländische Kaufleute, die in China diesem Glauben anhingen, doch schon bald entstanden erste Übersetzungen ins Chinesische. Sie wurden von fremden buddhistischen Mönchen angefertigt. Die Lebensform dieser Menschen, das Zölibat, stieß bei den Chinesen anfangs noch auf Unverständnis, bedeutete es doch Kinderlosigkeit und die Loslösung aus dem hierarchisch geordneten Familienverband. Dies änderte sich mit dem Niedergang der Han-Dynastie, der anschließenden Besetzung Nordchinas und der Teilung des Landes. Die politischen Umwälzungen ließen die konfuzianischen Werte irrelevant erscheinen. Buddhismus und auch Daoismus erlebten einen ungeheuren Aufschwung. Das abgeschiedene Klosterleben erschien plötzlich attraktiv. Allein im Süden des Landes soll es Anfang des 5. Jahrhunderts weit über 1000 Klöster gegeben haben. Zehntausende von Männern und Frauen traten in die Ordensgemeinschaften ein, und Millionen von Gläubigen unterstützten sie. Die Klöster wurden reich und erlebten in der Tang-Zeit (618–907) ihre Blütezeit. Chinesische Mönche pilgerten zu den heiligen Stätten des Buddhismus und brachten eine reiche Sammlung von Texten in ihre Heimat zurück. Einer der berühmtesten Pilger ist Xuan Zang, der im 7. Jahrhundert 16 Jahre lang durch Zentralasien und Indien reiste. Die Geschichte dieser Pilgerfahrt ist in dem literarischen Werk *Die Reise nach Westen* festgehalten. Xuan Zang befand sich der Legende nach in Begleitung des unsterblichen Affenkönigs.

Es war vor allem der Mahayana-Buddhismus, der in China weite Verbreitung fand und sich gegen den auf das Mönchsideal ausgerichteten Hinayana durchsetzte. Der Mahayana-Buddhismus sprach alle Menschen an, Mönche wie Laien, die gebildete Oberschicht wie das einfache Volk. Er beinhaltete die Möglichkeit, allein durch Anrufung der einzelnen Buddhas und rettenden Bodhisattvas Hilfe zu erfahren.

Der Buddhismus kam nicht als einheitliches religiöses System nach China, sondern in einer breiten Vielfalt von Lehren, Traditionen und Systemen, die unterschiedlich interpretiert werden konnten. Es bildeten sich deshalb in China eigene Schulen heraus, die zum Teil sehr großzügig die verschiedensten chinesischen

Riten und Kulte mit aufnahmen. Zu den wichtigsten zählten die Schule des »Reinen Landes« und die des Chan (Zen), die beide im 5./6. Jahrhundert entstanden.

Erst im 6./7. Jahrhundert gelangte der Buddhismus auch nach Tibet, wo sich ebenfalls verschiedene Schulen bildeten. Als bedeutendste setzte sich die der »Gelbmützen« des Reformators Zongkaba (1357–1419) durch, ein Orden, der auf strenge klösterliche Disziplin setzt. Das geistige Oberhaupt wird seit dem 16. Jahrhundert Dalai Lama (mongolisch *Tale*: Ozean der Weisheit) genannt. Diesen Titel verlieh ihnen Altan Khan, das Oberhaupt der Tumed-Mongolen, nachdem er zum tibetischen Buddhismus bekehrt wurde.

Der *Islam* kam auf dem Seeweg mit arabischen und persischen Kaufleuten zunächst in die südostchinesischen Küstenhäfen, breitete sich dann aber in späteren Jahrhunderten im Nordwesten Chinas aus und wurde dort zur dominierenden Religion. In überwiegend han-chinesischen Gebieten wurden die Moscheen im Stil traditioneller Palastanlagen angelegt.

Das *Christentum* gelangte im 6. Jahrhundert erstmals mit nestorianischen Mönchen nach China. Später, während der mongolischen Yuan-Dynastie im 13. Jahrhundert, folgten Franziskaner- und Dominikanermönche. Mit dem Sturz der Yuan-Dynastie endeten ihre Missionsversuche. Erst im 16. Jahrhundert begann mit dem Jesuiten Matteo Ricci ein neuer Versuch der christlichen Mission. Die Jesuiten wurden von den chinesischen Kaisern wegen ihrer Kenntnisse in Mathematik und Astronomie geschätzt. Eine breit angelegte Missionsbewegung gelang jedoch erst unter dem Schutz der Kolonialpolitik westlicher Länder, die im 19. Jahrhundert mit ihren Kanonenbooten die Öffnung des Landes erzwangen. Dieses gewaltsame Vorgehen hing der Missionsbewegung immer als Makel an, trotz vieler lobenswerter Einrichtungen wie Schulen, Krankenhäuser und Universitäten.

Obwohl die Verfassung von 1954 Religionsfreiheit garantiert, gab es mehrere antireligiöse Kampagnen, in denen bekennende

Gläubige verfolgt wurden. Am schlimmsten traf es die Menschen während der Kulturrevolution. Klöster und Kirchen wurden geschlossen, zweckentfremdet oder zerstört. Erst mit Beginn der 80er Jahre wandelte sich die Situation. Der Buddhismus findet wieder regen Zulauf, wird aber von vielen hauptsächlich wegen seiner vermuteten Wirkmächtigkeit ausgeübt. Auch das Christentum breitet sich in städtischen und ländlichen Gebieten aus.

> In einem Apartmenthaus in Sanya auf der Insel Hainan traf sich die Nachbarschaft zum Nachmittagstee. Keiner der Anwesenden stammte von der Insel. Sie verbrachten nur ihre Ferien dort. Alles Mögliche wurde besprochen, die Sehenswürdigkeiten der Insel genauso wie einige alltägliche Probleme. Eine erfolgreiche Rechtsanwältin aus Shanghai war darunter, die die Erzählungen der anderen immer mit einem gemurmelten »Dem Herrn sei Dank!« kommentierte. Auf Petras Frage, warum sie gerade den christlichen Glauben und nicht den buddhistischen gewählt hätte, der in China doch wesentlich verbreiteter sei, erwiderte sie: »Man muss sich im Leben immer das Beste aussuchen.« Und schon zählte sie auf, wie viele Fälle sie mit Gottes Hilfe gewonnen hätte. Selbst einen Autounfall hätten sie und ihre Familie glimpflich überstanden, während ein paar Wochen zuvor in derselben Kurve fünf Leute ums Leben gekommen wären. Aber das seien eben keine Christen gewesen.

Viele Chinesen meinen, das größte Problem ihres Landes sei heute der Mangel an moralischen Werten. Die konfuzianische Morallehre wurde durch die Übermacht des technokratischen Westens ad absurdum geführt, die Werte der Kommunisten durch Klassenkampf, Kulturrevolution und Korruption diskreditiert. Es wäre wichtig, dass die Menschen Nächstenliebe, Mitgefühl und Erbarmen übten. Religionen wie das Christentum zeigten den Einzelnen Grenzen auf, und das sei positiv. Doch Chinas Regierende haben immer die enorme Dynamik gefürchtet, die religiöse Bewegungen annehmen konnten und durch die ganze Dynastien ins Wanken gerieten. Das mag einer der Gründe sein, warum auch heute religiöse Lehren, die einen starken Missionsgeist aufweisen, stets das Misstrauen der Regierung hervorrufen.

Ahnenkult

Der Ahnenkult ist das wichtigste und älteste religiöse Ritual Chinas. Ihm liegt die Idee zugrunde, dass die Seelen der Verstorbenen im Universum weiterleben und auf das Schicksal der Lebenden einwirken können.

Der Mensch hat zwei Seelen, die Körperseele, *po*, und die Geistseele, *hun*. Die Körperseele vergeht mit dem Tod, die Geistseele ist unvergänglich und lebt als Teil des Universums fort. Sie findet Frieden, wenn der Verstorbene von seinen noch lebenden Angehörigen in Ehren gehalten wird. Wird er vergessen, verwandelt sich seine Geistseele in einen Hungergeist, der auf ewig umherirrt und verloren ist. Es war immer die Aufgabe des ältesten Sohnes einer Familie, den Verstorbenen eines Familienverbandes zu gedenken und ihnen Opfer zu bringen. Nicht zuletzt aus diesem Grunde legten die chinesischen Familien früher und zum Teil auch heute noch erhöhten Wert auf männlichen Nachwuchs. Mädchen schieden durch Heirat aus ihrem Familienverband aus und galten fortan als Mitglied der Familie des Mannes. Sie konnten deshalb den eigenen Ahnen keine Opfer mehr bringen. Söhne betrachtete man stattdessen als lebendes Glied in einer langen Kette von väterlichen Vorfahren. Als solche hatten sie die Pflicht, nun ihrerseits für den notwendigen männlichen Nachwuchs zu sorgen, um den Fortbestand der Familie und das künftige Gedenken an die Ahnen zu sichern. Besaß eine Familie keinen Sohn, war es üblich, einen Jungen zu adoptieren.

Die Geistseelen der Ahnen waren den kosmischen Strahlen sehr nahe. Sie konnten auf das weltliche Geschehen und damit auch auf das Schicksal der Nachkommen einwirken. Hatte man sie angemessen bestattet und hielt sie weiterhin in Ehren, wodurch sie ihren Frieden fanden, sorgten sie dafür, dass es der Familie gut ging. Vergaß man sie, konnten sie die Lebenden strafen, Unheil über die Familie und gegebenenfalls auch über ganze Ortschaften bringen.

Insofern standen die lebenden und die toten Mitglieder einer Familie auf ewig in einer wechselseitigen Beziehung. Die jenseitige Ruhe der Ahnen hing von dem Pflichtbewusstsein der lebenden Nachkommen ab, das irdische Glück ihrer Nachkommen vom Wohlwollen der Ahnen.

> Die Großmutter väterlicherseits war während der Kulturrevolution gestorben. Es hatte kein angemessenes Begräbnis gegeben, und auch ihre Asche war längst verloren gegangen. Als der Geschäftsmann wissen wollte, warum er trotz bester Voraussetzungen so glücklos war, befragte er einen Wahrsager, der schnell herausfand, dass einer der Ahnen keine Ruhe gefunden hatte und deshalb den Weg zu Erfolg und Reichtum störte. Nach gründlicher Recherche stand für den Geschäftsmann fest, dass es sich nur um jene Großmutter handeln konnte. Daraufhin kaufte er einen Platz in einer Urnenhalle, legte zwei Schmuckstücke, die ihr gehört hatten, hinein, und ehrte sie mit Gebeten und dem Verbrennen von Räucherwerk. Es dauerte nicht lange, da liefen die Geschäfte. Wer wagt zu beurteilen, woran das gelegen hat? Jedenfalls empfiehlt der Geschäftsmann seither den Wahrsager als kompetenten Unternehmensberater weiter.

Da es den meisten Menschen in den vergangenen Jahrzehnten nicht möglich war, für eine angemessene Bestattung ihrer Toten zu sorgen, holen dies jetzt manche nach, indem sie im Nachhinein Gedenkstätten und Gräber für sie anlegen lassen. Sollte die Asche abhanden gekommen sein, bestattet man stattdessen Kleidung oder andere persönliche Gegenstände, die den Verstorbenen gehört hatten.

> Die Journalistin fühlte sich wie gerädert. Ein ganzes Wochenende lang war sie mit dem Auto unterwegs gewesen, war über Stock und Stein tausend Kilometer tief in die Provinz hinein bis in ein entlegenes Dorf gefahren.
> »Was hast du dort gemacht?«, fragte Petra.
> »Ich habe meine Eltern dorthin gebracht. Es gibt ein paar Probleme in meiner Familie. Deshalb wollten sie unbedingt zu den Ahnengräbern und Opfer darbringen, auf dass uns die Seelen der Ahnen wohlgesonnen sind und zur Lösung der Probleme beitragen.«
> Petra wunderte sich über die sonst so kritische junge Frau.
> »Daran glaubst du?«
> Die Journalistin lächelte und zuckte die Achseln: »Es gibt vieles, was sich nicht logisch erklären lässt.«

Erste Zeugnisse von Ahnenkult finden sich auf den Orakelknochen aus vorchristlichen Jahrtausenden. Hinter Krankheiten und anderem Unheil vermutete man den Zorn eines Ahnen, und um Näheres herauszufinden, befragte man sie, indem die Fragen auf Tierknochen geritzt wurden, welche man anschließend erhitzte. Die Risse, die sich durch die Hitze bildeten, wurden dann interpretiert und als Rat der Ahnen akzeptiert. Auch mit Hinblick auf bevorstehende Kriege, Ernten oder Reisen befragte man die Ahnen.

Konfuzius erhob den Ahnenkult zu einem Bestandteil seiner Lehre. Noch heute hält man das Gedenken an die Ahnen aufrecht, indem man ihre Gräber pflegt und ihnen Opfer bringt. Dies geschieht durch das Verbrennen von Totengeld und Gegenständen aus Papier. Den Seelen soll es an nichts mangeln, und so werden für sie alle möglichen Objekte wie Autos, Bungalows und Goldstücke aus Papier, die den Aufenthalt der Seele im Jenseits bequemer machen, verbrannt.

Der berühmte Erfinder des Papiers, Cai Lun (vermutlich 50–118), besaß einen Gehilfen, der nach dem Tod seines Meisters besseres Papier herstellte, als Cai Lun es je vermochte. Doch niemand bekundete Interesse daran, und so lebte er mit seiner Frau in bitterer Armut.

Eines Tages schied er dahin. Seine Frau klagte vor den Nachbarn, weder Gold noch andere Kostbarkeiten zu besitzen, die sie ihm mit ins Grab geben könnte. Doch die Nachbarn waren genauso arm und konnten ihr nicht helfen. In ihrer Not kam die Frau auf die Idee, Papier in Form von Goldstücken zu falten, und alle Nachbarn halfen ihr dabei. Da das Papier im Grab verrotten würde, verbrannten sie es vor dem Toten, um es ihm mit auf den Weg ins Jenseits zu geben.

Drei Tage später erwachte der Mann unvermutet zu neuem Leben. Seine Erzählung vermochte die entsetzten Nachbarn zu beruhigen: Als er bereits die Höllen erreicht hatte, gelangten unversehens Goldstücke in seine Hände, mit denen er den Herrn der Höllen bestechen konnte, der ihn daraufhin laufen ließ.

Dieser Bericht verbreitete sich wie ein Lauffeuer, und alle kauften begeistert sein Papier, um ihre Toten ebenfalls mit »Gold« auszustatten.

Man kann den Ahnen an den Gräbern, in Ahnentempeln oder auch zu Hause opfern, indem vor Ahnentafeln oder Fotografien Räucherstäbchen entzündet, Obst oder Speisen aufgebaut werden. In manchen Familien gedenkt man täglich der Toten. In eigens eingerichteten kleinen Hausaltären werden neben Räucherstäbchen auch Tee oder Früchte dargebracht. In den ländlichen Gebieten ist es Brauch, im mittleren Raum der Häuser die Porträts der verstorbenen Eltern und Großeltern aufzuhängen und ihnen an den Festtagen zu opfern.

Während der Kulturrevolution war der Ahnenkult als feudaler Aberglaube massiv bekämpft worden. Grabstätten und Ahnentempel wurden zerstört. In manchen ländlichen Gegenden, wo die Zeit stillzustehen scheint, sieht man noch heute die Spuren der Verwüstung. Doch gleichzeitig macht sich auch der Wille zum Neuanfang breit, und so werden vielerorts mit Spenden Ahnentempel neu aufgebaut.

Chinesisch – ganz einfach, aber nichts für Faulpelze

> Marita war verzweifelt. Sie war allein im Shanghaier Zuhause ihrer chinesischen Freunde. Es war Winter, und es war kalt, draußen wie drinnen. Sie wollte die Klimaanlage auf »Heizen« stellen, doch die Fernbedienung war nur in Chinesisch beschriftet. Sämtliche Knöpfe hatte sie bereits gedrückt, doch es kam nichts als kalte Luft aus der Maschine.

Ohne Chinesischkenntnisse kann man sich in China wie ein Analphabet fühlen. Nur in den großen Städten findet man Leute, die Englisch oder andere Fremdsprachen beherrschen, und sieht gelegentlich englische Beschriftungen. Verlässt man die Zentren, geht in kleinere Städte oder aufs Land, wird es schwierig. Ebenso problematisch ist es, Gerätschaften zu bedienen, die nur in Chinesisch beschriftet sind, sei es Fernbedienungen, Waschmaschinen oder Bankautomaten.

Einer der größten Irrtümer, der sich bei den Ausländern jedoch hartnäckig hält, ist die Annahme, dass Chinesisch schwer zu erlernen sei. Stattdessen ist die gesprochene Sprache eine der einfachsten der Welt, denn sie kommt ohne Konjugationen, Deklinationen und Tempi aus. Die Grammatik einer jeden europäischen Sprache ist um vieles schwieriger. Der berühmteste Satz der Welt gibt Aufschluss: Ich liebe dich: *Wo ai ni*. Du liebst mich: *Ni ai wo*. Gestern (*zuotian*) habe ich dich geliebt: *Zuotian wo ai ni*. Morgen (*mingtian*) werde ich dich lieben: *Mingtian wo ai ni*.

Ein wesentliches Merkmal der Sprache ist die Einsilbigkeit. Jede Silbe steht für ein Zeichen, und das Zeichen für einen bestimmten Begriff, zum Beispiel *shang* – oben oder *xia* – unten. Zu mehreren zusammengefügt, ergeben sie neue Worte: *qiche*, Dampf + Wagen = Auto; *diannao*, Strom + Gehirn = Computer; *huochezhan*, Feuer + Wagen + Haltestelle = Bahnhof.

Es gibt über 400 Silben, die in vier verschiedenen Tonhöhen gesprochen werden und jedes Mal eine andere Bedeutung erhalten. Beim ersten Ton bleibt man auf einer Tonebene, beim zweiten zieht man die Silbe nach oben, beim dritten von oben nach unten und wieder hoch, beim vierten fällt der Ton ab. *Tang* im ersten Ton kann »Suppe« heißen, im zweiten »Zucker«, im dritten »liegen« und im vierten »heiß«. Es gibt sogar Silben, die trotz gleicher Tonhöhe einen unterschiedlichen Sinn haben. So kann zum Beispiel *ta* er, sie oder es heißen. Bleiben wir bei dem berühmten Satz: *Ta ai ta*, kann heißen: Er/sie/es liebt sie/ihn/es. Erst durch das geschriebene Zeichen lässt sich die Bedeutung erkennen.

Ein Spaß für jeden Chinesen sind verrückte Sätze, die aus der Aneinanderreihung derselben Silbe wie etwa *ma*, *shi* oder *da* bestehen. Aufgrund der unterschiedlichen Tonhöhen ergeben sie aber dennoch einen Sinn. Ein bekannter Satz, den jeder Sprachstudent kennt, lautet: *Ma ma ma ma ma?* Beschimpft die pockennarbige Mutter das Pferd? Ein anderer Satz mit der Silbe *Yi* umfasst 150 Schriftzeichen. Solche Sätze sind künstliche Konstruktionen und ähnlich den deutschen Zungenbrechern.

Einzeln und im falschen Ton ausgesprochen, kann es zu Verwechslungen kommen. Wenn jemand Zucker verlangt, *tang* aber nicht im zweiten, sondern im ersten Ton spricht, bekommt er Suppe. Diese Schwierigkeit wird jedoch durch den Kontext, in dem die Silbe steht, weitgehend gelöst.

> Ein südchinesischer Freund wollte uns beim Umzug helfen. Um zehn Uhr geht's los, sagte Yu-Chien ihm am Telefon. Der Mann kam nachmittags um vier. Da waren wir längst fertig.

Bemerkenswert sind die vielen Zischlaute, die einem beim Hören der Sprache gar nicht so auffallen, die aber beim Erlernen lästig sein können, wenn es zum Beispiel gilt, zwischen ci, si, zi, chi, shi, zhi, ce, se, ze, che, zhe und so weiter zu unterscheiden. Aber damit haben auch Chinesen, vornehmlich Südchinesen, ihre

Schwierigkeiten, weil ihre Dialekte eine solche Differenzierung oft gar nicht kennen. Sie hören den Unterschied schlichtweg nicht, genau wie oben genannter Freund, der *shi*, zehn, und *si*, vier, gleich ausspricht, nämlich *si*. Um Missverständnissen vorzubeugen, nennt man oft die vorangegangenen oder folgenden Zahlen. Yu-Chien hätte also sagen müssen: Komm um zehn, die Zehn von acht, neun, zehn. In manchen Regionen und Mundarten hat man Probleme, zwischen »N« und »L« zu unterscheiden. Die Provinz Hunan heißt dann plötzlich »Hulan«. Ebenso verwechseln einige »R« und »L«, obwohl es auch im Chinesischen ein »R« gibt, allerdings wird es weich gesprochen. Dennoch vermögen auch Chinesen ein so fabelhaftes »R« zu rollen, dass jeder Spanier vor Neid erblasst.

Spanisch kommt es manchem vor, wenn er Chinesen auf traditionelle Weise schreiben sieht, denn das geht mit Pinsel und Tusche von oben nach unten und von rechts nach links. Auch Hefte und Bücher erscheinen verkehrt. Sie werden nämlich von hinten aufgeschlagen, weil sie dort beginnen, wo westliche enden.

Die offizielle Amtssprache ist das Mandarin, die Hochsprache, wie sie in dem Gebiet von Beijing gesprochen wird. In der Aussprache unterscheidet sich das Mandarin von Dialekten aus Shanghai, Kanton und anderen entfernten Gebieten wie das Englische vom Französischen. Heißt in Beijing jemand mit Nachnamen *Wu*, spricht ihn ein Kantonese *Ng* aus, und *Lin* wird zu *Lam*. Zwar sind die Dialekte noch sehr verbreitet, doch verstehen und sprechen die meisten Menschen die Hochsprache, denn in dieser Sprache wird an den Schulen unterrichtet und senden die meisten Fernsehstationen.

Die Schrift war immer das verbindende Element, das China zusammenhielt. Die Schrift ist es auch, die Chinesisch doch noch zu einer schwierigen Sprache macht. Manche Zeichen bestehen aus vier, fünf Strichen, andere aus zehn, 20 und mehr. Da darf kein Strich fehlen oder an falscher Stelle platziert werden. Schon in den Kindergärten müssen die Kleinen damit anfangen, die Zeichen zu pauken. Wie viele Zeichen es insgesamt gibt, weiß keiner so genau. Die einen sprechen von 25 000, die anderen von etlichen Tausend mehr. Zum Glück reichen die

3500 gebräuchlichsten, um eine chinesische Tageszeitung lesen zu können.

Wer bisher noch nicht wusste, welchen Vorteil Sprachen bieten, deren Notation auf einem Alphabet basiert, erkennt dies spätestens beim Erlernen chinesischer Schriftzeichen. Wer beim Lesen eines deutschen, französischen oder englischen Textes eine Vokabel nicht kennt, kann sie zumindest aussprechen, wenn vielleicht auch fehlerhaft. Im Chinesischen ist das nicht möglich. Kennt man das Zeichen nicht, kann man es auch nicht aussprechen. Die Zeichen gehen auf alte Bilder und Symbole zurück, deren Sinn heute kaum noch erkennbar ist.

Die chinesische Schrift hat eine Geschichte von mehreren tausend Jahren. Früheste Zeugnisse aus vorchristlichen Zeiten finden sich auf so genannten Orakelknochen. Einen Höhepunkt erlebte die Schrift Mitte des ersten Jahrtausends, zu Zeiten des Konfuzius, als die Grundlagen der chinesischen Philosophie entstanden. Dass China sich trotz der vielen Teilungen und Kriege immer wieder vereinte, liegt zum Teil auch an der Schrift, die als verbindendes Element zwischen den Landesteilen wirkte und von allen gelesen und verstanden wurde. Zu verdanken ist dies Qin Shi Huang Di, dem ersten Kaiser, der im 3. Jahrhundert v. Chr. die »kleine Siegelschrift« als allein verbindliches Schriftsystem im Reich durchsetzte. Seitdem sprachen die Menschen die Schriftzeichen je nach Dialekt und Sprache zwar anders aus, doch wussten alle, was sie bedeuteten. Das hat sich bis ins letzte Jahrhundert hinein nicht verändert, ganz im Gegensatz zur gesprochenen Sprache. Würde die Schrift nicht auf Symbolen, sondern ähnlich wie in Europa auf einem phonetischen System basieren, hätte sich mit der Aussprache auch die Schreibweise der Wörter verändert und es wären verschiedene Sprachen entstanden. So aber blieb eine einzigartige kulturelle Kontinuität erhalten, dank derer der kundige Leser heute noch Texte aus vorchristlichen Jahrhunderten zu lesen vermag, auch wenn grammatikalische Regeln und veraltete Zeichen das Verständnis manchmal schwierig machen. Man unterscheidet heute zwischen der klassischen Schriftsprache, die den Stil aus vergangenen Jahrhunderten bewahrt hat, und der modernen Umgangssprache, die dieselben Schriftzeichen benutzt.

Nach mehr als zweitausend Jahren fand in den 50er Jahren in der Volksrepublik eine Schriftreform statt, die die graphische Darstellung vieler Zeichen vereinfacht hat. Singapur schloss sich der neuen Entwicklung an, Hongkong und Taiwan blieben bei der klassischen Schreibweise, weshalb man heute im chinesischsprachigen Raum zwei verschiedene Schriftsysteme hat, die Kurz- und die Langzeichen.

Seit dem Anbruch moderner Zeiten, insbesondere seit es moderne Kommunikationsmittel gibt, wurde der Ruf nach einer Latinisierung der chinesischen Schrift laut. Einen Text auf Chinesisch per Telegramm oder Telex von oder nach China zu schicken, war schlichtweg unmöglich. Man musste die Zeichen mit vierstelligen Zahlen verschlüsseln oder auf lateinische Umschriftsysteme zurückgreifen, die sich jedoch als unzureichender Ersatz erwiesen. Die chinesischen Schriftzeichen waren einfach nicht mehr zeitgemäß, und es schien, als würde China den Sprung in die moderne Informationstechnologie nicht vollziehen können, wenn es an seiner Schrift festhielt. Doch Computer- und Faxtechnik haben diese Befürchtungen ins Gegenteil verkehrt. Halb China sitzt heute vor dem Computer und tippt emsig chinesische Zeichen ein. Millionen von chinesischen SMS-Nachrichten flitzen jeden Tag über die Kontinente. Die alten Zeichen haben nun doch den Sprung in die neue Zeit geschafft.

Die Einzigartigkeit ihrer Schrift und Sprache ist den Chinesen durchaus bewusst, deshalb erwarten es viele auch gar nicht, dass die Ausländer diese Sprache erlernen könnten. Als Petra 1975 im großen staatlichen Kaufhaus in Beijings Einkaufsmeile Wangfujing ihre frisch erworbenen Chinesischkenntnisse ausprobierte, passierte ihr Folgendes:

>»*Ein junger Mann stand dort am Tresen (eines Teestands) und strahlte mich an.*
>›*Ich möchte bitte Tee kaufen‹, sagte ich in geschliffenem Hochchinesisch. Den Satz hatte ich mir auf dem Weg dorthin*

zurechtgelegt. Keine Reaktion. Hatte ich cha – so heißt Tee auf Chinesisch – im falschen Ton gesagt?
›Ich möchte Tee kaufen‹, wiederholte ich und zog dabei den Ton von cha nach unten.
Fehlanzeige! Der Kerl verstand mich nicht. Ich probierte es mit dem dritten Ton, dann mit dem ersten. Nun hatte ich alle Töne durch, und es nützte immer noch nichts. Inzwischen hatte sich um mich herum eine Menge gebildet, die interessiert meinen Sprechversuchen zuhörte und darüber diskutierte, was eigentlich Sache war.
›Sie will Tee kaufen‹, rief ein scheinbar hellsichtiger junger Mann aus der hintersten Reihe. Kunststück, es gab an diesem Stand nichts anderes zu kaufen.
›Ach so‹, rief der Verkäufer erleichtert. ›Ich verstehe nämlich kein Englisch.‹« (aus: Petra Häring-Kuan, Meine chinesische Familie, Frankfurt a. M. 2004)

Vielen Ausländern ist Ähnliches passiert. Man versteht sie nicht, weil man es von ihnen nicht erwartet, dass sie Chinesisch sprechen können. Umso größer ist die Freude, wenn sie es dennoch tun. Schon so mancher Ausländer wurde für drei, vier kümmerlich geradebrechte Worte derart gelobt, dass er mit stolz geschwellter Brust von dannen zog.

Die Menschen

Lao bai xing – die alten hundert Familiennamen – das Volk

Manchmal hat man den Eindruck, halb China würde Li oder Liu heißen. Das chinesische Wort für »Volk« lautet *Lao bai xing*, »die alten hundert Familiennamen«. Es gibt zwar einige mehr als nur einhundert Nachnamen, doch steht ihre Anzahl in keinem Vergleich zur Menge und Vielfalt deutscher oder anderer europäischer Nachnamen. Die acht geläufigsten sind Zhao, Qian, Sun, Li, Zhou, Wu, Zheng und Wang. Sie werden ähnlich wie im Deutschen »Meier, Müller, Lehmann, Schmidt …« zu einem Spruch zusammengefasst. Weitere häufige Nachnamen sind Liu, Zhang oder Chen.

Weil es so wenige Nachnamen gibt, haben sich riesige Clans gebildet. Der berühmteste ist der der Familie Kong, der auf Konfuzius zurückgeht. Natürlich sind die Sippen viel zu groß, als dass die einzelnen Zweige Kontakt untereinander hätten. So gibt es unter anderem Kongs in Hongkong, in Shanghai und natürlich vor allem in Qufu, wo Konfuzius einst gewirkt hat.

Nachnamen vorangestellt

Die Nachnamen sind bis auf wenige Ausnahmen, wie etwa *Sima*, einsilbig. Sie werden dem Vornamen vorangestellt. Nehmen wir beispielsweise den Namen des Reformpolitikers Deng Xiaoping: Deng ist der Familienname, Xiaoping der zweisilbige Vorname. Beim deutschen Pendant wäre vom Moser Franzl die Rede. Komisch klingt es für Chinesen, wenn die führenden Politiker ihres Landes in den deutschen Nachrichten manchmal nur beim Vornamen genannt werden. Dann schauen sie genauso verwundert, wie Deutsche aufhorchen würden, wenn in den Nachrichten von Altkanzler Helmut die Rede wäre.

Der Nachname wird vom Vater auf die Kinder übertragen. Heiratet eine Tochter, behält sie weiterhin ihren Familiennamen. Zwar spricht man eine verheiratete Frau inzwischen wieder häufig mit dem Nachnamen ihres Ehemannes an, in ihren chinesischen Papieren und auf ihrer Visitenkarte ist jedoch allein ihr Mädchenname aufgeführt.

Die Wahl der Vornamen

Der Vorname kann ein- oder zweisilbig sein. Anders als bei den festgelegten Nachnamen können die Eltern bei der Wahl der Vornamen ihrer Phantasie freien Lauf lassen, denn es gibt keine bestimmten Vornamen im westlichen Sinne. Ein chinesischer Vorname wird mit jedem Kind neu gebildet. Oftmals leiten Wünsche und Hoffnungen die Eltern bei der Wahl der Silben, deshalb kann man auch manchen Namen entnehmen, in welcher Zeit ihre Träger geboren wurden. Vor der Revolution und in den 50er Jahren prägten Wünsche nach Wohlstand und Schönheit die Namen wie *Fuqiang*, Reichtum, *Jixiang*, Glück, für Jungen und *Meihua*, Pflaumenblüte, *Mudan*, Päonie, für Mädchen. In den 60er und 70er Jahren gab man Kindern gern politisch gefärbte Namen: *Jianguo*, Aufbau des (Vater-)Landes, *Weiguo*, Schutz des (Vater-)Landes, *Jun*, Armee. In Zeiten der Marktwirtschaft besinnt man sich auf alte Traditionen und wählt Namen, die bei Mädchen an weibliche Tugenden und bei Jungen an erstrebenswerte männliche Eigenschaften erinnern. So heißen Mädchen heute *Qian*, Demut, *Ying*, Klugheit, oder *Shi*, Gedicht, und Jungen *Zheng*, Aufrichtigkeit, *Li* oder *Qiang*, beides steht für Kraft. Häufig ziehen Vater und Mutter dicke Wörterbücher zu Rate, denn anspruchsvolle Namen lassen auf einen hohen Bildungsstand der Eltern schließen, und mit einem solchen schmückt man sich auch in China gern.

Bedeutungsschwere Namen können entscheidend auf das Schicksal eines Menschen wirken. So will es ein verbreiteter Glaube. Das ist auch der Grund, weshalb manche Erwachsene ihre Vornamen ändern. Dann hat vielleicht ein Wahrsager ihnen geraten, dem Zeichen ihres Namens beispielsweise das Schriftelement Wasser oder Feuer hinzuzufügen, wodurch sich zwar die Aussprache der Silbe ändert, was dem Namensträger in Zukunft aber mehr Schwung oder weniger Wirbel eintragen mag.

Eine alte Sitte ist die Vergabe von Generationsnamen, wie sie in Yu-Chiens Familie noch lebendig ist. Alle Kinder einer Generation erhalten zweisilbige Vornamen, wobei der eine Teil den Generationsnamen ausmacht. So heißen Yu-Chiens Geschwister Di-Chien und Min-Chien. *Chien* ist der Generationsname, den auch alle Cousinen und Cousins tragen. Solche Generationsnamen können beispielsweise auf einem Gedicht basieren. Dieses wird über Jahrzehnte oder auch Jahrhunderte überliefert und gibt nach der Zeichenfolge jeder neuen Generation den entsprechenden Namensbestandteil. In Zeiten der Ein-Kind-Politik sind solche Bräuche am Aussterben. Viel moderner ist es heute, außer einem chinesischen noch einen englischen Vornamen zu tragen. Manche Städter nennen sich Tom, Kitty oder Naomi und sind sehr stolz darauf.

Mentalität und Verhaltensweisen – Versuch einer Beschreibung

Ist es möglich, die Mentalität von über einer Milliarde Menschen zu beschreiben? Eigentlich nicht, denn wie in Europa muss auch in China zwischen den Menschen im Norden und Süden, im Osten und Westen unterschieden werden. Und doch ist eines in China anders. Dort gab es vor 2500 Jahren einen Konfuzius, dessen überlieferte Gedanken die Menschen geprägt haben. Mehr als zweitausend Jahre lang lebten sie in einem meist geeinten Reich, unter einer zentralen Führung und einem einheitlichen Gesellschafts- und Moralsystem. Das hat die Menschen geformt, und so lassen sich einige Phänomene aufzeigen, von denen wir glauben, dass sie auf weite Teile der Bevölkerung zutreffen.

Was also ist typisch an den Chinesen? Ihr Pragmatismus, der ausgeprägte Familiensinn, ihre Vitalität? Oder eher ihre Bescheidenheit, Geduld und Beharrlichkeit? Wir glauben, dass viele Chinesen ganz gegensätzliche Eigenschaften in sich vereinen können, woraus sich eine natürliche Gelassenheit und Großzügigkeit ergibt.

Individuum und Gemeinschaft

In China stand immer die Gemeinschaft im Vordergrund. *Tian xia wei gong*, sagten die Alten, »unter dem Himmel dient alles der Gemeinschaft«. In dem konfuzianisch geprägten Gesellschaftssystem wurde vom Einzelnen Unterordnung, Selbstbeherrschung und Opferbereitschaft erwartet, und zwar zugunsten der Familie und des Staates. Den übergeordneten Autoritäten war Gehorsam zu leisten, auch wenn dies Leid und Entsagung bedeutete. Die Revolution von 1949 änderte daran nicht viel. Auch unter Mao hieß es: »Dem Volke dienen!« Die Zurückstellung eigener Interessen zum vermeintlichen Wohle der Allgemeinheit galt als Selbstverständlichkeit und wurde, wenn erforderlich, erzwungen. »Individualismus« ist ein Begriff, dem in China stets ein schlechter Beigeschmack anhaftete, denn im Allgemeinen setzte man ihn mit Egoismus gleich.

Ein Blick zurück in die Geschichte, zurück in die Agrargesellschaft erklärt dies. Früher musste jeder ein hohes Maß an sozialer Disziplin aufbringen, weil sich sonst die Aufgaben in der Landwirtschaft nicht bewältigen ließen, und Hungersnöte eine ständig drohende Gefahr darstellten. Der Anbau von Reis, zumal von Nassreis, und die Anlage von Bewässerungssystemen sowie anderer, nur in Gemeinschaft zu leistender Aufgaben band eine ungeheure Anzahl von Menschen an einen Ort.

Trotz der Notwendigkeit der Unterordnung hat es jedoch immer den Individualismus gegeben, auch wenn er häufig nicht ausgelebt werden konnte. Fast könnte man behaupten, dass die Chinesen im Grunde ihres Herzens ein Volk von Eigenbrötlern sind. Eine alte Volksweisheit erzählt von Mönchen, die jeden Morgen einen langen Weg zum Brunnen zurücklegen müssen, um Trinkwasser zu holen.

> Einem einzelnen Mönch mangelt es nie an Wasser. Er nimmt den Kübel und holt sich jeden Morgen welches. Auch zwei Mönche haben Wasser, denn sie gehen gemeinsam zum Brunnen und schleppen den Kübel an einer Tragestange zurück. Drei Mönche haben niemals Wasser, denn keiner möchte es für den Dritten mit schleppen.

Chinesen sind Einzelkämpfer. Mannschaftsspiele haben bei ihnen keine Tradition. Jeder kämpft für sich. Durch den Wandel der Zeit wird es den Chinesen heute nicht mehr schwer gemacht, offen ihre eigenen Ideen und Pläne durchzusetzen, zum Beispiel ein Auslandsstudium. Es ist immer wieder beeindruckend zu beobachten, mit wie viel Courage und Ehrgeiz junge Männer und Frauen ins Ausland gehen und dort unabhängig von ihren Familien ihr Studium aus eigener Kraft finanzieren. Andere kommen mit wenig mehr als einem Koffer in Europa an, besessen von der

Idee, dort ein neues Leben zu beginnen. Und da sie keine Angst davor haben, »Bitternis zu essen«, erreichen die meisten auch ihr Ziel.

Ganzheitliches Denken und Harmoniebedürfnis

Die konfessionellen Spaltungen im Christentum sind typisch für westliches Denken und die Neigung, stets zu differenzieren und aufzuspalten. Darin unterscheiden sich die Europäer von den Chinesen, denen eine ganzheitliche Denk- und Verhaltensweise eigen ist. Yu-Chien erinnert sich, wie erstaunt er in Shanghai als junger, frisch bekehrter Christ den Belehrungen der amerikanischen Missionare folgte. Zum Gottesdienst dürfe er weder zu den Anglikanern, noch zu den Protestanten, Methodisten und erst recht nicht zu den Katholiken gehen, sondern nur zu den Baptisten. Aber es sind doch alles Christen, wunderte er sich damals und verstand die Welt nicht mehr. Chinesen sind in ihrer Religiosität großzügig und tolerant. Sie nehmen es nicht so genau, was zu welcher Richtung gehört. Buddhisten stört es nicht, auch in christlichen Kirchen zu spenden. Der unverrückbare Anspruch der Ausschließlichkeit ist den Chinesen fremd, und doch wird er auch in China durch westliche Heilsverkünder immer wieder eingeklagt.

Chinesen bevorzugen ein ganzheitliches Denken. Das macht sich schon in kleinsten Dingen bemerkbar. Schreibt ein Deutscher eine Adresse, beginnt er mit dem Namen, dann folgt die Straße, der Ort und das Land. In China steht an erster Stelle das Land, danach der Ort und die Straße, und erst zum Schluss folgt der Name der Person. Die traditionelle chinesische Medizin ist das Paradebeispiel für das ganzheitliche Denken. Jede Krankheit wird immer in Zusammenhang mit dem ganzen Körper gesehen. Es gibt keine fachärztlichen Spezialisierungen wie etwa für Hals-, Nasen-, Ohren-, für Haut- oder urologische Erkrankungen. In der Wissenschaft ging es den alten Chinesen mehr um die Wesenserfassung als um Detailerkenntnis. Europäer begreifen die Welt räsonierend, mit logischem Verstand, Chinesen hegen ein tiefes Misstrauen gegen kühle Logik und reinen Intellekt.

> Die deutschen Schüler eines chinesischen Schattenboxmeisters verloren fast die Geduld. Immer wieder wollten sie wissen, wie die eine oder andere Bewegung denn nun genau zu vollführen sei und was genau man dabei denken sollte. Der Meister lächelte nur weise und sagte: »Macht es mir nach, dann werdet ihr es selbst erspüren.«

Im Westen sucht man den Konflikt, weil dieser Antrieb und Fortschritt verspricht, in China setzt man auf Harmonie und scheut im persönlichen Umgang die direkte Konfrontation. Chinas Philosophie basiert auf den Lehren des harmonischen Ausgleichs. Eine entspannte Atmosphäre ist den Chinesen wichtig, etwa bei einem geselligen Essen am runden Tisch. Da will man keine ernsten, tief schürfenden Gespräche führen, sondern gelassen und gut gelaunt eine persönliche Beziehung aufbauen und pflegen.

Die Anpassungsfähigkeit der Chinesen

Chinesen haben kein Problem damit, sich in andere Gesellschaften zu integrieren. Sie passen sich an, bewahren aber dennoch ihre kulturelle Eigenständigkeit. Sie halten an ihrer Sprache fest, an den Dialekten, der Schrift, ihren Festen und Spielen und natürlich an ihren Essgewohnheiten, denn dass sie die beste Küche der Welt haben, steht für sie außer Frage. Seit Mitte des 19. Jahrhunderts verließen aufgrund der Bevölkerungsexplosion viele Chinesen ihr Land und begannen im Ausland ein neues Leben. Vorzugsweise in Südost- und Ostasien, wo etwa zwei Drittel der so genannten Auslandschinesen leben. Andere gingen nach Australien und Nordamerika, aber vergleichsweise wenige kamen nach Europa. Nie fürchteten diese Menschen die Schwierigkeiten, in fremder Umgebung eine neue Existenz aufzubauen. Sie sind fleißig und ehrgeizig, hart im Nehmen, jedoch erfinderisch und flexibel. Sie klagen nicht, sind zäh, bauen ein Netzwerk zu Verwandten und Landsleuten in allen Teilen der Welt auf. Nur selten haben sie Zeit, sich auf die Kultur ihrer zweiten Heimat einzulassen. Zu sehr sind sie damit beschäftigt, den Unterhalt für die Familie zu verdienen, ihren Kindern eine anständige Ausbildung zu ermöglichen, bedürftige Verwandte zu unterstützen und für ihr eigenes Alter vorzusorgen. Auf staatliche Hilfe verlassen sie sich nicht. Sie sorgen allein für sich und ihre Familie.

Das Zusammengehörigkeitsgefühl

Chinesen verbindet ein starkes Zusammengehörigkeitsgefühl. Wer im Ausland Hilfe benötigt, braucht nur das nächste Chinarestaurant anzusteuern, wo man ihm sicherlich weiterhelfen wird. Begegnen sich Chinesen fern der Heimat, kommen sie schnell ins Gespräch und tauschen sich aus. Stammen sie aus derselben Provinz und sprechen sogar denselben Dialekt, gehören sie schon so gut wie zusammen.

Das Bedürfnis, sich zusammenzuschließen, um einander zu unterstützen, ist sehr ausgeprägt. Nicht nur im Ausland wie beispielsweise in den USA, wo sich Landsmannschaften nach Ortschaften und Regionen gebildet haben, oder in Deutschland, wo es beispielsweise mehrere Akademiker- und Kaufmannsvereinigungen gibt, auch in China selbst besinnt man sich in Reaktion auf den wirtschaftlichen und sozialen Wandel wieder auf die alte Tradition der Zusammenschlüsse. In den letzten Jahren haben sich mit gleichzeitigem Rückzug des Staates aus sozialen und gesellschaftlichen Bereichen verschiedenste Gruppen auf den unterschiedlichsten Ebenen neu organisiert. Etwa die traditionellen Clan- oder Wirtschaftsverbände, die Ehemaligenvereine von Eliteuniversitäten, die Künstler- und Intellektuellenzirkel, religiöse Kreise, Sport- und Hobbyvereine wie Chöre oder Tanzgruppen.

Ebenso wie im Ausland führt auch innerhalb Chinas die gemeinsame geographische Herkunft zur Gruppenbildung, etwa unter den bäuerlichen Migranten in den Großstädten, wo ganze Wirtschaftszweige von bestimmten Regionen beherrscht werden.

Heimatverbundenheit

Chinesen bleiben ihrer Heimat verbunden, auch wenn sie schon seit Jahrzehnten im Ausland leben und eine andere Staatsangehörigkeit besitzen. Dies ist weniger in den klassischen Einwanderungsländern wie in den USA oder in Australien zu beobachten, als vielmehr in europäischen Ländern wie Deutschland oder der Schweiz, wo Asiaten allein aufgrund ihres andersartigen Aussehens von der Umgebung immer wieder darauf hingewiesen werden, dass sie ursprünglich aus einem anderen Teil der Welt stammen.

> Die junge Frau wollte Architektur studieren. Sie war chinesischer Abstammung, jedoch von deutschen Eltern kurz nach ihrer Geburt adoptiert und aufgezogen worden. Sie fühlte sich deutsch, doch wann immer sie vor Fremden sprach, fragten diese sie völlig verblüfft, wo sie so gut Deutsch gelernt hätte und woher sie eigentlich käme. Erwiderte sie, sie sei Deutsche, hörte sie stets: Ja, aber wo kommen Sie ursprünglich her? Schließlich studierte sie Sinologie und ging nach China. Doch dort fühlte sie sich ebenfalls fremd.

Mit der starken Bindung zur Heimat geht auch ein soziales Verantwortungsgefühl und die Bereitschaft zu großzügigen Spenden einher. Ganze Regionen haben davon profitiert, wenn einer der Ihren in der Fremde reich wurde. Wohlhabende Auslandschinesen gaben in den letzten Jahren Millionen von Dollar aus, um ihrem Heimatort Schulen, Universitäten, Krankenhäuser, Sportanlagen und ähnliche soziale Einrichtungen zu schenken. Nicht nur die Reichen spenden, auch jene, die weniger haben, sind bereit, ihrem Dorf, ihrer Schule oder der bedürftigen Nachbarschaft unter die Arme zu greifen. Mit der Öffnung des Landes in den 80er Jahren waren es vor allem die Auslandschinesen und die Landsleute aus Taiwan, Hongkong und Singapur, die in großer Zahl nach China strömten, ihr Geld dort investierten und entscheidend zum Wirtschaftsboom beitrugen.

Der Stolz auf die alte Kultur

Viele Chinesen empfinden ein kulturelles Überlegenheitsgefühl, das vom Stolz auf ihre jahrtausendealte Kultur genährt wird. Noch heute sprechen sie vom Reich der Mitte als dem Zentrum unter dem Himmel und von seinen Bewohnern als den Nachkommen des Drachen. Für sie gibt es nur Chinesen und Ausländer, gleichgültig, in welchem Teil der Welt sie sich auch befinden mögen.

> In Hamburg am Esstisch: fünf Chinesen und Petra. »Die Ausländer denken eben doch ganz anders als wir«, meinte der Gast aus Beijing, nachdem ihm Petra etwas über deutsche Lebensart erzählt hatte. Seine Landsleute stimmten ihm kommentierend zu. Petra hatte ähnliche Bemerkungen schon häufig gehört und fragte: »Von welchen Ausländern sprecht ihr eigentlich? Ich bin hier die einzige Inländerin am Tisch. Ihr seid doch die Ausländer!« Da schauten sie verblüfft, als hätten sie eine neue Wahrheit entdeckt, und schließlich mussten sie über sich selbst lachen.

China galt den Chinesen immer als Inbegriff der höchsten Zivilisation. Bis heute hat es sich noch nicht bei allen Chinesen herumgesprochen, dass es neben der chinesischen auch andere Hochkulturen gegeben hat. Man ist stolz auf das Chinesentum, häufig ohne diesen Stolz begründen zu können, weil die Kenntnisse über die eigene Kultur bei manchen recht begrenzt sind.

Da werden Dynastien durcheinander geworfen, vertut man sich um Tausende von Jahren. Das Überlegenheitsgefühl gerät erst dann ins Wanken, wenn sie ins Ausland reisen und beispielsweise in Ägypten, Griechenland oder Italien die atemberaubenden Zeugnisse anderer, wenn auch längst vergangener Hochkulturen kennen lernen.

Doch sosehr viele Chinesen von der Einzigartigkeit ihrer Kultur überzeugt sind, so wenig versuchen sie – von irgendeinem missionarischen Eifer beseelt –, anderen Völkern die Segnungen ihrer Kultur aufzuzwingen.

Weisheit und Schläue kontra Wagemut und Abenteuerlust

Im Segelboot über die Meere, im Heißluftballon um die Welt, die Besteigung von Achttausendern – nahezu täglich vernimmt man in den Medien Meldungen, die davon berichten, dass Menschen die Grenzen ihrer körperlichen Belastbarkeit austesten. Nur selten befinden sich Chinesen darunter. Sie gehören nicht zu den Abenteurern, die riskante Manöver ins Ungewisse wagen.

Chinesische Helden treten nicht durch Muskelkraft, Wagemut und Draufgängertum hervor, sondern durch Schläue, Witz und Können. Kein Rambo ist das Vorbild, sondern eher ein schmaler, gewiefter Bruce Lee. Obwohl unzählige Kriege und Aufstände das Land im Laufe seiner langen Geschichte erschüttert haben, wurde der todesmutige Krieger nie zum Ideal erhoben, ebenso wenig der gehorsame Soldat. »Aus guten Menschen macht man keine Soldaten«, lautet ein altes Sprichwort.

Von Gefühlen

Chinesen geben sich meist zurückhaltend, und doch schwelgen sie gern in Gefühlen. Sie mögen das nüchterne, oftmals spröde Auftreten der Deutschen nicht, auch wenn sie deren Zuverlässigkeit schätzen. Ihnen ist die kumpelhafte Art der Amerikaner, mit denen man schnell in persönlichen Kontakt kommt, lieber. Die

Chinesen sind romantisch. Das mag man vielleicht nicht glauben angesichts knallharter Geschäftsleute und rüpelhafter Verkehrsteilnehmer. Früher schrieben sie Gedichte über den Mond und rezitierten sie singend. Sie versammeln sich noch heute zu Tausenden in den Bergen und fiebern dem Sonnenauf- oder -untergang entgegen. In Karaoke-Bars schmettern sie Liebeslieder aus voller Brust. Ein Mann, der Gefühl zeigt und weint, braucht sich seiner Tränen nicht zu schämen. Niemand würde ihn einen Waschlappen nennen. Das stille Weinen gibt dem echten Gefühl erst richtig Ausdruck. Zu Herzen gehende Heintje-Songs wie »Kleine Leute, große Sorgen« sind Dauerbrenner in China. In endlosen Fernsehserien werden täglich große Gefühle in die Wohnstuben hineingetragen, und das Publikum liebt sie. Chinesen singen für ihr Leben gern. Wer singt, zeigt Gefühl. Deutsche hätten Angst, Emotionen zu zeigen, sagen sie, deshalb sängen die Deutschen auch so wenig. Deutsche Reden und Vorträge sind für Chinesen oft wie Bäume ohne Blätter oder Knochen ohne Fleisch. Oder anders gesagt: Es fehlt ihnen an Farbigkeit, eben an Gefühl.

Anders verhält es sich beim öffentlichen Austausch von Zärtlichkeiten zwischen Mann und Frau. Hier hält man sich zurück. Verheiratete Paare, vor allem ältere, gehen vor anderen Menschen nur selten auf Tuchfühlung. Anfassen oder Unterhaken ist schon fast zu viel des Guten. Anders die Jugend. Sie genießt eine Freiheit, die noch vor einigen Jahren völlig undenkbar gewesen wäre.

Vom undurchschaubaren Lächeln

Das berühmte undurchschaubare Lächeln scheint einer klischeehaften Phantasie entsprungen zu sein. Den Chinesen sieht man ebenso wie den Europäern recht deutlich an, in welcher Verfassung sie sich befinden. Sicher, in unangenehmen Situationen versucht sich der eine oder andere mehr oder minder erfolgreich zu verstellen und flüchtet sich in einen höflichen, lächelnden oder ernsten Gesichtsausdruck. Die Augen allerdings können nur selten verheimlichen, was innen vorgeht.

Nichtsdestotrotz misst man in China dem Lächeln bzw. Lachen eine ungleich höhere Bedeutung bei als im Westen. Besonders deutlich zeigt sich dies in der traditionellen chinesischen Oper, deren Schauspieler jede Nuance des Lachens beherrschen müssen. Dort findet man das gebrochene, bittere, verächtliche und das kalte Lachen, das Lachen des Glücks, der Zufriedenheit, das der Verzweiflung und des Hohns.

Das freundliche Lachen bzw. Lächeln gehört zum höflichen Umgang unter den Menschen. Beim flüchtigen Zuwinken, bei einer privaten wie auch offiziellen Begrüßung lächelt man. Eigentlich eine Selbstverständlichkeit, auch im Westen. Trotzdem erleben es Chinesen immer wieder mit persönlicher Betroffenheit, dass sie von Deutschen, aus welchen unerfindlichen Gründen auch immer, mit ausdruckslosem, vielleicht sogar mürrischem Gesicht ge- beziehungsweise begrüßt werden.

Nur nicht das Gesicht verlieren

Die Chinesen betonen immer wieder, wie bewundernswert sie es finden, dass sich die Deutschen zu den Verbrechen des Zweiten Weltkrieges bekennen und sich dafür entschuldigen. Dieses Lob wird mit Blick auf die Japaner ausgesprochen, denen es schwer fällt, ihre Schuld an den Grausamkeiten, die während ihrer Besatzungszeit in China geschehen sind, einzugestehen. Doch das geht nicht nur Japanern so, auch Chinesen geben nicht gern Fehler zu, denn das Eingeständnis des Versagens, vor allem vor Dritten, bedeutet Gesichtsverlust. Lieber vertuscht man Fehler, macht Ausflüchte und sucht nach Ausreden. Manche werden dabei aus Unsicherheit sehr laut.

Doch es geht in China nicht immer nur ums »Gesicht verlieren«, sondern auch ums »Gesicht geben«, was fast genauso wichtig ist. Einen Mitarbeiter vor Dritten zu loben fällt in diese Kategorie. »Gesicht geben« steht für Anerkennung und Achtung, und wer großzügig damit umgeht, erntet in der Regel Respekt und Loyalität.

Chinesen sind im Umgang mit Ausländern äußerst sensibel

und leicht verletzlich. Sie haben es nicht vergessen, dass es früher einmal Europäer und andere Ausländer gab, die sie für zweitklassige Menschen hielten. Andererseits gehen sie selbst nicht sonderlich zimperlich miteinander um, vor allem, wenn es sich um untergeordnete Personen handelt. Hauspersonal, Fahrer, Köche, Dienst- und Kindermädchen werden manchmal rücksichtslos vor Dritten abgekanzelt, sodass sich mancher Europäer sehr wundert, wenn er die Chinesen bisher nur als Mimosen kennen gelernt hat.

Kritik von Außenstehenden ist etwas, was die Chinesen überhaupt nicht mögen. Einer chinesischen Redensart zufolge darf der Vater sich über seinen ungeratenen Sohn beklagen, auch öffentlich, während ein Fremder sich davor hüten sollte. Wenn Chinesen unter sich sind und über die Situation in ihrem Lande sprechen, dann wird Kritik laut, die manchem Nichtchinesen den Atem stocken lassen würde. Gesellt sich jedoch ein Ausländer hinzu, wird die Diskussion entschärft weitergeführt oder abgebrochen. Mischt er sich ein, so hört man ihm zu, doch wird ihn kaum jemand als gleichwertigen Diskussionspartner betrachten, da er nicht zu den »eigenen Leuten« gehört. Formuliert er gar eigene kritische Ansätze, wird man ihm peinlich berührt beipflichten, dann aber möglicherweise gegen ihn Partei ergreifen und die Umstände aus chinesischer Sicht zu erklären versuchen, denn das Gesicht des Landes muss gewahrt bleiben.

Kritik und insbesondere Selbstkritik sind Begriffe, die vor allem unter Mao Zedong missbraucht wurden. Dieser war davon überzeugt, dass ein jeder Mensch Fehler besäße und man diese durch Kritik und Selbstkritik überwinden könne. Dagegen hätte wohl niemand etwas einzuwenden gehabt, wenn die Wirklichkeit sie nicht eines Besseren belehrt hätte. Als die Chinesen 1957 zur Kritik an der Partei und ihren Mitgliedern aufgerufen wurden und viele dieser Aufforderung folgten, wurden sie Opfer ihres eigenen Mutes. Denn Mao selbst konnte Kritik am wenigsten vertragen. Wer ihn kritisierte, war seines Lebens nicht mehr sicher.

So wichtig wie das Gesicht ist auch der Schein. Wer Geschäfte tätigt, muss den Erwartungen der Geschäftspartner entsprechen.

> Die junge Chinesin hatte sich als Repräsentantin eines britischen Teppichimporteurs in Beijing selbständig gemacht. Von ihrem ersten Gewinn kaufte sie sich einen teuren Mercedes.
> »Kann es denn kein kleinerer und billigerer Wagen sein?«, fragte Petra.
> »Wenn ich die Teppichfabrikanten besuche, muss ich so auftreten, wie die sich die Repräsentantin einer ausländischen Firma vorstellen: souverän, selbstbewusst, erfolgreich. Wenn ich da mit einem klapprigen Jetta vorfahre, habe ich gleich verloren.«

Geduld und Pragmatismus

In China lebt man für das Hier und Jetzt und konzentriert sich auf das eine Leben in dieser Welt. Mühen und Leiden im irdischen Leben lassen sich nicht durch einen Platz im Paradies vergüten. Glückseligkeit ist nur auf Erden zu erreichen, durch Fleiß, Geduld und Toleranz. Die Eltern bringen es den Kindern bei: »Du lebst glücklich, wenn du genügsam bist; du lebst friedlich, wenn du Geduld zeigst.«

Zufriedenheit ist auch unter härtesten Bedingungen möglich. Vielen Ausländern fällt beim Besuch rückständiger Regionen auf, wie viel Heiterkeit die Menschen auch in ärmsten Verhältnissen ausstrahlen. Chinesen passen sich den widrigsten Umständen an; sie leben genügsam und fügen sich in ihr Schicksal. Nur selten verlässt sie ihr ausgeprägter Sinn für Humor. Sie sind überzeugt davon, dass Unglück von Glück begleitet wird und sich so mancher Verlust als Gewinn entpuppen kann. Eine alte Erzählung veranschaulicht den chinesischen Pragmatismus:

> Einem alten Mann läuft sein einziges Pferd davon. Die Nachbarn bedauern sein Unglück, doch er antwortet: »Ich weiß nicht, ob dies wirklich ein Unglück ist.« Kurz darauf kehrt das Tier zusammen mit einem zweiten Pferd zurück. Die Nachbarn beglückwünschen ihn zu diesem Gewinn. Doch er antwortet: »Ich weiß nicht, ob dies wirklich ein Glück ist.« Eines Tages reitet sein Sohn das neue Pferd, wird jedoch abgeworfen und bricht sich ein Bein. Die Nachbarn bekunden Mitleid mit dem Sohn, doch der alte Mann ist sich nicht sicher, ob der Vorfall tatsächlich ein Unglück ist. Wenig später erscheinen Soldaten und ziehen alle jungen Männer des Dorfes zum Kriegsdienst ein. Nur der verletzte Sohn des Alten kann daheim bleiben und überlebt.

Geduld gehört zu den zwangsläufigen Tugenden im chinesischen Alltag. Ohne sie sind heute die Folgen der Überbevölkerung nur schwer zu ertragen. Die Geduld muss den Chinesen wohl schon in den Genen liegen. Über Jahrtausende haben sie Unterdrückung, Misswirtschaft, Ausbeutung, Natur- und von Menschenhand bewirkte Katastrophen ertragen. Daraus hat sich eine Schicksalsergebenheit entwickelt, die viel Leid zu erdulden vermag. Man passt sich den Bedingungen an, von denen man glaubt, sie nicht ändern zu können. Nur wenn das Maß des Erträglichen überschritten wird, schließen sich die Menschen zusammen und revoltieren.

Bescheidenheit – eine bewährte Tugend

> Petra hatte für einen hervorragenden Mediziner aus Beijing zu dolmetschen, den seine westlichen Kollegen als einen der weltweit führenden Spezialisten schätzten. Anlässlich einer internationalen Tagung sollte er einen Vortrag halten. Aus allen Teilen Europas reisten die Teilnehmer an, und sie staunten

nicht schlecht, als er seinen Vortrag nach bewährter chinesischer Art begann. Er fühle sich auf diesem Gebiet nicht hinreichend kompetent, sagte er, es gäbe bessere Wissenschaftler als er. Die Experten mögen doch bitte seinen sicherlich fehlerhaften Ausführungen gegenüber Nachsicht walten lassen.

Nur nicht auffallen, immer bescheiden bleiben, so sangen es schon die Alten, und viele halten sich noch heute daran. Zu oft haben sie erfahren müssen, dass Neid und Missgunst einen Menschen schnell zu Fall bringen können. Mit Zurückhaltung und Bescheidenheit ist man immer auf der sicheren Seite, und so ist es weit verbreitet, sein Licht unter den Scheffel zu stellen. Komplimente werden deshalb zwar entrüstet abgewehrt, aber dennoch gern gehört. Ein Autor bittet bescheiden um Kritik, wenn er sein Buch mit einer persönlichen Widmung versieht. Ein erfolgreicher Geschäftsmann versichert stets, dass seine Geschäfte nur mäßig laufen. Mancher ist millionenschwer, und wirkt dennoch, als bedürfe er einer kleinen Zuwendung.

Die Chinesen lieben es, ihre Weisheiten in Sprichwörter zu kleiden. So heißt es zum Beispiel: »Der Vogel, der seinen Kopf herausstreckt, wird abgeschossen.« Laozi, auf den sich die Daoisten berufen, soll im 6. Jahrhundert v. Chr. seinen Zeitgenossen geraten haben: »Ducke sich, wer sich schützen will.« Zweihundert Jahre später ergänzte der Philosoph Zhuangzi: »Gebt vor, ein normaler Baum zu sein; denn wer von besonderem Holz ist, den fällt die Axt, noch ehe er richtig ausgewachsen ist.« Nicht nur neidische Mitmenschen fürchtet man, sondern auch neidische böse Geister, weshalb man Schutz gewährende Zeichen an Türen und Fenster hängt oder kleinen Kindern irreführende Kosenamen gibt wie Dummkopf, Glatzkopf oder Nichtsnutz, um sie vor gierigen Dämonen zu bewahren, die sich am liebsten der Besten unter den Kindern bemächtigen.

Offenheit und Neugier

Fremden und Unbekannten gegenüber verhalten sich Chinesen meist zurückhaltend und skeptisch. Ist jedoch eine Vertrauensbasis geschaffen, werden Privates und Geschäftliches vermischt. Anteilnahme und Hilfsbereitschaft bestimmen dann die Beziehung. Man spricht offen über Probleme und zeigt sich nicht nur von der Schokoladenseite. Die Offenheit geht so weit, dass, wer eine neue Zahnprothese bekommen hat, diese dem Interessierten vorführt, bei Behinderungen Hilfsinstrumente wie Hörgeräte oder Stützkorsetts genau inspiziert werden oder unter Kollegen und Freunden gleichen Geschlechts mitunter auch die intimsten Angelegenheiten zur Erörterung kommen.

Manche Fragen empfinden Europäer als überzogene Neugier bezüglich ihres Privatlebens. Es sind Fragen nach Beruf, Alter, Familienstand und Kindern, manchmal auch nach dem Gehalt. Man möchte sich ein Bild machen von dem Leben eines Ausländers und dieses mit dem eigenen vergleichen. Die Frage nach dem Alter erfolgt häufig verdeckt und von dem Befragten unbemerkt. Wenn beispielsweise nach dem chinesischen Tierkreiszeichen gefragt wird, unter dem man geboren ist, und man dieses nennen kann, rechnet jeder Chinese blitzschnell das Alter aus.

Nicht immer werden detaillierte Antworten erwartet. Manche Chinesen wollen mit ihren Fragen nur höfliches Interesse und Anteilnahme bekunden.

> Schon seit einiger Zeit nervte ein Chinese seine deutschen Freunde und Bekannten. Wann immer diese etwas Neues trugen oder sich etwas besonders Schönes angeschafft hatten, sagte er: »Oh, das möchte ich auch haben. Wo habt ihr das gekauft?« Irgendwann gab ein Deutscher unwirsch zurück: »Immer willst du alles haben.« Daraufhin war der Chinese beleidigt, denn alles, was er hatte bekunden wollen, war, dass es ihm gefiel und er den guten Geschmack der anderen anerkannte. Niemals hätte er daran gedacht, sich das Gleiche zu kaufen.

Nichts ist schlimmer für einen Chinesen, als in einem deutschen Zugabteil stundenlang mit lauter schweigenden Mitreisenden zusammenzusitzen. Chinesen sind in der Regel wesentlich kontaktfreudiger als Deutsche. Kaum haben sie im Zug oder im Flugzeug Platz genommen, beginnen sie mit ihren Nachbarn ein Gespräch nach dem Wohin und Woher, das sich je nach Interesse und Sympathie ausweiten oder auch wieder einschlafen kann.

Aufmerksame Neugier wie noch in den 70er oder 80er Jahren erleben Ausländer heute nur noch selten. Damals wurden Langnasen bei ihrem Auftauchen von dicken Menschentrauben umringt und freundlich oder auch skeptisch bestaunt. Heute passiert einem das nur noch in abgelegenen Gebieten.

So offen und unverwandt Fremdes und Ungewöhnliches betrachtet wird, so flüchtig schauen einem manche Chinesen bei der Begrüßung oder bei einem Gespräch in die Augen. Das fixierende Aug in Aug ist ihnen unangenehm. Typisch ist bei vielen offiziellen Anlässen die Sitzordnung im offenen Rund, bei der die Gesprächsteilnehmer nebeneinander sitzen, teilweise durch kleine Beistelltische voneinander getrennt.

Höflichkeit

Auch wenn es nicht immer so scheint: Eine Grundregel in China lautet, sich zurückhaltend zu benehmen und den anderen Respekt zu zollen.

Die Check-in-Halle im Flughafen von Urumqi, im nordwestchinesischen Xinjiang, machte verspätet auf. Als die Fluggäste endlich eintreten durften, waren nur zwei Schalter für das Einchecken der beiden einzigen Abflüge geöffnet. Das Gedränge war unbeschreiblich, als würden die Menschen fürchten, die Maschinen könnten ohne sie abfliegen. Schon mehrmals wäre Petra an der Reihe gewesen, doch immer wieder drängten sich von links und rechts, von hinten, über die Schultern hinweg oder unter den Armen hindurch irgendwelche Hände mit ihren

> Tickets und kamen ihr zuvor. Keine Spur von der berühmten chinesischen Höflichkeit. Schließlich platzte ihr der Kragen, und sie begann lautstark zu schimpfen. Für eine Sekunde funktionierte der Überraschungseffekt, denn einer Langnase hätte man keine chinesischen Kraftausdrücke zugetraut. Zeit genug, um der entnervten Frau vom Bodenpersonal ihr Ticket zuzuschieben.

Die berühmte chinesische Höflichkeit bleibt im chinesischen Alltag häufig auf der Strecke. Oftmals liegt dies an gravierenden Organisationsmängeln, meist jedoch an der unglaublichen Menge an Menschen. Hierzu eine andere Geschichte:

> Chinesische Mitarbeiter des Hamburger Generalkonsulats machten vor Jahren einmal Gebrauch vom »Rosaroten Wochenende«, dem Angebot verbilligter Fahrkarten der Deutschen Bahn. Sie wollten bei strahlendem Sonnenschein einen Ausflug von Hamburg nach Westerland auf Sylt machen. Der Andrang war unglaublich und der Kampf um einen Sitzplatz unerbittlich. Es wurde gedrängelt, geschubst, getreten. So viel Rücksichtslosigkeit hätten sie den Deutschen niemals zugetraut.

Chinesen gelten als höflich, und das sind sie im Allgemeinen auch. Dennoch fällt dem fremden Besucher anfangs die Rücksichtslosigkeit im öffentlichen Umgang auf: Warum hinten anstellen und Schlange stehen, wenn man sich auch vordrängeln kann. Wenn nach etlichen Minuten Wartezeit endlich ein Fahrstuhl kommt, lässt man die Angekommenen nur ungern aussteigen, sondern springt lieber sofort hinein, damit man auch ja mitkommt. Gleiches gilt für Busse und U-Bahnen. Wenn ein ganzer Pulk von Menschen einsteigen will, wer denkt da noch an die Leute, die zufällig aussteigen wollen? In dem allgemeinen Gerangel um Sitz- und Stehplätze und zwischen Ein- und Aussteigern verpasst manch höflicher Ausländer das Aussteigen und muss eine Station weiterfahren, nur weil er sich nicht rigoros genug zum Ausgang durchgekämpft hat. Der ruppige Umgang nervt auch die Chinesen, und mit einer gewissen Sehnsucht erinnern sich die Alten an Zeiten, als junge Leute den Senioren in Bus und Bahn noch ihren Platz anboten. Der vorbildliche Schüler, der einer fremden Omi über die Straße hilft, gehört ebenfalls der Vergangenheit an. Wo immer man in China hingeht, meist sind ganze Hundertschaften in derselben Richtung unterwegs, und so wird gerempelt, gestoßen, geschimpft und gestritten, manchmal kommt es in null Komma nichts zu Handgreiflichkeiten. Die Nerven liegen bei vielen blank. Der Übergang von der Plan- zur freien Marktwirtschaft fordert seinen Tribut. Angst um Arbeitsplätze, soziale Unsicherheit, ein dramatischer Wertewandel, Überbevölkerung und nicht zuletzt die Umweltverschmutzung sind einige von vielen Gründen, die zur allgemeinen Aggressivität beitragen.

Geschäftssinn und grenzenloser Fleiß

Chinesen sind im Allgemeinen geschäftstüchtig, fleißig und ungeheuer flexibel. Hört man in Deutschland, die Menschen müssten angesichts der hohen Arbeitslosigkeit mehr Mobilität und Flexibilität zeigen, steckt den Chinesen diese Bereitschaft scheinbar schon im Blut.

> Die Lehrerin war ihrem Mann aus Shanghai nach Deutschland gefolgt. Er wollte an einer deutschen Universität promovieren. Sein Stipendium reichte jedoch nicht, um das Paar und seine zwei Kinder zu unterhalten. Da beschloss die Frau, ins Geschäftsleben einzutreten, obwohl sie nie zuvor auch nur das kleinste Geschäft getätigt hatte. Ein Bekannter schickte ihr aus China ein paar Produkte, die sie auf dem deutschen Markt anbieten sollte. Das tat sie. Bei ihrem ersten Geschäftsgespräch mit einem deutschen Unternehmer kamen diesem

> vor Rührung fast die Tränen. Die couragierte Frau hatte handschriftlich ein Angebot geschrieben, dabei aber völlig vergessen, für sich selbst einen Gewinn einzukalkulieren. Sie gestand ihre Unerfahrenheit offen ein und erntete dafür Respekt. Innerhalb von zehn Jahren mauserte sie sich zur erfolgreichen, wohlhabenden Unternehmerin.

Chinesen sind sparsam und können gut rechnen. Seit es keine Einheitspreise mehr gibt, feilschen sie häufig so gnadenlos, dass man meinen könnte, sie würden seit Generationen nichts anderes tun.

Wer Geld erübrigen kann, versucht es in irgendeiner Weise zu investieren. Auslandschinesen tun dies gern in China, Chinesen in China gern im Ausland. Sie mögen es, wenn sie durch Verwandte oder Freunde eine Beziehung ins Ausland unterhalten und dort vielleicht sogar ein Standbein haben können.

Renao – von Trubel und Lärm

Wenn Chinesen lachen, debattieren oder streiten, dann tun sie dies am liebsten laut. Sie mögen es lebendig und lieben den Trubel. Der chinesische Ausdruck für Trubel lautet *renao*, »heiß und laut«. Lautstarke Unterhaltungen, Kindergeschrei und stundenlanges Üben auf Musikinstrumenten gehören zum normalen Alltag und sind kein Grund zur Aufregung. Was immer zu Hause los ist, Fenster und Türen bleiben sperrangelweit geöffnet, denn frische Luft und Durchzug tun gut. Dass die Nachbarn über die Vorgänge zu Hause im Bilde sind, stört niemanden so richtig, denn Einblicke ins Privatleben ließen sich bisher kaum vermeiden. Zu eng wohnten die Menschen zusammen. Erst die neuen Siedlungen mit ihren klimatisierten Wohnungen sorgen für mehr Anonymität.

In den alten Wohnvierteln hält man es wie eh und je. Bei drückender Hitze und mangelnder Klimatisierung geht's hinaus auf den Balkon, in den Hof oder einfach auf die Straße. Die Kinder schreien, die Erwachsenen spielen Karten oder Majiang (Mah-Jongg), aus der einen Wohnung tönt das Spiel einer chinesischen Geige, aus einer anderen die Fußballübertragung im Sportfernsehen, nachbarschaftliche Gespräche im Hof sind häufig so laut, dass die Leute in den oberen Stockwerken mithören und sich gegebenenfalls einmischen können. Fahrende Händler und Handwerker ziehen regelmäßig an den Häusern vorbei und bieten mit lauten Rufen ihre Waren und Dienstleistungen an. Niemand fühlt sich gestört. Wenn Chinesen in Deutschland durch menschenleere Straßen gehen oder in Häusern wohnen, in denen die Ruhezeiten genau reglementiert sind, bekommen sie buchstäblich Beklemmungen.

Chinesen genießen es, wenn es hoch hergeht und sie mit Freunden ausgelassen feiern können. Da wird gesungen und gelacht, werden Witze gerissen und die Anwesenden nacheinander schonungslos durch den Kakao gezogen. Und es ist noch nicht einmal Alkohol nötig, um die Seele zu lockern und die Zunge zu lösen. Auch mit Tee kann man in beste Stimmung geraten. So mancher Chinese langweilt sich auf deutschen Partys. Die Deutschen würden nur andächtig am Tisch sitzen, ihr Essen zügig in sich hineinstopfen und danach den ganzen langen Abend ernste Themen diskutieren. Erst wenn sie genügend getrunken hätten, befreien sie sich allmählich aus ihrer Zwangsjacke.

Chinesen wollen sich amüsieren und lustig sein, wenn sie sich zu einer Feier treffen. Je mehr Personen teilnehmen, desto lustiger wird es. Fließt Alkohol, dann testen die Zechenden ihr Reaktionsvermögen gern mit Spielen wie dem Fingerraten. Bei diesem strecken zwei Spieler gleichzeitig die Hand aus und deuten mit verschiedenen Fingerhaltungen »Zahlen von 1 bis 10« oder »Stein, Papier und Schere« an. Manchmal versucht auch einer den anderen unter den Tisch zu trinken. Wer viel vertragen kann (das heißt, ohne dabei aus der Rolle zu fallen), verdient Hochachtung.

In manchen Restaurants ist es so laut, dass man kaum sein eigenes Wort versteht. Jeder redet unüberhörbar und, wenn in großer Runde, dann auch quer über den Tisch hinweg, am liebsten alle zusammen und zur selben Zeit. Deshalb sind viele

Restaurants mit Séparées ausgestattet, in denen man ungestört plaudern kann. Doch auch dort geht es häufig lautstark zu, dafür sorgen allein schon die Fernseher, die manchenorts an den Wänden hängen und die viele Leute einschalten, kaum dass sie das Séparée betreten. Zu Hause machen sie es ähnlich. Kommen Gäste, ist der Fernseher schon eingeschaltet und läuft die ganze Zeit, bis die Gäste wieder gehen. Nicht weil man fürchtet, ein bestimmtes Programm zu verpassen, sondern weil allein die Geräuschkulisse die Atmosphäre so belebt.

Chinesen lieben die Geselligkeit und kommen gern in Gruppen zusammen. Auch auf Wandertour durch die Berge pusten sie am liebsten im ganzen Trupp fröhlich schnatternd die Treppenpfade hinauf und wieder hinab, und wenn ihnen nichts mehr einfällt, wird lauthals gesungen.

Ein Publikum, das mucksmäuschenstill auf seinen Stühlen sitzt, muss eine europäische Erfindung sein. In der chinesischen Opern- und Theatertradition kennt man nur Zuschauer, die lautstark Zustimmung oder Ablehnung bekunden, Kommentare abgeben und dabei ihren Tee und ein wenig Knabberzeug genießen.

Chinesische Autofahrer glaubten lange Zeit, dass man mit der Hupe bremst, bis man in vielen Städten ein allgemeines Hupverbot einführte, das sich aber nie richtig durchsetzte. Mancher Fahrer hält es nach wie vor für wirkungsvoller, laut hupend auf sich aufmerksam zu machen.

Aufmerksam macht man die Leute auch mit ohrenbetäubendem Abbrennen von Feuerwerkskörpern anlässlich der Eröffnung eines Ladens oder Restaurants. Damit sollen allerdings in erster Linie böse Geister und Dämonen vertrieben werden.

»Dem Trubel zuschauen«, *kan renao*, ist ein gängiger Begriff, der auch mit Schaulust übersetzt werden kann. Geraten zwei aneinander, ganz gleich ob Mann oder Frau, lassen sie ihrer Wut freien Lauf und sind weithin zu hören – ob zu Hause oder in der Öffentlichkeit, ist ziemlich egal. Bei einem Streit auf der Straße bildet sich im Nu ein Menschenauflauf, der neugierig zuhört, sich gelegentlich auch in die Auseinandersetzung einmischt und Stellung bezieht.

Trotz all dieses Lärmens gibt es in China auch eine Tradition der Stille. Abends auf einer Parkbank am Ufer eines Sees oder in einem Boot den Mondschein bewundern, im Gebirge Sonnenauf- und -untergang beobachten, einfach nur wortlos ein Naturschauspiel verfolgen, als Eremit in den Bergen leben. In der daoistischen Philosophie spielt das Element der Ruhe eine wichtige Rolle. Es geht um die innere Ruhe und um Harmonie. So auch im Qigong und den anderen traditionellen Bewegungsübungen, bei denen die geistige Vertiefung das Wichtigste ist. In den frühen Morgenstunden sieht man die Menschen in den Grünanlagen stehen, neben vier- oder sechsspurigen Straßen, auf denen der Verkehr braust. Sie sind dennoch ruhig und entspannt, konzentrieren sich auf ihren Atem und den Energiekreislauf. Wo Deutsche sich an den Kopf fassen und sie allein schon der Gedanke an die vielen Abgase zum Wahnsinn treibt, vermögen es Chinesen, völlig abzuschalten und ganz ihrer Vorstellung einer harmonischen Stimmung zu folgen.

Meister der Über- und Untertreibungen

> Shi ist Pianist. Als er uns in Hamburg besuchte, bat ihn Yu-Chien, etwas für uns zu spielen, doch Shi wand sich: »Ich spiele doch gar nicht besonders gut.« Yu-Chien bestand darauf. Und schließlich, nachdem Shi noch einige weitere Male versichert hatte, dass er ein miserabler Spieler sei, setzte er sich ans Klavier und lieferte eine atemberaubende Kostprobe seines Könnens.

Wer kein Chinesisch spricht, bekommt es kaum mit: Chinesen lieben das Über- und Untertreiben gleichermaßen und sind wahre Künstler im Austeilen von Komplimenten. Dabei schert sich niemand darum, ob die Wahrheit auch nur annähernd getroffen wird. So kommt es vor, dass jemand, der mit Mühe ein paar Brocken Chinesisch radebrecht, wegen seiner ausgezeichneten Sprachkenntnisse gelobt wird. Selbstkritisch und peinlich berührt diese Übertreibung von sich zu weisen bringt nichts; man wird auf dieser Schmeichelei umso hartnäckiger beharren. Es sind freundlich gemeinte Aufmunterungen, auf die nicht eingegangen und die vor allem nicht richtig gestellt werden müssen.

Gerade was Komplimente angeht, versteigen sich Chinesen gern in maßlose Übertreibungen. »Deine Frau ist so schön wie ein Filmstar«, sagte kürzlich ein junger chinesischer Besucher zu Yu-Chien und strahlte dabei übers ganze Gesicht. Das entsprach weder aktuell noch früher der Wahrheit. Trotzdem nickte Yu-Chien zustimmend, und Petra freute sich.

Man lässt jemanden nicht einfach wie in Deutschland nur dreimal hochleben, sondern wünscht ihm ein Leben von zehntausend oder sogar zehntausend mal zehntausend Jahren. Übertreibungen gehören zur chinesischen Höflichkeit ebenso wie Untertreibungen, zumal dann, wenn sie auf die eigene Person bezogen sind. Da entschuldigt sich beispielsweise ein chinesischer Gastgeber, dass es nichts zu essen gäbe, obwohl die vielen Gerichte kaum alle auf dem Tisch Platz finden.

Chinesen drücken sich gern in Extremen aus, sie lieben die Schwarzweißmalerei, graue Zwischentöne finden sie langweilig. Man ist Freund oder Feind, etwas ist gut oder schlecht, es gibt immer nur ein Entweder-oder. Wird ein Politiker gestürzt, verliert er nicht nur sein Amt, sondern mit seinem Ansehen auch sein Gesicht und damit seine moralische Existenzberechtigung. Auf manchen offiziellen Fotos werden unliebsame Politiker einfach wegretuschiert.

Findet ein Chinese etwas gut, lobt er es gern als *unglaublich* gut. Eine Person ist einem nicht nur »bekannt«, sondern immer gleich »sehr gut vertraut«.

»Mit Kuan Yu-Chien bin ich sehr gut bekannt«, behauptete ein chinesischer Journalist vor Petra. Er wusste nicht, dass er von ihrem Ehemann sprach. »So?«, fragte sie ihn erstaunt. Sie hatte den Mann gerade erst kennen gelernt und früher nie von ihm gehört. Wie sich herausstellte, war der Journalist ein eifriger Le-

> ser von Yu-Chiens Büchern, und einmal hatten sie auch zusammen telefoniert, persönlich begegnet waren sie sich jedoch nie.

Eine Lappalie ist nicht nur ärgerlich, sondern zum Totärgern, europäischer Käse stinkt für chinesische Nasen einfach nicht nur, sondern er stinkt zum Sterben. Uralt sähe die ehemalige Studentin aus, sagte Yu-Chien, als er sie 15 Jahre nach ihrem Abschluss wiedersah. Eigentlich waren in ihrem Gesicht nur ein paar Sorgenfalten aufgetaucht. Mit 40 sieht man eben nicht mehr ganz so frisch aus wie mit 25.

> Ein Mädchen hatte gerade ein glänzendes Abitur gemacht. Sie war sogar Schulbeste. »Phantastisch, was deine Tochter da geleistet hat«, gratulierte Petra der stolzen Mutter. Die wehrte ab: »Es geht mal gerade so.«

Spricht man von den Kindern anderer, ist man immer voll des Lobes, betrifft es die eigenen, mäkelt man herum, ganz nach der alten Redensart: »Wer sich hervortut, erntet Neid. Nur mit Bescheidenheit ist man auf der sicheren Seite.«

Kritisch sind die Chinesen dennoch. Der taugt nichts, kann es gnadenlos heißen, wenn jemand die Erwartungen nicht erfüllt. Spricht ein Ausländer sehr gut Chinesisch, wird er manchmal darauf hingewiesen, dass er die vier Tonhöhen noch nicht perfekt beherrscht und den Aufenthalt in China zur Vervollkommnung seiner Aussprache nutzen sollte.

Ein Ausländer, der sich besonders selbstbewusst gibt, begegnet verstärkter Skepsis. Arroganz kommt nicht gut an. In umgekehrter Richtung ist man weniger empfindlich. So mancher Chinese umgibt sich gern mit einer gewissen Arroganz und einem kulturellen Überlegenheitsgefühl. Und natürlich verstehen es auch viele, sich bestens zu verkaufen und in eigener Sache maßlos zu übertreiben.

Über- und Untertreibungen haben in China eine lange Tradition. Die Sprache und Literatur sind voll davon. So beschrieben schon die alten Chinesen eine schöne Frau: »Sie war von solch betörender Schönheit, dass die Fische wie verzaubert auf den Grund des Wassers sanken, die Wildgänse wie betäubt vom Himmel fielen, die Stadt und das ganze Land bei ihrem Anblick den Halt verloren.« Das Gesicht eines verhassten Menschen ist »von fleischigen, tiefen Querfalten durchzogen, und Zehntausende wollen seinen Körper in Stücke schneiden«.

Cha bu duo! Es fehlt nicht viel – chinesische Ungenauigkeit

Was die Chinesen an den Deutschen besonders schätzen, ist deren Hang zu Genauigkeit und Perfektion. Chinesen geben sich da viel großzügiger, gerade wenn es um kleine Dinge geht. *Cha bu duo!* ist ein verbreiteter Begriff, der Deutsche in China oft die Nerven raubt. »Sind Sie fertig?«, fragt man den Handwerker, und der antwortet: »*Cha bu duo.*« Meistens fehlt wirklich nicht mehr viel.

> Yu-Chien baute ein Bücherregal, das eine ganze Wand ausfüllen sollte. Im Handumdrehen war die Arbeit getan. Zwar saßen einige Borde etwas schief, hier und da taten sich kleine Lücken auf, und wackeln tat das ganze Ding auch, aber Yu-Chien stabilisierte es, indem er einige flache Holzstücke unter die Träger schob. »Cha bu duo!«, rief er zufrieden und wollte gerade seine Bücher einräumen. Da kam einer seiner deutschen Studenten vorbei. Ein Blick, und schon hatte der all die kleinen Unzulänglichkeiten entdeckt. »So geht das aber nicht!«, schalt er seinen Lehrer und baute schließlich das ganze Regal ab. Dann fertigte er mit Zollstock, Papier und Bleistift eine Skizze an und baute es wieder auf. Alles passte auf den Zentimeter genau, kein Spalt blieb frei, das ganze Ding saß bombenfest. Ein Meisterwerk. Immer wieder erzählt Yu-Chien diese Geschichte in China und erntet dafür ungläubiges Staunen.

Wollen Chinesen einen Tisch ausmessen, spreizen sie die Hände und messen ihn nach Spannbreiten aus. Wenn alles so ungefähr passt, ist man schon zufrieden. »Wieso seid ihr bloß immer so perfekt?«, fragen sie die Deutschen.

Ich bin gleich da, kündigt der Anrufer sein Eintreffen an, obwohl er genau weiß, dass es bei dem stockenden Verkehr mindestens 20 Minuten dauern wird. *Shuo hua, jiu dao!* »Gesagt und schon da« ist ein beliebter Ausspruch.

Zur Ungenauigkeit kommt noch die Freude an der Improvisation, was um Perfektion bemühten Deutschen vollends auf die Nerven geht. Bei vielen Arbeiten, die chinesische Handwerker verrichten, hat man bei genauerem Hinsehen das Gefühl, es würde sich um ein Provisorium handeln. Sehr viel mehr ist es oft auch nicht, denn manchen mangelt es weniger an gutem Willen, als vielmehr an einer fundierten Ausbildung. Manchmal auch nur an brauchbarem Werkzeug.

Ein deutsches Paar ließ sich in ihrer Shanghaier Wohnung Breitband legen. Der Techniker gab ein paar Erklärungen zum Gebrauch.

»Wenn Ihr Mann in seinem Arbeitszimmer im Internet surft, können Sie den Telefonanschluss im Wohnzimmer nicht gut nutzen.«

»Was heißt das?«, fragte die Frau. »Ist die Leitung dann besetzt oder nicht?«

»Sie ist nicht gut nutzbar.«

»Ja, was denn nun? Kann ich zur selben Zeit telefonieren oder nicht?«

Der Mann wand sich: »Wahrscheinlich nicht«, meinte er schließlich.

Man legt sich nicht gern fest, bleibt lieber ungenau. Mit einem klaren Ja oder Nein zu antworten fällt schwer.

Wenn man zu Hause mit Gästen am Esstisch sitzt, den Tisch aber nicht richtig gedeckt hat, sagt man *Cou hu!* – »So wird's schon gehen.« Wozu der ganze Firlefanz mit Tischtuch und so weiter, Hauptsache das Essen ist gut. Und wenn der Gast schließlich sagt, dass das Essen ganz ausgezeichnet schmeckt, wiegelt der Gastgeber das Lob mit einem bescheidenen *ma ma hu hu* – »es geht mal gerade so« ab.

Reinlichkeit

Die Chinesen gelten weltweit als unübertroffene Experten im Wäschewaschen und Bügeln. Dies führte dazu, dass sie diesen Dienstleistungsbereich im internationalen Schiffsverkehr zeitweise nahezu monopolisierten. Dennoch gelten Putz- und Waschdienste als mindere Berufe. Noch heute lassen manche Männer und Frauen den Nagel der beiden kleinen Finger lang wachsen, um zu zeigen, dass sie keine körperliche Arbeit leisten. Jahrzehntelange proletarische Propaganda haben den Status von so genannter minderer Arbeit nicht heben können. Auch in den eigenen vier Wänden übergibt man das Putzen lieber einem dienstbaren Geist, sofern es das Einkommen zulässt. Ist keine Putzfrau finanzierbar, werden in vielen Wohnungen vor allem Küche und Toilette nur stiefmütterlich gepflegt. Im öffentlichen Bereich ist die mangelnde Reinlichkeit von sanitären Anlagen ein Problem, das man in den letzten Jahren mit verstärkten Bemühungen zu lösen suchte.

Sosehr sich manche Ausländer über mangelnde Sauberkeit auf öffentlichen Toiletten aufregen können, so sehr rümpfen Chinesen die Nasen über strengen Körpergeruch, der von einigen Westlern ausgeht und vor dem sie sich ekeln. Sie selbst haben darunter kaum zu leiden. Außerdem beherrschen sie meisterhaft die Kunst, auch unter primitiven Bedingungen Körper und Kleidung sauber zu halten.

Die Familie – Solidargemeinschaft und Urzelle der chinesischen Gesellschaft

Über Jahrtausende hinweg hat es sich immer wieder gezeigt, dass die Familie als soziales Netz den stärksten Belastungen standhält. In Zeiten von Kriegen, Hungersnöten und Chaos war sie der einzige Hort, der ihren Mitgliedern Schutz und Unterstützung bot. Daran hat sich auch heute nichts geändert. Wer Hilfe braucht, versucht sie zuerst in der Familie zu finden. Nur ihr vertraut man, denn gewissermaßen sitzt man im selben Boot. Zu häufig wurde in China Sippenhaft geübt, sowohl in ferner als auch in jüngster Vergangenheit. Nur der Familie gegenüber fühlt man sich verpflichtet. Deshalb umgibt man sich im Privat- wie im Geschäftsleben oder auch in der Politik gern mit Familien- und Sippenmitgliedern oder anderen eng verbundenen Personen. Unternehmer setzen als Nachfolger lieber eigene Söhne oder Schwiegersöhne ein, selbst wenn diese weniger kompetent sind als fremde Mitarbeiter. Auch die Leitung einer Auslandsrepräsentanz vertraut man vorzugsweise einem Familienmitglied an.

Die großen Clans

Chinesische Familien sind groß, und das Zusammengehörigkeitsgefühl ist ausgeprägt. Hunderte, gar Tausende können zu einer Sippe gehören. Um den Überblick zu behalten, hat man einst die männlichen Nachkommen in Familienregister eingetragen. Mit dieser Tradition wurde längst gebrochen, und auch die uralten Register sind im Laufe der Zeit, spätestens in der Kulturrevolution, vernichtet worden. Nur noch bei den Kongs, der berühmtesten aller chinesischen Familien, hat sich der Brauch erhalten, die Generationen, die auf ihren Ahnherrn Konfuzius folgen, zu zählen.

In Shanghai erfuhr Yu-Chien von einer entfernten Cousine väterlicherseits, dass er in Hongkong zwei Cousinen mütterlicherseits besäße, die dem Su-Clan angehörten. Wo sie allerdings wohnten, wusste sie nicht. Yu-Chien kannte die beiden älteren Damen, die ihrerseits keine Schwestern, sondern Cousinen waren, noch nicht einmal vom Hörensagen. Die Ehemänner der beiden waren jedoch bekannte Persönlichkeiten im Kulturbereich, und so erwies es sich als ein Leichtes, nach unserer Ankunft in Hongkong mit ihnen Kontakt aufzunehmen. Auch sie hatten von Yu-Chien noch nie gehört, begaben sich aber gespannt auf die genealogische Forschungsreise, um herauszufinden, aus welchem Winkel welchen Clans dieser neue Verwandte stammte. Alsbald machten sie »die dicke Tante« aus, die Frau ihres Onkels väterlicherseits, die wiederum eine Cousine von Yu-Chiens Mutter war. Damit war der Fall klar und die Freude groß, und schon am nächsten Abend luden sie die beiden neuen Familienmitglieder aus dem fernen Deutschland zu einem großen Festessen ein, an dem auch die Ehemänner und Kinder sowie Schwiegertöchter und Schwiegersöhne teilnahmen. Man war sich sympathisch und blieb in Kontakt bis zum heutigen Tag.

Wenn Yu-Chien von seiner weit verzweigten Verwandtschaft erzählt, versinkt Petra jedes Mal in tiefes Grübeln. Wer nach deutschem Selbstverständnis längst nicht mehr zur Familie gehört, kann nach chinesischem Empfinden ein relativ enger Verwandter sein, denn natürlich zählt auch der angeheiratete Clan zur Familie. Häufig kommt es vor, dass Petra erst mit Papier und Bleistift den weiten Verflechtungen der Großfamilie auf die Spur kommt. Längst hat es Yu-Chien aufgegeben, seine Verwandten zu zählen, weil es immer wieder passiert, dass ganz unerwartet neue hinzukommen. Erst kürzlich klopfte ihm sein Freund George Shen fröhlich auf die Schulter und meinte, er hätte gerade herausgefunden, dass sie miteinander verwandt wären. George lebt seit Jahren in Kalifornien, aber seine Cousine in Shanghai wäre bei der Lektüre von Yu-Chiens autobiographischem Roman auf eine darin erwähnte Tante gestoßen, die doch tatsächlich eine entfernte Verwandte der Shens sei. Solche verwandtschaftlichen Beziehungen begreift man erst, wenn man sie anhand einer detaillierten Skizze verdeutlicht, und dann kann es passieren, dass manch ferne Verbindung plötzlich erstaunlich nah erscheint.

Verwandtschaftsbezeichnungen

Hat man endlich die Beziehung herausgefunden, in der man zueinander steht, muss häufig darüber beraten werden, wie man sich denn nun anspricht, denn jeder Verwandtschaftsgrad hat seine eigene Bezeichnung, wobei es immer auf den individuellen Blickwinkel ankommt. Sollte Yu-Chien jene alten Damen in Hongkong mit »zwanzigste« beziehungsweise »einundzwanzigste ältere Cousine mütterlicherseits« ansprechen? Es gibt in China nicht wie im Deutschen einfach nur Brüder und Schwestern, Großväter und Großmütter, Onkel und Tanten, Cousins und Cousinen, sondern nach Alter und Abstammung jüngere und ältere Verwandte mütterlicher- und väterlicherseits. Da man sich mit diesen Bezeichnungen auch anspricht, kann ein Außenstehender durch bloßes Zuhören herausfinden, in welcher Beziehung die Mitglieder einer versammelten Großfamilie zueinander stehen.

1981 kehrte Yu-Chien nach 13 Jahren Auslandsaufenthalt heim. Es war das erste Mal, dass Petra seine Familie besuchte. Als der Zug langsam in den Beijinger Hauptbahnhof einfuhr und die beiden aus dem Fenster schauten, spielte sich folgende Szene ab:

»*Der Bahnsteig ist schwarz von Menschen, die erwartungsvoll auf den einfahrenden Zug schauen. Einige laufen lachend und winkend nebenher, anscheinend haben sie schon ihre Leute entdeckt, die sie abholen wollen. (...) Ein junger Mann fällt mir auf. Wie ein Ball hüpft er in die Luft und schwenkt stürmisch seine Mütze. Er lacht und weint und schreit aus voller Kehle:* ›*Kleiner Onkel, kleiner Onkel!*‹ *Mir stockt der*

Atem. Der schaut in unsere Richtung. Der meint uns! Noch bevor ich etwas sagen kann, hat auch Yu-Chien ihn entdeckt, streckt beide Arme aus dem Fenster und ruft einen Namen, den ich so schnell nicht einordnen kann. Mit einem Mal kommt Bewegung in die blau, grau und schwarz gekleidete Gruppe, die den jungen Mann umgibt. Etwa zwanzig, dreißig Personen reißen ihre Arme in die Höhe und schreien: ›Yu-Chien! Yu-Chien! Seht doch! Da ist er! Da ist er!‹ Sie rennen los, laufen neben unserem Fenster her, rufen seinen Namen und greifen nach seinen Händen.
›Yu-Chien!‹
›Kleiner Bruder Yu-Chien!‹
›Großer Bruder Yu-Chien!‹
›Kleiner Onkel!‹
›Großer Onkel!‹
›Großer Schwager!‹
Du großer Gott! Mir wird ganz schwindelig. Wie war das noch? Großer Onkel, kleiner Onkel? Alle meinen sie doch ein und dieselbe Person.« (aus: Petra Häring-Kuan, Meine chinesische Familie, S. 81)

Allein durch die verschiedenen Bezeichnungen, mit denen nach Yu-Chien gerufen wurde, hätte Petra ableiten können, in welchem Verhältnis die Einzelnen zu ihm standen. Ein jüngerer Bruder ist der *Di Di, ein* älterer der *Ge Ge*. Eine jüngere Schwester ist die *Mei Mei*, eine ältere die *Jie Jie*. Gibt es mehrere Schwestern und Brüder, wird durchnummeriert. Dann ist die zweitjüngere Schwester die *Er Mei* und der drittältere Bruder der *San Ge*. Ein Onkel mütterlicherseits heißt *Xiao Jiu*, wenn er jünger ist als die Mutter, ist er älter, heißt er *Da Jiu*; stammt er aus der väterlichen Linie und ist jünger als der Vater, heißt er *Xiao Shu*, ist er älter, wird er *Da Bo* genannt. Natürlich unterscheidet man auch bei Cousins und Cousinen nach Alter, Abstammung und Rangfolge: ein *Er Biao Di* ist der zweite Cousin mütterlicherseits, der jünger ist als man selbst, ein *Tang Ge* ist dagegen ein älterer Cousin väterlicherseits.

Da eine Frau mit der Heirat ihre eigene Familie verlässt und fortan der des Mannes angehört, obwohl sie auch weiterhin ihren Mädchennamen trägt, gelten ihre Angehörigen als die »von außen Kommenden«. Die Kinder nennen deshalb die Großeltern mütterlicherseits »äußerer Opa«, *Wai Gong*, und »äußere Oma«, *Wai Po*, während es väterlicherseits *Ye Ye* und *Nai Nai* heißen muss.

Es gibt noch viele andere Bezeichnungen. Beim Leser mag der Eindruck entstehen, dass man mit all diesen Möglichkeiten zum Schluss überhaupt nicht mehr weiß, wen man wie ansprechen soll. Doch die Praxis zeigt, dass sich alles tatsächlich spielend regeln lässt.

Die Herkunft der Familie

> Herr Zhang kam in Tianjin zur Welt, genau wie sein Vater und Großvater. Die Ahnen stammten allerdings aus der Nähe von Kanton, aus einem Ort, wo sich einst auch der Familientempel befunden hat. Deshalb gilt Herr Zhang auch heute noch als Südchinese, obwohl er nie in Kanton war.

China hat ein patriarchalisches Familiensystem. Lernen sich Chinesen kennen, fragen sie gern nach ihrer Herkunft, womit jedoch nur die väterliche Linie gemeint ist, die auch im Pass angegeben wird. Stammt die Mutter beispielsweise aus dem südlichen Shanghai, der Vater aber aus Beijing, gilt das Kind selbstverständlich als Nordchinese.

Dem Ort, aus dem die Ahnen des Vaters stammen, fühlt man sich zugehörig, denn schließlich wachen diese über das Schicksal der Familie. Deshalb war es früher auch üblich, an bestimmten Tagen dorthin zurückzukehren, um Opfer darzubringen. Leider haben die wenigsten Ahnentempel die vielen politischen Umwälzungen unbeschadet überstanden.

Das konfuzianisch geprägte Familiensystem

In dem konfuzianisch geprägten Gesellschaftssystem war nicht das Individuum, sondern die Familie, *Jia*, die kleinste Einheit. Die Summe aller Familien bildete die Staatsfamilie, *Guo Jia*, das chinesische Wort für »Land«. Der weise Herrscher regierte die Staatsfamilie, indem er zunächst seine eigene Familie ordnete, was wiederum das Ordnen seiner selbst voraussetzte. In dem hierarchisch aufgebauten Gefüge herrschten die Ranghöheren über die Rangniedrigen: im Staate der Herrscher über seine Untertanen, in der Familie der Älteste über seine Nachkommen, der Mann über die Frau, der ältere Bruder über die jüngeren. Der ranghöheren Person musste Gehorsam geleistet und Respekt gezollt werden. Die Kinder standen den Eltern gegenüber in ewiger Dankesschuld und hatten ihnen zu dienen, sogar über deren Tod hinaus, indem sie ihren Seelen an bestimmten Tagen Opfergaben darbrachten und ihr Andenken in Ehren hielten. Die Kindesliebe, *Xiao*, war die höchste aller Tugenden. Ungehorsam kam einem Vergehen gleich. Wie alt ein Sohn auch sein mochte, er hatte sich den väterlichen Anordnungen mit Ehrfurcht zu beugen.

> *»Nach dem Essen sitzen wir um Schwiegerpapa versammelt und lauschen seinen Worten. Nach alter Tradition darf das Familienoberhaupt nicht unterbrochen werden ... Schwiegerpapa doziert mit erhobenem Zeigefinger über die Öffnungs- und Reformpolitik Deng Xiaopings, und die Kinderschar hört zu. Ich schaue in die Runde. Interessiert die anderen überhaupt, was er sagt? Der eine gähnt, der andere raucht, ein Cousin schlürft seinen Tee, ein anderer nickt ein und stürzt fast von seinem Hocker. Das Essen war wohl zu reichlich gewesen. Niemand unterbricht das Familienoberhaupt. Artig wie die Schulkinder schmoren wir auf unseren Plätzen. Selbst der sonst so aufmüpfige Weidong hält brav seinen Mund, bis auf ein gelegentliches ›Genau!‹ oder ›Stimmt!‹. Unglaublich! Konfuzianismus, wie er leibt und lebt, Revolution hin, Revolution her. Die Autorität der übergeordneten Person wird*

bedingungslos anerkannt.« (aus: Petra Häring-Kuan, Meine chinesische Familie, S. 136)

Wenn der Kaiser sprach, mussten die Beamten gehorchen, sprachen die Beamten, hatte das Volk zu kuschen. Wie im Staat, so in der Familie. Das konfuzianische Autoritätssystem führte dazu, dass nach oben gebuckelt und geschmeichelt wurde und nach unten getreten.

Starb der Vater, übernahm sein ältester Sohn den Vorsitz in der Familie, und alle anderen mussten sich ihm fügen. Die Kunst bestand darin, innerhalb dieses Systems trotzdem zu tun, was man wollte.

Der Anbruch moderner Zeiten hat das traditionelle Autoritätssystem kräftig durcheinander gebracht, und auch die Ein-Kind-Politik führte dazu, dass in vielen Familien der Vater heute auf verlorenem Posten steht, wenn es dem einzigen, von allen verhätschelten Sprössling so gefällt. Dennoch lässt sich im Vergleich zu deutschen Verhältnissen sagen, dass chinesische Eltern noch heute viel länger in das Leben ihrer erwachsenen Kinder bestimmend eingreifen. Andererseits schenken erwachsene Kinder ihren Eltern wesentlich mehr Aufmerksamkeit, Fürsorge und teilweise auch finanzielle Unterstützung, als es Deutsche in der Regel tun. Das ist auch der Grund, warum chinesische Eltern nicht unbedingt glücklich sind, wenn ihre Kinder ausländische Ehepartner wählen. Diesen wird unterstellt, weniger Familiensinn als die Chinesen zu haben.

Familiensinn und Vetternwirtschaft

Ein Chinese fühlt sich weniger der staatlichen Gemeinschaft verpflichtet als vielmehr seiner Familie. Sie genießt Vorrang. Die Familie als Urzelle der Gesellschaft ist noch immer intakt. Sie ist eine Art Sozialversicherung für Ausbildung, Krankheit, Arbeitslosigkeit und Alter.

> Yu-Chiens Schulausbildung und auch die seiner Geschwister war einstmals von seinem wohlhabenden Onkel finanziert worden. Nach Beginn der Öffnungspolitik schickten viele Familien ihre Kinder zum Studium ins Ausland. Nicht so die Kinder jenes längst verstorbenen Onkels. Ihnen fehlten die nötigen finanziellen Mittel und Verbindungen ins Ausland. Da war es für alle klar, dass der in Deutschland lebende Yu-Chien einzuspringen hatte. Und da dieser auch noch an der Universität Hamburg arbeitete, glaubten manche, er könne ihren Kindern so quasi »durch die Hintertür«, wie man im Chinesischen sagt, die ersehnten Studienplätze besorgen.

In der Familie sind gegenseitige Unterstützung und Hilfe eine Selbstverständlichkeit. Hat ein Sippenmitglied eine hohe Position inne, erwartet man von ihm, dass es auch seinen Verwandten einen einträglichen Posten verschafft oder sie zumindest dank seines Amtes Vorteile genießen lässt. In der chinesischen Geschichte hat dies häufig zu maßlosem Familienegoismus und zu Vetternwirtschaft geführt. Auch heute noch wundert man sich, wenn man erfährt, welche Positionen die Angehörigen hoher Politiker innehaben. Nicht umsonst sprach man schon zu Beginn der Wirtschaftsreformen von den »Hohe-Kader-Kindern«, die aufgrund ihrer Verbindungen die besten Geschäfte machten und als Erste Reichtümer anhäuften. Der Name der Familie ebnet alle Wege. Nur zu gern bindet man bei wirtschaftlichen Großprojekten Verwandte von hohen Politikern mit entsprechend lukrativer Beteiligung ein. Die enge Beziehung zur politischen Macht verspricht Insiderwissen und »kleine« Gefälligkeiten.

Traditionelle Großfamilie kontra moderne Kleinfamilie

Die traditionelle chinesische Familienordnung sah vor, dass der Sohn nach seiner Verheiratung bei den Eltern wohnen blieb und diese im Alter versorgte oder dass der überlebende Elternteil zur

Familie des Sohnes zog. Die Töchter zogen am Tag ihrer Hochzeit in die Familie des Ehemannes. Auf dem Land ist das System der Drei-Generationen-Großfamilie noch weitgehend intakt. In den Städten hingegen geht der Trend zur Kleinfamilie. Dazu haben nicht erst der Bau von kleinen Wohnungen, die Einführung der Ein-Kind-Politik und der wirtschaftliche Aufschwung geführt. Schon seit 1949 erlitt die traditionelle Familienordnung infolge der vielen politischen Kampagnen großen Schaden. Familien wurden auseinander gerissen, Elternteile auf Jahre verbannt oder eingesperrt, Jugendliche von ihren Eltern getrennt und zu körperlicher Arbeit aufs Land geschickt, von wo sie erst nach vielen Jahren zurückkehren durften. Auf dem Land waren es Kollektivierung und die Einrichtung von Volkskommunen, die die traditionelle Ordnung zeitweise auflösten. Dennoch hat sich dort, trotz Abwanderung junger Menschen in die Städte, die alte Form der Großfamilie wieder etabliert. Der Grund dafür ist die Rückkehr zur Landwirtschaft in Familienbetrieben, die Wiedereinführung von Pachtverhältnissen und die ländliche Industrialisierung. Während die selbstbewussten jungen Städter heute sagen, es sei nicht mehr zeitgemäß, mit den Eltern zusammenzuwohnen, bleibt der frisch verheiratete junge Bauer bei den Eltern wohnen. Häufig wird durch einen entsprechenden Anbau am Haus dem jungen Paar ein wenig Privatsphäre ermöglicht.

Auch in den Städten ist es noch nicht lange her, dass junge Paare von einer eigenen Wohnung nur träumen konnten. Der Wohnungsbau hatte mit dem Bevölkerungswachstum nicht Schritt gehalten. Jedes Paar war froh, wenn es bei den Eltern der Frau oder des Mannes ein Zimmer beziehen konnte. Heute drängt es die jungen Menschen nach Unabhängigkeit und in eine Eigentumswohnung, die möglichst schon pünktlich zur Hochzeit gekauft worden ist. Die Alten sehen es aber noch immer am liebsten, wenn sie bei den Kindern oder zumindest in deren Nähe wohnen, sich nützlich machen können und wenn nötig von ihnen betreut werden.

Die Situation der Frauen

Mann und Frau, eine harmonische Gemeinschaft

Dass Mann und Frau gleichwertig sind, müssen zumindest die alten Chinesen gewusst haben, denn sie schufen das Yin-Yang-Zeichen mit der hellen männlichen und der dunklen weiblichen Hälfte. Yin und Yang, die beiden polaren Urkräfte, sind mittels ihrer Wechselwirkung Schöpfer aller Dinge. Durch ihr harmonisches Zusammenwirken erhalten sie die kosmische Ordnung, ebenso bilden Mann und Frau als Ehepaar die Grundlage der irdischen Ordnung. So will es die Theorie. Die Praxis entwickelte sich ganz anders. Mit der Durchsetzung des Konfuzianismus etablierte sich ein streng patriarchalisches Familiensystem, in dem der Frau nur eine untergeordnete Rolle zukam. Innerhalb dieses Systems bedeuteten Töchter häufig nur eine Belastung. Jahrelang musste man sie durchfüttern, bis man sie endlich verheiraten und einen Brautpreis für sie kassieren konnte. Dann verließen sie das Haus, gehörten nicht länger zur Familie und waren für die Altersversorgung der Eltern wertlos. In Notzeiten, wenn es nicht genug zu essen gab, sahen sich manche Eltern gezwungen, ihre Töchter als Dienerinnen, Prostituierte oder Konkubinen zu verkaufen. Manch neugeborenes Mädchen wurde in solchen Zeiten auch einfach ausgesetzt, ertränkt oder verkauft. War das Überleben der Familie gesichert, konnten Töchter andererseits auch durchaus willkommen sein. Sie trugen zur Erweiterung des sozialen Netzes bei, wenn man sie günstig verheiratete und so eine Beziehung zu einer anderen Familie knüpfte.

Die traditionelle Rolle der Frau

> »*Konfuzius sprach: ›Mit Frauen sowie mit Untergebenen umzugehen ist schwierig. Ist man vertraut mit ihnen, so*

werden sie anmaßend. Hält man auf Distanz, dann sind sie unzufrieden.‹« (Lunyu 17.25, aus: Ralf Moritz, Konfuzius Gespräche, Stuttgart 1998)

Eine Frau hatte vor allem zu gehorchen, als Tochter dem Vater, als Ehefrau dem Ehemann und als Witwe dem erwachsenen Sohn. Ihre Pflicht war es, den Schwiegereltern zu dienen und der Familie Söhne zu gebären. Erst durch die Geburt eines Sohnes wurde eine Frau zum vollwertigen Mitglied der Familie ihres Mannes. Brachte sie nur Töchter zur Welt, was als ihre Schuld angesehen wurde, oder blieb sie gar kinderlos, legte man dem Ehemann nahe, sich eine Nebenfrau oder Konkubine zu nehmen, was allerdings nur wohlhabenderen Männern möglich war. Ärmere Familien hatten durch die Zahlung eines Brautpreises bereits ihre Reserven erschöpft. Keinen Sohn zu gebären bedeutete, die Pflicht als Ehefrau nicht erfüllt zu haben. In einem solchen Fall konnte ihr Wert unter den einer einfachen Dienstmagd sinken. Kinderlosigkeit war ein Grund, eine Ehefrau zu verstoßen und sie in ihre Familie zurückzuschicken, wo sie als zusätzlicher Esser meist nicht willkommen war. Häufig endete das Schicksal einer solchen Frau im Selbstmord. Weitere Gründe für eine Trennung waren Schwatzhaftigkeit, Krankheit oder mangelnde Dienstbeflissenheit gegenüber den Schwiegereltern. Eine Frau hingegen hatte kaum die Möglichkeit, sich von ihrem Mann zu trennen. Sie war finanziell von ihm abhängig, weil ihre Mitgift in seinen Besitz überging und sie selbst kein Anrecht auf das väterliche Erbe hatte.

Für eine Frau gab es nur die Rolle der Ehefrau, Schwiegertochter und Mutter. Entsprechend sahen die Erwartungen an ihre Wesenszüge aus. Sie sollte tugendhaft, bescheiden, fleißig, zurückhaltend, keusch und treu sein. Intellektuelle Fähigkeiten spielten keine Rolle, stattdessen sollte sie sticken, weben und andere Fertigkeiten haben, die im Haushalt wichtig waren. Auch Schönheit war nur von untergeordneter Bedeutung, sie wurde sogar von manchen Schwiegermüttern eher gefürchtet. Der Sohn sollte seinen Eltern ein Leben lang verpflichtet sein und für sie sorgen. Nichts war schlimmer als eine Ehefrau, die in ihrem Mann stürmische Gefühle weckte und ihn von sich abhängig machte und er dadurch seine Eltern vernachlässigte. Für sexuelle Bedürfnisse dienten Nebenfrauen und Konkubinen. In Streitfällen hatte der Ehemann immer zu seinen Eltern und nicht zu seiner Frau zu stehen.

Ehen wurden von Ehevermittlerinnen arrangiert. Der Meistbietende und Einflussreichste bekam den Zuschlag. Vor der Hochzeit kannte sich das Brautpaar meist nicht. Am Tag ihrer Verheiratung verließ die Braut ihre Familie und wurde verschleiert in einer Sänfte in das Haus des Mannes getragen. Wenn sie sich wehrte, fesselte man sie. Das Drama solcher zwangsweisen Verheiratung war ständiges Thema in der Literatur und ein häufiges Motiv für Selbstmord. Für die Hochzeitsnacht wurden die Brautleute ins Brautzimmer eingeschlossen. Erst dort durfte der Schleier gelüftet werden, und das Paar konnte sich zum ersten Mal sehen.

Mit ihrer Verheiratung war eine Frau vor allem eines: Dienerin der Schwiegereltern. Sie musste kochen, putzen, waschen, flicken, die Familie bedienen und viele Kinder gebären. Sie bekam erst dann etwas zu essen, wenn die anderen fertig waren. Sie unterstand weniger ihrem Mann als vielmehr der Kontrolle der Schwiegermutter, der sie absoluten Gehorsam zu leisten hatte. Damit begann für viele Frauen eine beispiellose Leidenszeit, die erst dann endete, wenn sie selbst Schwiegermütter wurden und ihren Zorn über erlittene Qualen nun ihrerseits an unschuldigen Mädchen auslassen konnten. Je jünger eine Braut war, desto besser vermochte die Schwiegermutter, sie in ihrem Sinne zu erziehen. Ein Mädchen galt im Alter von 14 Jahren als heiratsfähig. Vielfach wurde sie jedoch schon früher in die Familie ihres künftigen Mannes gebracht. Die »Kindbraut« war eine willkommene Arbeitskraft, die, da sie häufig älter war als der »Bräutigam«, diesen noch mit großziehen musste.

Nach dem Yin-Prinzip wirkte eine Frau im Inneren und war für Haushalt und Kinder zuständig. Der Mann als Yang-Prinzip wirkte als Ernährer im Äußeren und hielt die Verbindung zur Öffentlichkeit. Noch heute hört man ab und zu die altmodischen Begriffe *nei zi, nei ren*, »innerer Mensch«, für Ehefrau, und *wai ren*, »äußerer Mensch«, für Ehemann. Die Trennung zwischen innerem und äußerem Lebensbereich ließ sich nur in finanziell gut gestellten Kreisen durchsetzen. In den ärmeren Familien, und diese bildeten den Großteil der Bevölkerung, musste die Frau an der Seite ihres Mannes zum Lebensunterhalt beitragen, sei es auf den Feldern oder in kleinen Familienbetrieben. Damit stand sie unter einer doppelten Belastung, denn die Arbeit außerhalb ihres Hauses befreite sie nicht von ihren Pflichten als dienende Schwiegertochter und Mutter. Ihr Ansehen innerhalb der Familie richtete sich nach der Anzahl der Söhne, die sie geboren hatte, und ihrem Beitrag zum Familieneinkommen.

Neben diesem vorherrschenden Wunschbild der dienenden, sich stets unterordnenden Ehefrau gab es ein, wenn auch seltenes gegenläufiges Ideal. In manchen wohlhabenden Familien war es durchaus erwünscht, dass eine Frau literarisch gebildet war. So gab es im Laufe der chinesischen Geschichte auch immer wieder Dichterinnen und Schriftstellerinnen, unter ihnen die berühmte Li Qingzhao (1084–1151). Manche Frauen taten sich in Männerkleidung als kämpfende Heldinnen hervor, andere gelangten als Konkubinen oder Kurtisanen zu Macht und Unabhängigkeit, es gab Kaiserinnen sowie viele Märtyrerinnen. Und es hat auch immer Ehen gegeben, die nicht auf Zwang, sondern auf der Grundlage einer romantischen Liebe geschlossen wurden.

Die gebundenen Füße

Das grausamste Zeichen der Unterdrückung der Frauen war das Binden der Füße. Im 10. Jahrhundert soll Kaiser Li Yu der südlichen Tang-Dynastie eine Geliebte gehabt haben, eine Tänzerin, für die er eine goldene Lotosblüte anfertigen ließ, in deren Mitte sie tanzte. Ihre zierlichen Füße waren mit weißer Seide leicht bandagiert und sahen einem Halbmond ähnlich. Im Palast entstand so die Sitte, sich die Füße zu binden, um der begehrten Tänzerin nachzueifern. Kleine Füße wurden zum Schönheitsideal der Oberschicht. Man nannte sie Lotosblüten oder Lilienfüße. Auch ärmere Schichten passten sich an, um Töchter günstig verheiraten zu können. Jedes Paar gebundene Füße hat einen Eimer voll Tränen gekostet, heißt es. Spätestens mit sieben Jahren musste man mit dem Bandagieren beginnen und die Zehen nach innen, das heißt zur Fußsohle hin, drehen. Zwischen Ferse und Zehen durften nur zwei Fingerbreit Platz sein.

Gebundene Füße waren ein Symbol der Anmut und der guten Herkunft, große, unverkrüppelte Füße dagegen ein Zeichen für niedere Abstammung, denn die Bauern zögerten meist, ihren Töchtern die Füße zu binden, weil sie dann als Arbeitskraft auf dem Feld ausfielen. Mit gebundenen Füßen konnte man nur wenige Schritte laufen und kaum das Haus verlassen. Kündigte sich eine günstige Verheiratung an und waren kleine Füße erwünscht, brach man manchmal später noch die Zehen der Braut. 1902 wurde das Füßebinden zwar offiziell verboten, doch viele Familien hielten sich nicht daran. Erst ab 1920 setzte sich das Verbot durch.

Die Befreiung der Frauen

Mit der Modernisierungsbewegung zu Beginn des 20. Jahrhunderts wurde die Forderung nach Gleichstellung der Frau immer lauter. Schon zuvor hatte unter dem Einfluss aufklärerischer westlicher Ideen ein Wandel im traditionellen Denken eingesetzt. Aufgeschlossene Familien schickten ihre Töchter in die Mädchenschulen ausländischer Missionen, die es ihnen erstmals ermöglichten, in einem öffentlichen Rahmen eine Erziehung zu genießen. Die erste Schule war 1844 von Missionaren gegründet worden. Bisher hatten die Mädchen, wenn überhaupt, nur durch häuslichen Unterricht lesen und schreiben gelernt. Konservative Familien sahen in mangelnder Bildung einen Vorzug, waren sie doch davon überzeugt, dass intellektuelle Fähigkeiten der weiblichen Tugend nur schadeten. Eine der entschiedensten Kämpferinnen für die Rechte der Frauen war die Dichterin Qiu Jin (1875–1907). Sie warf den chinesischen Frauen vor, widerspruchslos die Sklavinnenrolle anzunehmen, und provozierte sie mit der Feststellung, die Frauen fühlten sich sogar geschmeichelt, wenn ihre Füße Lotosknospen glichen, und würden sie noch enger bandagieren.

Seit 1907 und verstärkt nach der Revolution von 1911, die zum Sturz des Kaiserhauses führte, wurden auch von chinesischen Institutionen Schulen für Mädchen errichtet, und junge Frauen konnten Hoch- und Fachschulen besuchen. Die Studentenbewegung von 1919, die sich gegen die Fesseln des konfuzianischen Gesellschaftssystems auflehnte, beschleunigte den Emanzipationsprozess der Frauen. Diese beteiligten sich nun am politischen Kampf, organisierten sich in politischen Gruppen sowie Parteien und kämpften für ihr Recht auf freie Partnerwahl, Scheidung, Bildung und Berufstätigkeit. Auch die zunehmende Industrialisierung trug zu ihrer Unabhängigkeit bei. Mädchen entzogen sich der Zwangsverheiratung, indem sie ihre Familien verließen und Arbeit in den Fabriken suchten. Selbst ein niedriger Lohn gab ihnen die Möglichkeit zu einem selbständigen Leben. So wurde der Lohn zu einer wirkungsvollen Waffe im Kampf um die Gleichberechtigung. Ein in den 30er Jahren nach europäischem Vorbild geschaffenes Familien- und Eherecht sorgte für die weitgehende Gleichstellung der Frau. Es wurde jedoch kaum propagiert und setzte sich nicht durch. Erst mit dem Sieg der Kommunisten 1949 wurde das Verbot von Polygamie, Konkubinat, Kinderverlobung und Zwangsverheiratung allgemein verbindlich und das Recht auf freie Partnerwahl sowie Scheidung manifestiert. 82 Prozent aller Scheidungsanträge wurden in den folgenden Jahren von Frauen gestellt. Durch breit angelegte Alphabetisierungskampagnen besonders in den ländlichen Gebieten ermöglichte man den Frauen den Zugang zu Bildung. Die Hälfte des Himmels gehöre den Frauen, hieß es unter Mao. Deshalb standen ihnen auch nahezu alle Berufe und Erwerbszweige offen, in Fabriken und in der Armee ebenso wie im Straßen- und Häuserbau. Die allgemeine Berufstätigkeit machte die Frauen finanziell unabhängig, sie führte aber auch zu starker Belastung, denn nach wie vor lag die Last des Haushalts und der Kinderversorgung vorwiegend auf ihren Schultern. Eine Bäuerin musste ihrem Mann und seiner Familie auch weiterhin das Frühstück und Abendessen bereiten, die Kinder füttern und die Tiere versorgen, auf den Feldern der Kommune arbeiten und abends dem Mann heißes Wasser für das Fußbad herrichten.

Die Situation der Frauen heute

> »Wie hat sich die Situation der Frauen in den letzten zwanzig Jahren verändert?«, fragte Petra. Die 37-jährige Lin dachte nicht lange nach: »Früher haben sich die Frauen zuerst verliebt, dann geheiratet und ein Kind bekommen. Mit dem Kind kam der Streit und schließlich die Scheidung. Heute machen wir das genau umgekehrt: Zuerst kommt das Kind, dann der Streit. Hat man sich genug gestritten, heiratet man und entdeckt, dass der Kerl gar nicht so schlecht ist, und schließlich verliebt man sich in ihn.«

Natürlich ist diese Feststellung übertrieben, und doch ist etwas Wahres dran. Zumindest ist die Lebenssituation der Frauen heute vielfältiger denn je. Erfolgreiche Frauen gibt es in allen Bereichen, sie gehören zu den Gewinnern der Wirtschaftsreformen, aber auch zu den Verlierern. Wenn die Wirtschaftslage in den Betrieben schlecht ist und Personal abgebaut wird, sind sie die Ersten, die entlassen werden. Bei zu hohen Gebühren in den Schulen sind es meist die Töchter, die die Schule verlassen und arbeiten gehen müssen, um mit ihrem Lohn die Familie zu unterstützen und etwas zum Schulgeld ihrer Brüder beizusteuern.

> »Frauen waren in China noch nie gleichberechtigt«, meint eine Shanghaier Journalistin, »früher nicht und auch heute nicht.«

Das konfuzianische Rollenverständnis lebt langsam wieder auf, ebenso wie alte Vorurteile. Frauen seien Männern doch schon von Natur aus unterlegen, meint der erfolgreiche und überaus charmante Top-Manager einer Fluggesellschaft. Er fühle sich unwohl, wenn Frauen als gleichberechtigte Verhandlungspartner mit ihm Geschäfte abschließen wollen. Frauen gehörten nicht ins raue Geschäftsleben, meint er. Seiner eigenen Frau hat er ein zweites Studium verordnet. Bis zum Abschluss ihrer Promotion ist sie hoffentlich schwanger und wenn nicht, wird er ihr eine Assistentenstelle an einer Universität besorgen. In ihrem Stadthaus gibt es nicht viel zu tun. Ein Dienstmädchen kümmert sich um alles, auch um die zwei Hunde.

Frauen bleiben heute wieder zu Hause, wenn sie es sich leisten können und der Beruf sie nicht ausfüllt. Viele von ihnen widmen sich intensiv der Erziehung ihres einzigen Kindes, manche verbringen ihre Nachmittage lieber beim Majiang-Spiel (Mah-Jongg), spekulieren von zu Hause aus mit Immobilien oder Aktien. Wer genug Geld hat, widmet sich dem Golfspiel, verbringt viel Zeit in den Schönheitssalons oder mit irgendwelchen Hobbys, während billiges Personal alle Hausarbeiten und die Betreuung der Kinder übernimmt. Andere haben es schwerer. Sie müssen neben ihrem Beruf auch noch allein das Kind versorgen, weil der Mann in einer anderen Stadt oder im Ausland arbeitet.

Prüderie

Die kleine Li war von ihren Eltern liebevoll umsorgt worden. Als sie heiratete, war sie nicht aufgeklärt. Sie fand es peinlich, wenn sie nachts mit ihrem Mann im Bett lag, und er sich ihr nähern wollte. Das war doch unanständig. Wie konnte er so etwas von ihr verlangen? Der kleinen Li gefiel die Ehe nicht. Schon bald ließ sie sich scheiden. Durch Zufall kam sie nach Deutschland. Dort lernte sie einen Deutschen kennen und heiratete ihn. Aber der war im Bett noch zudringlicher als ihr chinesischer Exmann. »Hätte ich das gewusst, wäre ich bei meinem ersten Mann geblieben.«

Sexualität und Liebe waren Themen, über die man jahrzehntelang nicht sprach. Schon in der alten, konfuzianisch geprägten Gesellschaft diente die strenge Erziehung der Unterdrückung menschlicher Begierden. Die Beziehung zwischen den Eheleuten war auf die Zeugung von Nachkommen und damit auf den Erhalt der Familie des Mannes ausgerichtet. Der Kommunismus ging noch weiter. Hatte es zuvor noch Nebenfrauen und Konkubinen gegeben, wurde nach 1949 mit ideologischem Druck ein puritanisches Moralverständnis durchgesetzt. Erst mit der Liberalisierung Ende der 70er Jahre setzte ein langsamer Wandel ein, der in den Neunzigern dann enorm an Dynamik gewann. Heute ist die Liebe das vorherrschende Thema in Literatur, Kunst und vor allem in den endlosen Seifenopern, die jeden Abend über Chinas Bildschirme flimmern. Es geht bunt zu in diesen Serien, die in allen Epochen der chinesischen Geschichte spielen und somit Polygamie, Konkubinat, vor- und außereheliche Beziehungen und Prostitution beinhalten können. Die Öffentlichkeit geht noch unterschiedlich frei mit diesen Themen um. Vor allem in den großen Städten, wo es inzwischen sogar Sexshops gibt, ist man relativ offen und zeigt auch gegenüber Homosexualität eine gewisse Toleranz. Auf dem Land ist man in dieser Hinsicht noch wesentlich konservativer.

Bao er nai – sich eine Nebenfrau halten

> »Ist es wahr, dass viele chinesische Männer eine Geliebte haben?«, fragte Petra die Verlagslektorin. »Das weiß ich nicht so genau«, erwiderte diese. »Ich kann dir nur sagen, dass einige meiner verheirateten Freundinnen einen Geliebten haben.«

Wenn ihre Männer auf Geschäftsreise in China unterwegs sind, können Ehefrauen nicht mehr ruhig schlafen, denn die Verlockungen, die sich den Herren bieten, sind vielfältig. Überall gibt es hübsche Mädchen, die es darauf anlegen, sich einen wohlhabenden Geschäftsmann zu angeln, egal, ob verheiratet oder nicht. Deshalb hört man häufig den Rat unter chinesischen Ehefrauen: Willst du deinen Mann halten, geh mit ihm ins Ausland! Dort gebe es längst nicht so viele Gelegenheiten.

Für viele erfolgreiche Chinesen gehört es heute zum guten Ton, sich mit einer Geliebten zu schmücken, möglichst mit einer, die »Kultur« hat, also gebildet ist und sogar einen Universitätsabschluss hat. Noch vor ein paar Jahren galt es als Privileg der taiwanesischen und Hongkonger Männer, neben ihrer Familie zu Hause eine weitere in China zu gründen. Es gab ganze Wohnsiedlungen, von denen man sagte, dass dort hauptsächlich Nebenfrauen wohnten. Doch inzwischen haben die einstmals auf Prüderie getrimmten Männer vom Festland aufgeholt, und der eine oder andere ist schnell diesem neuen Trend gefolgt. Selbst wer es nicht darauf anlegt, hat es schwer, den Verlockungen zu widerstehen, denn die Betreuung durch junge hübsche Begleiterinnen gehört zum Programm vieler Geschäftsbesuche, Konferenzen und Tagungen.

Für junge, hübsche Chinesinnen kann die Verbindung zu einem wohlhabenden Mann einen raschen sozialen Aufstieg bedeuten, vielleicht auch einen Karrieresprung. Die Geliebte eines Chefs wird schnell selbst zu einer Chefin. Viele Studentinnen, so heißt es, hätten heute nur noch ein Ziel, nämlich einen reichen Mann zu heiraten. Gehen sie zum Fremdsprachenkolleg, wollen sie sich einen Ausländer angeln, wählen sie eins der vielen wirtschaftsbezogenen Fächer, haben sie es auf einen Geschäftsmann abgesehen.

Die Frau kam aus Beijing. Hinter vorgehaltener Hand gaben es die Chinesinnen in Deutschland weiter: »Ihr erster Mann finanzierte ihr das Studium. Ihr zweiter Mann holte sie ins Ausland. Ihren dritten Mann heiratete sie aus Liebe. Aber«, hieß es dann schadenfroh, »der hat sie kürzlich wegen einer Jüngeren verlassen.«

Die Rückkehr der Prostitution

Die Prostitution gehörte zu den erklärten Übeln der alten Gesellschaft. Die Kommunisten betrachteten sie als ein Symbol bürgerlicher Dekadenz, weshalb sie nach der Revolution von 1949 innerhalb weniger Monate ausgemerzt wurde. Mit den Wirtschaftsreformen der 80er und 90er Jahre lebte sie jedoch wieder auf und ist heute allgegenwärtig. In manchen Städten scheint es inzwischen genauso viele Massage- und Frisiersalons zu geben wie Restaurants. In vielen dieser Salons werden ganz offen sexuelle Dienste angeboten. Man sieht die oft blutjungen Frauen im Eingangsbereich auf Kundschaft warten, herausgeputzt, als würden sie vom Hamburger Kiez kommen.

Die Prostitution stellt heute einen wichtigen Erwerbszweig dar, und obwohl sie noch immer offiziell verboten ist, drücken die Behörden ein Auge zu. Die meisten jungen Frauen kommen vom Land und haben häufig nur eine mangelhafte Schulbildung, weil ihre Eltern nicht allen Kindern den Schulbesuch finanzieren können. Mit der Prostitution einher geht die dramatische Zunahme von Geschlechtskrankheiten und Aids.

Der Kreis des Lebens

Partnerwahl

Ein chinesisches Sprichwort sagt: Heiratest du einen Hahn, folgst du einem Hahn, heiratest du einen Hund, folgst du einem Hund.

Ein anderes Sprichwort belegt die Bedeutung einer standesgemäßen Heirat: »*Tore und Fenster müssen einander entsprechen.*« Man heiratet nur unter sozial gleich gestellten Familien. Unter dem kaiserlichen System war die Größe der Tore, die in die Wohnhöfe der hohen Beamten führten, von deren Position abhängig. Je größer und prächtiger das Tor, desto höher die Position. Die Tochter eines Kanzlers wurde nicht mit einem Mann verheiratet, dessen Haus über ein kleineres Tor verfügte.

Nicht viel anders wäre es heute, ginge es noch immer nach dem Willen der Eltern. Nach wie vor heißt es vielerorts, dass die Heirat keine persönliche, sondern eine Familienangelegenheit sei. Schließlich habe man mit dem neuen Familienmitglied ein ganzes Leben lang zu tun, und deshalb kümmerten sich am besten die lebenserfahrenen Eltern um die Wahl eines passenden Partners.

> Der Geschäftsmann kam nach mehrjährigem Auslandsaufenthalt in seine wirtschaftlich aufstrebende Heimatstadt zurück. Er war im Ausland recht erfolgreich gewesen, in China jedoch auf Beziehungen angewiesen. Da traf es sich gut, dass der Bürgermeister anbot, ihm eine attraktive Schwiegertochter zu besorgen. Ob es sich dabei um seine eigene Tochter handelte, blieb anfangs noch unklar, schien aber gut möglich. Der Geschäftsmann war begeistert. Mit so einem Arrangement war die Zukunft weitgehend gesichert. Doch auch die andere Seite würde profitieren. Sein Sohn galt als eine viel versprechende

Partie. Er hatte in Deutschland studiert und war bereits ins Geschäftsleben eingestiegen. Sein Trumpf in der Tasche war sein deutscher Pass, mit dem er sich samt Ehefrau jederzeit im Ausland niederlassen konnte. Mit dem jungen Mann und dem Vater ließ sich in dem Ort einiges planen. Es bestanden verschiedene Kontakte zu deutschen Unternehmen. Mit behördlicher Unterstützung im Rücken würden sich mehrere Projekte realisieren lassen. Der Deal war fast perfekt, aber leider ohne den jungen Mann geplant. Als dieser davon erfuhr, heiratete er auf der Stelle die Tochter eines Professors, in die er sich unlängst verliebt hatte, die der Familie in geschäftlicher Hinsicht jedoch nichts bieten konnte. Seine Eltern waren empört und fühlten sich um ihre Zukunft betrogen. Für sie stand fest, dass es der lange Auslandsaufenthalt gewesen sein muss, der ihren Spross zu einem derart ungehorsamen Sohn werden ließ.

Noch heute werden auf dem Land viele Ehen arrangiert, sei es durch einen Ehevermittler oder direkt durch die Eltern. In den Städten suchen sich die jungen Leute lieber selbst einen Partner, doch wer nicht rechtzeitig zum Zuge kommt, kann sicher sein, dass sich Verwandte, Freunde und Kollegen als Vermittler anbieten. Man geht sehr offen mit diesem Thema um. Betrachten es in Deutschland viele Menschen als Gesichtsverlust, wenn sie noch immer keinen Partner gefunden haben, bittet man in China ganz offen um Hilfe. In manchen Betrieben werden für die heiratswilligen jungen Mitarbeiter eigens Tanzpartys veranstaltet. In Zeiten des Internets finden sich manche Paare auch über entsprechende Kontaktanzeigen im Netz. Männer, die im Ausland leben, gehen während eines Heimaturlaubs auf Brautschau. Ein passendes »Angebot« wird von Eltern und Bekannten dann schon vorbereitet.

Die Auswahlkriterien hinsichtlich eines idealen Partners haben sich in den letzten Jahrzehnten je nach politischer Lage immer wieder verändert. Gleich geblieben ist nur die Erwartung, dass der ideale Schwiegersohn *laoshi*, ehrlich, sein soll und die Schwiegertochter *xianhui*, tugendhaft. In den 50er Jahren war es wichtig, dass man sich begeistert zur Revolution bekannte, ganz gleich, welchen familiären Hintergrund man hatte. Während der Kulturrevolution heiratete man lieber in Arbeiter- und Bauernfamilien ein, weil man sich auf die Diktatur des Proletariats besann und die Verbindung mit einem Spross eines Kapitalisten oder Großgrundbesitzers nur eine Menge Ärger einbrachte. In den Siebzigern war die Parteimitgliedschaft ein wichtiges Kriterium. Mit zunehmender Liberalisierung durfte es auch ein selbständiger Unternehmer sein, auch wenn die meisten Eltern es als sicherer betrachteten, wenn der oder die Auserwählte für den Staat arbeitete. Mit dem wirtschaftlichen Aufschwung sollte sich diese Einstellung radikal ändern. Heute dürfen selbst Kapitalisten Mitglied der Kommunistischen Partei werden. Reichtum ist also kein Makel mehr, sondern ein Pluspunkt, der für manche zum entscheidenden Faktor geworden ist, denn oft zählt nur noch das Geld. Wer reich heiratet, erntet Bewunderung und Neid.

Ein Leben als Single?

Wer lebt schon gern allein? In Deutschland gibt es eine ganze Menge Leute, die ganz bewusst als Single leben. In China findet man solche Menschen »komisch«, *guai*, wie alle anderen auch, die von der Norm abweichen. Wer nicht heiraten will, gilt als merkwürdig. Ebenso Paare, die keinen Nachwuchs planen.

> Eine deutsche Wissenschaftlerin kam nach Beijing. Sie war Mitte dreißig und unverheiratet. Jedes Mal, wenn sie nach ihrer Familie gefragt wurde, und das kam oft vor, gab sie ihr Single-Dasein preis und erntete dafür nur ratloses Kopfschütteln. Manche fragten, ob man ihr einen Partner vermitteln sollte. Einmal log sie. Ja, sie wäre verheiratet. Und wie viele Kinder hast du? Sie wollte »eins« sagen, vertat sich aber. »Fünf«, sagte sie. Das fanden die anderen prima. Und seitdem gab sie sich immer als fünffache Mutter aus.

Die meisten Chinesen können das Alleinsein nur schwer ertragen. Dabei ist man in Chinas Städten wenn überhaupt nur in den eigenen vier Wänden allein. Wohin man auch geht, immer sind ganze Hundertschaften in dieselbe Richtung unterwegs. Höchstens spätabends oder frühmorgens ist es relativ ruhig auf den Straßen.

Aber selbst jene, die wirklich allein bleiben möchten, weil sie geschieden, verwitwet oder an einer Bindung einfach nicht interessiert sind, werden immer wieder von ihren Mitmenschen gefragt, ob man ihnen nicht eine »bessere Hälfte« besorgen soll.

Hochzeit – Die Jungen heiraten, die Alten feiern

Wichtiger als die standesamtliche Registrierung ist die offizielle Feier. Ein Paar gilt erst dann als verheiratet, wenn es vor aller Welt, vor der Familie, den Verwandten, Freunden und Kollegen seine Hochzeit kundgetan hat.

Die traditionelle Hochzeitsfarbe ist Rot, die Farbe der Freude. Doch gehört heute zu einer standesgemäßen Feier auch ein westliches weißes Brautkleid, obwohl Weiß eigentlich die traditionelle Farbe der Trauer ist. Eine Braut wechselt an ihrem Hochzeitstag mehrmals die Kleidung, trägt neben dem traditionellen roten Qipao noch ein oder zwei weitere festliche Kleider. Eine chinesische Hochzeitsfeier geht nie in gesetzter Atmosphäre vonstatten, sondern muss immer laut und mit viel Witz und Spaß gefeiert werden. Je mehr Trubel, desto glücklicher wird die Ehe. Neben reichlichem Blumenschmuck sind es viele traditionelle Symbole, die auf keiner Hochzeit fehlen dürfen, weil sie männlichen Nachwuchs herbeiwünschen. Besonders wichtig ist das rote doppelte Glückszeichen, das in allen Variationen dazugehört. Auch die Darstellungen von Phönix und Drachen gehören zum frisch vermählten Paar.

Das junge Paar hatte im Juni in der chinesischen Botschaft in London geheiratet. Im Juli wollte es in Paris seine Flitterwochen verbringen, doch daraus wurde nichts, denn seitens beider Elternpaare hagelte es Protest. Was sollten denn die anderen denken, wenn das einzige Kind der Familie ohne jede Festlichkeit heiratet, hieß es. Das sähe ja so aus, als könnten es sich die Familien nicht leisten, eine anständige Hochzeit auszurichten.

Die beiden jungen Leute hatten ihr Studium in Informatik abgeschlossen und bereits einen Job gefunden. In einem Monat sollte es losgehen. Zeit genug, um für zwei Wochen nach Shanghai zu kommen, meinten die Eltern. Also gehorchten sie, denn sie wollten ihre Eltern nicht enttäuschen, obwohl ihnen vor der Feier graute. Sie wussten, wie man heute in China heiratet.

Die Mutter des Bräutigams, eine erfolgreiche Geschäftsfrau, hatte alles arrangiert. Als Erstes ging es einen ganzen Tag lang zum Fototermin in eins der vielen auf Hochzeiten spezialisierten Fotostudios. Dort wurden die beiden wie Hollywood-Stars von Visagisten und Friseuren herausgeputzt und in prächtige westliche und chinesische Hochzeitsgewänder gesteckt, die dort zur Auswahl standen. Sie erkannten sich selbst kaum wieder. Vor immer neuem Hintergrund fotografierte man sie dann in den verschiedensten Posen. Von den Fotos würden stapelweise Abzüge gemacht werden: große, um sie gerahmt an die Wand zu hängen, kleine, um sie an Freunde und Verwandte zu verschenken. Einige sollten speziell bearbeitet werden, dass sie wie Ölgemälde wirkten.

Der eigentliche Hochzeitstag begann in aller Frühe. Neben einem Fotografen war auch ein Filmteam engagiert worden, das die Ereignisse des Tages mit Kommentaren und kleinen Interviews aufnehmen sollte. Später würden alle Teilnehmer eine Kopie zur Erinnerung bekommen. Zuerst filmte man die Braut, wie sie von einer Kosmetikerin geschminkt und frisiert wurde, dann den Bräutigam in seinem Elternhaus bei seinen Vorbereitungen. Verwandte und Freunde hatten sich eingefunden,

die mit ihm die letzten Stunden seines Junggesellendaseins verleben wollten. Danach ging es mit allen zusammen zum Elternhaus der Braut, doch ein fröhlicher Pulk von Nachbarn und Freunden versperrte den Zugang zum Haus. Erst nachdem genügend Witze gerissen und Süßigkeiten verteilt waren, durfte der Bräutigam eintreten. Inzwischen trug die Braut ihr weißes Hochzeitskleid und war bereit für Außenaufnahmen. Vor der Tür der elterlichen Wohnung und der samt Fahrer gemieteten, prächtig geschmückten Hochzeitslimousine wurden sie gefilmt und fotografiert, ebenso beim vergnüglichen Rundgang durchs Viertel, bei dem sie die Glückwünsche der Nachbarn entgegennahmen, und danach gab es noch die Aufführung eines Löwentanzes. Bis zum frühen Nachmittag dauerten die Aufnahmen, dann brachen sie zum Fünf-Sterne-Hotel auf, wo das Festessen stattfinden sollte. Die Braut trug nun ein eng anliegendes chinesisches Brautkleid im traditionellen Rot. Gegen sechzehn Uhr trafen die ersten Gäste ein, Verwandte und enge Freunde der beiden Familien, mit denen ein wenig geplaudert wurde. Eine Stunde später kamen die anderen Gäste. Insgesamt zählte die Hochzeitsgesellschaft 250 Personen, die an 25 Tischen à zehn Personen Platz nahmen. Das Brautpaar hatte viele von ihnen noch nie gesehen. Es waren Kollegen und Geschäftsfreunde der Eltern, auch ein paar Ärzte waren darunter, die den Vater des Bräutigams kürzlich von einer langen Krankheit geheilt hatten.
Zu den Klängen des Hochzeitsmarsches betrat das Brautpaar schließlich den festlich geschmückten Saal. Die Braut trug wieder ihr weißes Hochzeitskleid. Ein kleiner Junge und ein kleines Mädchen eilten vorneweg und streuten Blumen. Der eigens für diesen Abend engagierte Conférencier leitete mit viel Witz und Spaß durch die folgende Zeremonie. Das Paar trat neben ihn auf das Podium und verbeugte sich vor den Gästen. Dann wurden die Eltern nach vorn gebeten und allen Gästen vorgestellt. Der Vater des Bräutigams hielt eine kurze Begrüßungsrede. Zügig ging es weiter, indem auch die Trauzeugen aufgerufen wurden. Ihre einzige Aufgabe bei dieser ganzen Hochzeit bestand darin, den Gästen freundlich zuzuni-

cken. Schließlich folgte der ernste Teil der Veranstaltung: Das Paar tauschte die Ringe, goss gemeinsam Champagner in eine Gläserpyramide, schnitt auch gleich noch die mehrstöckige Hochzeitstorte an und nahm dann an dem Haupttisch Platz, an dem sonst nur unverheiratete junge Leute sitzen durften. Dann endlich begann das Essen. Zwischendurch hielten noch ein paar Verwandte und Freunde Reden und plauderten vergnügt »Geheimnisse« hinsichtlich der Liebesgeschichte des Hochzeitspaares aus. Die Braut verschwand derweil, um erneut ihr Kleid zu wechseln. Sie kehrte in einem eleganten rosafarbenen Ballkleid zurück, während der Bräutigam den ganzen Abend nur seinen dunklen Anzug trug.

Viel Alkohol floss zum Essen. Die Alten saßen zufrieden an ihren Tischen und feierten mit Spaß und Gelächter, während das Brautpaar von Tisch zu Tisch ging, um mit allen Gästen anzustoßen. Man wünschte ihm Glück und vor allem die baldige Geburt eines Sohnes. Gegen Ende der Feier, es ging auf einundzwanzig Uhr zu und die Braut trug jetzt ein silbrig schimmerndes, freches Abendkleid, zogen sich die Frischvermählten in die Hochzeitssuite zurück, die die Eltern für sie in dem Hotel reserviert hatten, und wo sie die erste Nacht ihres Ehelebens verbringen sollten. Sie waren allerdings nicht allein. Ein ganzer Pulk von jungen Leuten begleitete sie mit allerlei Spaß, derben Witzen und lustigen Tricks, um den »Vollzug« der Hochzeitsnacht zu verhindern. Bis das Paar endlich auch den letzten Spaßmacher hinausgeworfen hatte, verging noch einige Zeit. Zur Ruhe kamen die beiden auch in den nächsten Tagen nicht. Ständig schaute Besuch mit Geschenken vorbei, sie wurden zum Essen eingeladen oder luden selbst ein, mussten mit ihren Eltern Einkäufe tätigen, schließlich wollte man dem Paar noch einiges Praktisches mit auf den Weg geben. Nach zwei Wochen kehrten die beiden völlig erschöpft nach London zurück. Die junge Frau musste daraufhin für eine Woche das Bett hüten.

Wohlhabende Familien feierten früher drei Tage lang und gaben ein Vermögen dafür aus. Arme Familien stürzten sich häufig in Schulden, um mit der Ausrichtung einer angemessenen Hochzeit das Gesicht zu wahren. Mit den aufwendigen traditionellen Hochzeitsbräuchen war nach der Revolution von 1949 Schluss. Von nun an heiratete man schlicht. Das bedeutete, dass nach der Registrierung ein paar Süßigkeiten unter Freunden und Kollegen verteilt wurden und man höchstens mit den Eltern bescheiden essen ging. Doch nach drei Jahrzehnten proletarischen Lebensstils und zunehmendem Wohlstand erinnern sich die Menschen wieder an die alten Traditionen. Viele Eltern, die selbst im revolutionären Stil heiraten mussten, organisieren heute für ihre Kinder wahre Märchenhochzeiten. Dabei würden viele junge Paare lieber eine »Reisehochzeit« machen, wie sie in letzter Zeit im Trend liegen. Statt einer großen Feier geht man im engsten Familienkreis essen und hinterher auf Hochzeitsreise. Doch den meisten Eltern ist das nicht recht. Sie empfinden es als Gesichtsverlust, wenn keine Feier stattfindet. Und da junge Chinesen viel abhängiger von ihren Eltern sind als gleichaltrige Europäer, fügen sie sich ihrem Willen. Es sind jedoch nicht immer die Eltern, die auf pompösen Feiern bestehen, oft verlangt es auch der gesellschaftliche Status, vor allem bei Paaren, die bereits im Berufsleben stehen. Ihre Hochzeitsfeier gibt ihnen die Möglichkeit, ihre guten Beziehungen zu Geschäftsfreunden, Vorgesetzten und Kollegen zu festigen und auszubauen. Natürlich wird dann besonderer Wert auf die anspruchsvolle Gestaltung der Feier gelegt.

>»Ich kann erst im nächsten Jahr heiraten«, sagte die Dozentin. Dabei war die gemeinsame Wohnung längst gekauft, eingerichtet und auch bezogen. »Es ist einfach kein früherer Termin zu bekommen.«
>»Für die behördliche Registrierung?«
>»Nein! Die haben wir längst hinter uns. Ich meine den Termin für die Feier. An allen Glückstagen sind die guten Restaurants bereits ausgebucht.«

Zwischen der Registrierung und der Feier können ein paar Tage, aber auch ein, zwei Jahre liegen. Besonders an den Glückstagen, deren Daten durch Gleichklang mit entsprechenden anderen Worten Segen und Erfolg verheißen (siehe auch »Zahlensymbolik früher und heute«, S. 193), herrscht Hochbetrieb in allen für solche Feierlichkeiten geeigneten Hotels und Restaurants.

So aufwendig die Hochzeitsfeiern heute auch wieder sein können, sie enden in keinem finanziellen Fiasko. Die elegante Kleidung kann geliehen werden. Alle weiteren Kosten werden durch die Gäste getragen, denn es ist üblich, Geld zu schenken, mindestens so viel, wie das Essen pro Person kostet. Gute Freunde, und wer sich sonst noch großzügig zeigen will, schenken mindestens das Vier- bis Fünffache. Manch junger Mensch, der knapp bei Kasse ist, fürchtet die Einladung zur Hochzeit von Freunden und Kollegen. Andere, die schon viel Geld verschenkt haben, kassieren bei der eigenen Hochzeit kräftig ab.

Der Bräutigam hat für die Wohnungsausstattung zu sorgen, die Braut für den Hausrat. Damit offenbart sich, ob die Frau eine gute Partie gemacht hat. Im Laufe der vergangenen Jahrzehnte haben sich in dieser Hinsicht die Erwartungen stark verändert. In den 70er Jahren musste ein junger Mann bestimmte Möbelstücke wie Bett, Schrank, Tisch und Stuhl und natürlich ein Fahrrad vorweisen können, wenn er heiraten wollte. In den Achtzigern kamen elektrische Geräte hinzu, die so genannten *da jian*, die großen Stücke: Fernseher, Nähmaschine, Kühlschrank, Musikanlage und Waschmaschine. Heute muss es schon eine Wohnung sein. Es ist nicht üblich, zunächst zur Miete zu wohnen und jahrelang auf etwas Eigenes zu sparen. Meist greifen die Eltern den Kindern unter die Arme und steuern ihr Erspartes zum Kauf einer Wohnung bei. Den Rest leiht die Bank. Die Ansprüche sind gerade bei den jungen Damen in den letzten Jahren gewaltig gestiegen. Für viele ist es ihr erklärtes Ziel, sich reich zu verheiraten, ganz nach dem alten Spruch: Arm geboren ist nicht selbst verschuldet, arm verheiratet dagegen schon.

Scheidung

Chinesische Ehen verlaufen nicht glücklicher als ausländische, deshalb sind Scheidungen nichts Ungewöhnliches mehr, auch wenn sich viele Betroffene, vor allem auf dem Land, scheuen, einer zerrütteten Beziehung ein Ende zu setzen, weil dies neben wirtschaftlichen Nachteilen auch einen Prestigeverlust bedeuten kann.

Noch vor wenigen Jahren war eine Scheidung eine schwer wiegende Angelegenheit, in die sich alle einmischten, sowohl die Arbeitseinheit, die Nachbarschaft als auch die Verwandtschaft. Massiver Druck wurde auf die Ehepartner ausgeübt, denn eine Scheidung galt als Makel, der vor allem auch der weiteren Karriere schaden konnte. Die Schuldfrage spielte dabei eine entscheidende Rolle. Dem Scheidung fordernden Ehepartner wurden meist außereheliche Beziehungen unterstellt, was als klares Zeichen für Leichtsinn und Charakterschwäche galt. Heute ist eine Scheidung Privatsache, die keinen Einfluss mehr auf das gesellschaftliche Ansehen haben muss. Sie kann innerhalb kürzester Zeit mit einer Unterschrift besiegelt werden. Vorausgesetzt, die Partner sind sich einig. Komplizierter wird es bei Uneinigkeit oder wenn ein Partner der Scheidung nicht zustimmt. Dann kann sie nur gerichtlich und nach zeitlicher und räumlicher Trennung durchgesetzt werden. Schwierig ist die Frage, wem das Kind zugesprochen wird. Die Richter neigen dazu, es dem schwächeren, dem »verlassenen« Partner zu überlassen. Streiten sich die Eltern um das Kind, wird auch die finanzielle Seite bedacht, nämlich wer von beiden den Unterhalt und die Ausbildung garantieren kann. Zwar legt das Gericht die Höhe von Unterhaltszahlungen für das Kind fest, ebenso das Besuchsrecht, doch ob diese Zahlungen wirklich geleistet werden, darauf hat das Gericht keinen Einfluss. Diese müssen bei Unterbleibung eingeklagt werden.

Sie war Krankenschwester, er erfolgreicher Geschäftsmann. Sie war gegen die Trennung, er verlangte sie, denn er hatte bereits eine Geliebte. Das Gericht wollte ihr den Sohn zusprechen und legte eine entsprechende Summe fest, die der Vater monatlich als Unterhalt für den Jungen zahlen sollte. Doch der Mann wollte nicht nur die Scheidung, er wollte auch seinen Sohn. Da dieser eine teure Eliteschule besuchte und auch sonst immer nur das Beste bekam, drohte er seiner Frau: »Wer sagt dir denn, dass ich immer zahlen werde? Von deinem popeligen Krankenschwesterngehalt kannst du unseren Sohn doch gar nicht durchbringen.« Schon jetzt überstiegen die monatlichen Kosten an Schulgeld und Freizeitaktivitäten ihr bescheidenes Einkommen, und da sie wusste, dass ihr Mann ernst machen und sie mit der Einstellung der Zahlungen erpressen würde, ihr aber die finanziellen Mittel fehlten, um rechtlich gegen ihn vorzugehen, verzichtete sie schließlich schweren Herzens auf das Sorgerecht und überließ ihm den Sohn.

Alter

Seit jeher schätzte man in China das Alter, denn es versprach Würde und Ansehen. Das gilt eigentlich noch immer, nur kümmert es niemanden mehr. Im heutigen China zählen Vitalität und Erfolg. Wer in seinem Beruf aktiv ist, möchte jugendlich-dynamisch wirken, vor allem die Politiker, die sich die Haare schwarz färben, damit keiner merkt, dass sie das übliche Pensionsalter längst überschritten haben.

In China gilt man schon sehr früh als alt, denn das Pensionsalter liegt relativ niedrig. Frauen gehen mit 50 (Arbeiterinnen) oder 55 Jahren (Verwaltungspersonal, Angestellte) in Rente, Männer mit 60. Manche Leute schließen an ihre Pensionierung eine zweite Karriere an, indem sie sich selbständig machen oder in Privatfirmen arbeiten. Andere werden für ihre Kinder tätig, übernehmen das Einkaufen, Essenkochen oder die Kinderbetreuung. Chinesen lassen ihre kleinen Kinder nicht gern allein auf die Straße. Da ist es immer gut, wenn einer der Alten Zeit hat, das Kind zum Kindergarten oder zur Grundschule zu bringen, und es auch wieder abholt. Manchmal wird der Nachwuchs so geplant, dass die Geburt des Kindes mit der Pensionierung der Großmutter zusammenfällt. Gelegentlich kommt es auch vor, dass ein Kind ganz bei den Großeltern aufwächst, weil die Eltern beruflich zu viel zu tun haben oder im Ausland arbeiten.

Rüstige Rentner haben in China viel zu tun. Schon morgens gegen sechs streben viele in die Park- und Grünanlagen, um an den Fitnessgruppen teilzunehmen. Neben der Stärkung von Körper und Geist dienen diese Treffen dem Austausch von Informationen. Viele Senioren organisieren sich auch in Chören, in Tanz- und Sportgruppen, besuchen den Unterricht an speziellen Hochschulen oder schließen sich in religiösen Gruppen zusammen. Häufig verbindet sie noch ein enges Band mit ihrer ehemaligen Arbeitsstelle, die je nach finanzieller Lage für ihre früheren Mitarbeiter regelmäßige Veranstaltungen, Ausflüge und sogar Reisen ins Ausland organisiert.

Früher hieß es »Oldies first«. Die älteren Menschen genossen Vorrang und eine bevorzugte Behandlung. Doch auch das ändert sich langsam. Die Alten können dem rasanten Wandel kaum noch folgen. Mit der Anpassung an das moderne Leben sind sie meist überfordert. Sie scheuen die Hektik und die Gefahren, die heute auf den Straßen lauern, und überlassen der Jugend den Trubel in der Öffentlichkeit.

»Haben Sie Geschwister?«, fragte Petra den jungen Arbeiter in Shanghai. Er stammte vom Land aus der Nähe von Yangzhou, was nicht allzu weit entfernt von Shanghai liegt.
»Ich habe einen älteren Bruder und eine ältere Schwester.«
Obwohl alle drei Kinder nicht mehr bei den Eltern wohnten, erzählte er, dass nur die Schwester »aus der Familie gegangen« sei. Sie hatte geheiratet. Die Eltern bewirtschafteten ein großes Stück Land, doch das Geld, das sie verdienten, reichte nicht, um für ihr Alter vorzusorgen.

»Bekommen Ihre Eltern später mal eine Rente?«
»Aber nein, sie sind doch Bauern.«
»Was passiert, wenn sie alt werden?«
Er schaute Petra an, als hätte sie eine völlig überflüssige Frage gestellt. »Sie haben doch zwei Söhne.«

Laut Verfassung sind die Kinder zur Unterstützung ihrer Eltern verpflichtet. In den Städten ist dies kaum nötig. Wer in staatlichen Organisationen und Betrieben gearbeitet hat, bekommt je nach Dienstgrad eine mehr oder minder gute Rente, und da nahezu alle Männer und Frauen berufstätig waren, sind sie versorgt. Allerdings enden die Renten mit dem Tod, sodass der überlebende Ehepartner keine Ansprüche geltend machen kann. Wer in der Landwirtschaft gearbeitet hat, bekommt weder eine Rente, noch ist er krankenversichert. Früher gab es im Rahmen der kollektiven Bewirtschaftung so genannte Garantien, die den Alten ein Existenzminimum sicherten. Nach der Rückkehr zur Landwirtschaft in Familienbetrieben wird dieses nicht mehr überall gewährt. Die Bauern, die mit etwa 70 Prozent das Gros der Bevölkerung ausmachen, sind wieder auf ihre Kinder angewiesen. Es ist deren Aufgabe, die Eltern bei Krankheit, Arbeitsunfähigkeit und im Alter zu unterstützen. Das ist der Grund, warum die Ein-Kind-Politik auf dem Lande nie funktioniert hat. Nur etwa ein Prozent der ländlichen Bevölkerung hat nur ein Kind. Auf dem Sohn liegt die Hauptlast. Er stellt die Altersversicherung der Eltern dar. Hat man keinen Sohn, hat man auch keine Rente. Der Sohn ist zum Unterhalt der Eltern verpflichtet. Ob eine Tochter, die in eine andere Familie einheiratet, so freundlich ist und ihre Eltern unterstützt, bleibt ihr selbst überlassen. Sie ist nicht dazu verpflichtet. Kinderreichtum, zumal der an Söhnen, galt deshalb stets als Glück für ein Elternpaar.

Erst in einigen reicheren Küstenregionen wurde in Ansätzen ein bäuerliches Versorgungssystem geschaffen. Solange das Gros jedoch nicht zuverlässig versorgt ist, werden die Bauern auch weiterhin auf ihre traditionelle Alterssicherung, nämlich auf ihre Söhne, setzen müssen.

Die Liebe der Kinder zu den Eltern, die kindliche Pietät, galt als die hervorragendste konfuzianische Tugend. Der Klassiker der Kindesliebe aus dem 2. Jahrhundert v. Chr. blieb bis ins letzte Jahrhundert hinein ein Standardwerk für die sittliche Unterweisung des Nachwuchses. Danach hatten die Eltern moralischen Anspruch auf die Unterstützung durch ihre Kinder, denn schließlich hatten sie sie gezeugt und großgezogen. So galt es auch als Selbstverständlichkeit, bei den Kindern zu wohnen und sich von ihnen erhalten und pflegen zu lassen. Viele Chinesen können es sich auch heute nicht anders vorstellen, als im Alter an der Seite eines ihrer Kinder zu leben. Früher war es üblich, dass ein Sohn bei den alten Eltern blieb oder zumindest der überlebende Elternteil zur Familie des Sohnes zog. Das ist auch heute noch so. Das Gros der Alten lebt bei den Kindern, wenn auch nicht immer bei den Söhnen. Besonders in den gebildeteren Kreisen ist die Verbindung zur verheirateten Tochter enger als die zu einem verheirateten Sohn.

In den Städten werden sich die Alten in den kommenden Jahren auf weitere Veränderungen einstellen müssen. Die Ein-Kind-Politik hat zu einer Situation geführt, die allgemein das »1-2-4-Problem« genannt wird. Einem Einzelkind hängen zwei Eltern- und vier Großelternteile an. Dies wird spätestens bis zum Jahr 2050 dazu führen, dass etwa ein Viertel aller Chinesen über 65 Jahre alt ist. Auf die Kinder wird man sich dann nicht mehr verlassen können. Viele Alte werden in Altersheime ziehen müssen. Schon heute gibt es in den großen Städten und auch in landschaftlich reizvollen Gegenden Seniorenheime, und so mancher wohnt dort schon mal auf Probe.

Dass die Kinder ihre alten Eltern unterstützen, galt immer als Selbstverständlichkeit. Dennoch ist heute häufig zu beobachten, dass es die Eltern sind, die ihre erwachsenen Kinder unterstützen. Deren Ansprüche können inzwischen so hoch sein, dass sie sich nur mit elterlicher Hilfe realisieren lassen. Vielerorts heißt es inzwischen: »Die Eltern haben keine Söhne, die Enkel dafür Großväter.« Die Söhne verdienen nicht genug, um ihre Eltern zu unterstützen und für ihre Kinder Schulgeld und andere Ausbildungskosten zu zahlen, stattdessen springen die Großeltern ein.

So mancher junge Städter möchte sich heute auch nicht mehr die Hände schmutzig machen. Wenn es sich einrichten lässt, bleibt er lieber zu Hause und lebt auf Kosten der Eltern. Niedere Arbeiten bleiben den Bauern überlassen, die in die Städte strömen und sich um die schlecht bezahlten Jobs reißen.

Tod

Der traditionelle Bestattungsbrauch ist die Erdbestattung, der heute allgemein übliche die Einäscherung. Die Trauerfarbe ist Weiß gewesen. Früher trugen die Hinterbliebenen während der Trauerfeierlichkeiten Kleidung aus grobem weißem Stoff. Heute ist das auf dem Land noch immer üblich. In den Städten bevorzugt man inzwischen schlichte dunkle Kleidung mit schwarzem Trauerflor oder einer weißen Papierblume. Nach der Einäscherung wird die Urne in einem Grab beigesetzt oder in einem Mausoleum aufbewahrt. Haben es die Hinterbliebenen nicht anders verfügt, wird die Asche nach drei Jahren verstreut oder in Massengräbern beigesetzt. Man unterscheidet zwischen der strengen Trauerzeit von hundert Tagen, die Zeit, in der die Seele durch die Unterwelt ins Jenseits reist, und der dreijährigen Trauerzeit für den Haupthinterbliebenen, meist ist dies der älteste Sohn.

Nach konfuzianischer Sitte waren die Kinder dazu verpflichtet, den Eltern ein aufwendiges Begräbnis auszurichten, wollten sie nicht gegen das Gesetz der kindlichen Pietät verstoßen. Reichten ihre Mittel dazu nicht aus, musste sich der Sohn Geld leihen, was ihm manchmal die Existenzgrundlage nahm. Das war einer der Gründe, warum nach der Revolution von 1949 die kostspieligen Bestattungsrituale abgeschafft wurden. Nicht länger sollte wertvolles Ackerland für die Erdbestattungen, Holz für die Särge und Papier für Feueropfer verschwendet werden. Stattdessen wurde die Einäscherung angeordnet, und die Partei ging mit gutem Beispiel voran. Der einzige hohe politische Führer, der nicht verbrannt wurde, ist Mao Zedong.

In den Städten gelang es, die neuen Richtlinien durchzusetzen. Die Hinterbliebenen bekamen die Asche auf Wunsch ausgehändigt und konnten sie irgendwo am Stadtrand oder auf dem Land beisetzen. Häufig geschah dies in freier Natur. Es gab nur wenige Friedhöfe, und auch diese konnten irgendwann eingeebnet und bebaut werden. Auf dem Land ließ sich die Einäscherung weniger erfolgreich durchsetzen. Insgesamt trafen die revolutionären Bestimmungen im Volk auf wenig Gegenliebe, zu tief saß der Glaube, dass die Seelen der Verstorbenen über das Wohl der Familienmitglieder wachten, und so kam es in den letzten Jahren zu einer Wiederbelebung alter Traditionen. Heute pflegt man in vielen Regionen wieder die alten Rituale.

> Hoch im Nordosten Chinas: Die alte Frau war gestorben, ihr Sohn kehrte zwei Tage später aus den USA zurück.
> Eine Firma übernahm die Organisation der Bestattungsfeierlichkeiten. Freunde und Kollegen der Familie kamen, kondolierten und schenkten Geld in kleinen weißen Tüten, um sich an den Bestattungskosten zu beteiligen. Verwandte und Freunde hielten Reden. Der Sohn saß in der ersten Reihe und weinte bitterlich. An seiner dunklen Kleidung steckte eine weiße Papierblume. Auch die anderen Angehörigen hatten sich weiße Papierblumen angesteckt. Weiße Papiergebinde auf hohen Ständern schmückten den Raum. Ein großes Foto zeigte die Verstorbene in ihren besten Tagen. Es war mit einem schwarzen Trauerflor verziert. Zum Abschied verneigten sich die Trauernden jeweils dreimal vor dem Sarg.
> Als nach der Einäscherung die Urne schließlich beigesetzt wurde, gab man auch die Urne des verstorbenen Ehemannes mit ins Grab. Dieser war schon Ende der fünfziger Jahre gestorben, doch hatte man es damals nicht gewagt, ihn angemessen zu bestatten und deshalb seine Asche so lange zu Hause aufbewahrt.

In Zeiten der freien Marktwirtschaft wird auch in China der Tod zu einem guten Geschäft. Neue Friedhöfe werden angelegt – manche so schön wie Parkanlagen – und die Gräber für teures

Geld auf befristete Zeit gekauft. Wer nicht so viel Geld ausgeben kann oder will, kann sich in Tempelanlagen oder in eigens angelegten Gedenkhallen ein Fach mieten, wo die Urne aufbewahrt wird.

> Auf dem exklusiven Shanghaier Friedhof Fushouyuan herrschte Hochbetrieb. Wie immer zum Fest des klaren Lichts kamen die Angehörigen zu den Gräbern, um sie zu reinigen und ihrer Toten zu gedenken. Unter ihnen der junge Herr Chen mit seiner Mutter. Sie »putzten« das Grab seines Vaters, was eigentlich nicht nötig war, weil die Friedhofsverwaltung alle Gräber bestens in Ordnung hielt. Dann schmückten sie es mit zwei prächtigen Blumengebinden. Zum Abschluss steckte sich Herr Chen zwei Zigaretten an. Die eine rauchte er selbst, die andere legte er seinem Vater vor den Grabstein. Sein Vater war ein starker Raucher gewesen, und häufig hatten die beiden zusammen gesessen und geraucht. So sollte es auch jetzt sein. Der Vater würde die Zigarette im Jenseits genießen. Davon war sein Sohn überzeugt, und so stand er rauchend vor dem Grab und wartete, bis die Zigarette des Vaters bis zum Filter heruntergebrannt war.

Wer auf dem Shanghaier Fushouyuan seine letzte Ruhe gefunden hat, muss zu Lebzeiten etwas dargestellt, genügend Geld oder einen wohlhabenden Sohn besessen haben. Der Friedhof liegt etwa eine Stunde von Shanghai entfernt. Steinerne Skulpturen säumen den Weg dorthin, es geht durch ein reich verziertes Tor und über eine Brücke, dann durch ein weiteres prächtiges Tor, und schon sieht man die riesige Urnenpagode. Schöner ist jedoch die weitläufige Parkanlage mit den Gräbern von Politikern, hohen Kadern, Militärs und berühmten Intellektuellen. Von einigen wurden Skulpturen angefertigt, manche lebensgroß in einem Lehnstuhl sitzend auf einen Lotosteich blickend. Kleine Brücken führen über Bäche, hier und da ein Pavillon, ein Wasserfall und viel Bambus. Aus einem Lautsprecher erklingt gedämpfte Musik.

Einige der Verstorbenen waren Helden aus dem antijapanischen Widerstand, die später den Nationalisten um Chiang Kai-shek nach Taiwan folgten, die aber immer davon träumten, in der Heimat begraben zu werden. Ihre Angehörigen haben die Asche, oft nach vielen Jahren, hierher überführen lassen.

Rund um den Nachwuchs

Ein Junge ist ein Glück, ein Mädchen ein Segen für die Familie

Die Notwendigkeit, einen Sohn zu gebären, brachte in der Vergangenheit viel Leid über die Frauen, zumal ihnen die Schuld am falschen Geschlecht ihres Kindes gegeben wurde. In den Städten lockerten sich die strengen Erwartungen erst mit Anbruch der Modernisierungsbewegung zu Beginn des 20. Jahrhunderts. Eine entscheidende Wende vollzog sich mit der Einführung des Rentensystems für die städtische Bevölkerung. Seit die Eltern im Alter von ihren Kindern finanziell unabhängig sind, meinen viele, dass der wahre Segen einer Familie die Töchter sind, denn diese blieben den Eltern erfahrungsgemäß ein Leben lang emotional verbunden, während die Söhne nur auf ihre Frauen hörten und ihre alten Eltern vergäßen.

Auf dem Land ist es jedoch wie eh und je. Söhne bedeuten Arbeitskräfte, die zum Familieneinkommen beitragen und es durch Heirat sogar noch steigern können. Je mehr Söhne, desto höher das Einkommen. Söhne sicherten schon immer die Existenz der alten, arbeitsunfähigen Eltern. Bis heute sind sie die Altersversicherung der ländlichen Bevölkerung, denn auch über 50 Jahre nach der Revolution gibt es kein verlässliches soziales Netz. Je ärmer eine Bauernfamilie ist, desto notwendiger ist es, einen Sohn und keine Tochter zu gebären.

Wie tief das traditionelle Denken auch heute noch selbst in den Städten verwurzelt ist, beschreibt folgende Episode aus der nordostchinesischen Provinzhauptstadt Harbin:

> Die Großmutter war schon lange krank gewesen, doch plötzlich verschlechterte sich ihr Zustand so dramatisch, dass ihre Tochter sie ins Krankenhaus brachte und alle Verwandten umgehend alarmierte. Diese kamen sofort herbeigeeilt. Kaum hatte die

Großmutter ihren letzten Atemzug getan, fragte die Krankenschwester die trauernden Angehörigen: »Wo ist der Sohn?«
Die Tochter der Toten erwiderte: »Mein Bruder lebt in den USA. Er wird erst in zwei Tagen hier sein.«
»Wo ist der Enkel?«, fragte die Krankenschwester weiter.
»Es gibt keinen Enkel, nur eine Enkeltochter, die Tochter meines Bruders.«
Da wurde die Krankenschwester nervös. »Aber was sollen wir denn dann tun?«
Die Trauernden schauten sich ratlos an, denn nur der Sohn konnte entscheiden, wie die alte Frau bestattet werden sollte. Also mussten sie auf die Ankunft des Sohnes warten. Doch da ergriff die resolute Enkeltochter, die einen Tag zuvor aus Beijing eingetroffen war, das Wort: »Ich denke, ich werde die entsprechenden Vorbereitungen ganz im Sinne meines Vaters regeln können.« Ihre Verwandten nickten ihr erleichtert zu.
Die Krankenschwester hob resigniert die Schultern und verließ kopfschüttelnd das Zimmer.

Die Ein-Kind-Politik

Warnungen vor der Überbevölkerung gab es schon sehr früh. Dennoch setzte sich die traditionelle Denkweise immer wieder durch, die davon ausging, dass ein stetiges Bevölkerungswachstum Wohlstand bedeute. China sei außerdem groß genug und böte unbegrenzte Ressourcen. Um 1930 soll die Bevölkerung über 450 Millionen Menschen betragen haben. Schon damals und auch in den folgenden Jahren warnten Wissenschaftler vor drohenden Ernährungs- und Beschäftigungsproblemen. Nach der Revolution von 1949 waren es bereits um die 560 Millionen Menschen, doch erst nach der Hungerkatastrophe zu Beginn der 60er Jahre begann man von staatlicher Seite mit gezielter Familienplanung. Ende der 70er Jahre schätzte man die Bevölkerung auf weit mehr als 900 Millionen. Im Rahmen der neuen Reformen wurde daraufhin die Ein-Kind-Politik beschlossen, die ab

1979 mit teilweise rigorosen Maßnahmen durchgesetzt wurde. Vor allem auf dem Land stieß diese Politik auf massiven Widerstand, und man wusste mit verschiedenen Tricks und Bestechung das Gesetz zu umgehen, sodass die Regierung im Laufe der Zeit verschiedenste Ausnahmeregelungen zulassen musste. Ist heute das erstgeborene Kind einer Bauernfamilie ein Sohn, ist das Limit erreicht. Kommt ein zweites Kind zur Welt, muss sie Strafe zahlen. Ist das erste Kind ein Mädchen, darf ein zweites zur Welt gebracht werden. Wird durch Ultraschall festgestellt, dass es ein Mädchen ist, treiben viele ab und hoffen, dass mit dem nächsten Kind ein Junge kommt. Nur etwa ein Prozent der ländlichen Bevölkerung verfügt tatsächlich nur über ein Kind.

> Ein junger Zimmermann aus Fujian wusste schon nach dem ersten Kind, einer Tochter, dass sein Lohn nur für ein karges Leben reichen würde. Es gab wenig Arbeit im Dorf. Nach dem zweiten Kind, einem Sohn, sah die Situation nicht besser aus. Als das dritte Kind unterwegs war und sich herausstellte, dass es wieder ein Sohn war, lieh er sich Geld und bestach den staatlichen Kontrolleur. Doch mit dem dritten Kind spitzte sich die finanzielle Lage zu. Da legte die gesamte Sippe zusammen und ermöglichte ihm die Ausreise nach Deutschland, wo er Arbeit fand. Sie war zwar schlecht bezahlt, aber immerhin konnte er jeden Monat etwas Geld nach Hause schicken und damit die Familie unterstützen. Deshalb konnten seine drei Kinder auch die Schule besuchen. Besonders viel gelernt hätten sie jedoch nicht, bedauert der Mann. Seine Frau hätte keine Zeit gehabt, sie zum Lernen anzuhalten, und nun sind sie arbeitslos, denn Arbeit gibt es heute in dem Dorf noch weniger als früher. »Was soll nun werden?«, fragte Yu-Chien. Das wusste der Mann auch nicht. Sie müssten eben als Bauarbeiter in die Stadt gehen, genau wie die vielen anderen aus dem Dorf, die inzwischen arbeitslos geworden sind. Aber vielleicht schafft er es ja auch, sie zu sich nach Deutschland zu holen. Als billige Arbeitskräfte kämen sie allemal unter.

In den Städten hat sich die Ein-Kind-Politik weitgehend durchgesetzt. Es ist heute teuer geworden, ein Kind großzuziehen und ihm eine gute Ausbildung zu finanzieren, deshalb wünschen sich die städtischen Ehepaare nur selten mehr als ein Kind.

Moderne Ultraschalluntersuchungen machen ein frühes Erkennen des Geschlechts möglich, was dazu führte, dass vor allem in ländlichen Regionen Mädchen abgetrieben werden, die unerwünscht sind. Damit entstand ein Überhang an Jungen. Laut Statistik soll es bis 2020 etwa 40 Millionen mehr Männer als Frauen in China geben.

Ein Kind wird geboren

Die schier grenzenlosen Möglichkeiten bei der Wahl eines Vornamens stellen manche Eltern vor Probleme. Wochenlang wälzen sie dicke Lexika und Wörterbücher, bis sie endlich einen passenden Namen gefunden haben. Manche überlassen die Suche den Großeltern. Traditionell war es Sache des Großvaters väterlicherseits, die Namensgebung zu übernehmen (siehe auch »Die Wahl der Vornamen«, S. 90).

Manche Elternpaare lassen das Yijing oder ein anderes Orakel befragen, um etwas über das Schicksal des neuen Familienmitgliedes zu erfahren. Manche Wahrsager geben auch Empfehlungen, zu welcher Stunde das Kind kommen und die Geburt entsprechend eingeleitet werden sollte.

Hausgeburten sind heute selten und kommen nur noch in ländlichen Regionen vor.

Deutsche Mütter, die ihr Kind gebären und schon wenige Tage später sich selbst und das Baby allein versorgen, treffen bei Chinesen auf größte Bewunderung, aber auch auf Unverständnis. Chinesische Wöchnerinnen nehmen in den ersten Monaten gern die Hilfe ihrer Mütter oder anderer Vertrauenspersonen in Anspruch. Die alte Tradition des *zuo yuezi*, »den Monat absitzen«, ist noch immer lebendig. Die Frauen bleiben weitgehend von ihrer Umgebung abgeschirmt, allerdings nicht mehr wie früher in einem abgedunkelten Zimmer das Bett hütend und dabei warm verpackt, ganz gleich ob Sommer oder Winter. Sie werden gepflegt, weil der Körper nach der Schwangerschaft und der Geburt wie nach einer schweren Krankheit aus dem harmonischen Gleichgewicht geraten ist. In diesem Zustand ist er extrem geschwächt und anfällig für Krankheiten. Bestimmte Schweinefleisch- und Gemüsegerichte, Hühnerbrühe und Eier geben Kraft, wirken aufbauend und fördern den Milchfluss. Nach Ablauf von vier Wochen hat sich die junge Mutter weitgehend erholt und kann Besuch empfangen. Das Fest des so genannten »vollen Monat«, *manyue*, wird gefeiert, meist im kleinen Kreis von Verwandten und engsten Freunden. Wesentlich aufwendiger ist das Fest nach »einhundert Tagen«, das zu Ehren des kleinen Erdenbürgers mit Freunden und Verwandten gefeiert und an dem ihm ein langes Leben gewünscht wird.

Erziehung und Ausbildung – Chinesische Eltern haben es schwer und ihre Kinder ebenfalls

Eine gute Bildung verhieß in China immer die Chance auf eine berufliche Karriere und damit auf Ansehen und Wohlstand. Schon in der Han-Dynastie (206 v. bis 220 n. Chr.) paukten junge Männer konfuzianische Texte, um an den staatlichen Prüfungen teilzunehmen und sich für ein Amt in der kaiserlichen Verwaltung zu qualifizieren. Auch heute pauken junge Chinesen für die alles entscheidende Prüfung: die Aufnahmeprüfung zur Universität.

> Qi sui kan dao lao – Ist ein Kind sieben Jahre alt, lässt sich die Entwicklung bis ins Alter voraussehen.

Die wohl glücklichste Zeit in einem chinesischen Kinderleben sind die ersten drei Lebensjahre. Kleine Kinder »verstehen noch nichts von den Dingen«, *bu dong shi*, und daher kann man sie für Fehler auch nicht zur Verantwortung ziehen. Diese kleinen

Wesen gilt es nach Kräften zu versorgen, das heißt, sie gut zu ernähren, zu kleiden und zu beschützen. Ihr Leben ist keinem festen Zeitplan unterworfen, es sei denn, sie werden in die Obhut von Kindermädchen oder Krippen gegeben.

Chinesische Kinder stehen in einem wesentlich engeren Körperkontakt zu ihren Bezugspersonen als westliche Kinder und erfahren so von klein auf ein Gefühl schützender Sicherheit und allseitiger Geborgenheit. Kinderwagen sind ein seltener Anblick und auch wenig praktisch auf den belebten und oft holprigen chinesischen Bürgersteigen. Kinder werden so lange herumgetragen, bis sie laufen können. Ein Sich-in-den-Schlaf-Weinen ist für chinesische Eltern unvorstellbar. Unruhige Kinder wiegt man in den Armen, klopft ihnen sanft und beruhigend auf den Rücken oder trägt sie so lange herum, bis sie eingeschlafen sind. Babysitting ist nahezu unbekannt, stattdessen nimmt man die Kleinen überall mit hin, es sei denn man hat zu Hause ein Kindermädchen. Im Alter von zwei Jahren setzen erste Erziehungsmaßnahmen ein, doch bleiben die Eltern in der Regel äußerst nachsichtig, sehr im Gegensatz zu der strikten Disziplin, die sie ihren Kindern später abverlangen.

Mit drei Jahren geht es in den Kindergarten. Damit beginnt das große Lernen, denn wie die Alten schon sagten, wenn ein Kind sieben ist, kann man in etwa abschätzen, welche Talente und Veranlagungen es hat und in welche Richtung es sich entwickeln wird. Deshalb müssen die Kinder so früh wie möglich gefördert werden, und das beginnt spätestens im Kindergarten, wo sie singen, tanzen, rechnen und schreiben sowie nebenbei vielleicht noch ein Instrument spielen lernen. Bei manchen geht es schon früher los. In den großen Städten gibt es Babygruppen, in denen die Kleinen schon wenige Monate nach ihrer Geburt gefördert werden.

Ganz unglücklich sind manche chinesischen Eltern in Deutschland, weil ihre Kinder im Kindergarten angeblich nur spielen und zu wenig lernen würden. Die so wichtigen Jahre zwischen drei und sieben werden einfach vergeudet, heißt es.

Mit sechs Jahren werden die Kinder eingeschult, und damit beginnt auch der disziplinarische Druck, den die Eltern fortan auf ihre Kinder ausüben, denn nun wird Leistung erwartet. Aggressives Verhalten wird nicht geduldet, auch nicht anderen Kindern gegenüber, um Konflikte mit deren Eltern zu vermeiden. Die Skala der abverlangten Tugenden umfasst bescheidenes Auftreten, gute Manieren, Freundlichkeit, Gehorsam, Disziplin und Unterordnung. Weniger Wert wird auf Kreativität, Selbständigkeit, Selbstbewusstsein und Durchsetzungsvermögen gelegt. Im Vergleich zu europäischen Kindern und Jugendlichen erscheinen chinesische gehorsamer und verantwortungsbewusster. Sie wissen sich besser zu benehmen und lösen Streitfälle eher verbal als durch körperliche Gewalt. Dafür verläuft ihr Reifungsprozess langsamer. 15-jährige Chinesen wirken in der Regel noch sehr unselbständig und kindlich, während ihre Altersgenossen in Europa häufig schon wie Erwachsene auftreten.

Das Schulsystem orientiert sich weitgehend am amerikanischen. Es sieht sechs Jahre Grundschule und sechs Jahre Mittelschule bei ganztägigem Unterricht vor. Die Unterrichtssprache ist Hochchinesisch. Die Mittelschulen gliedern sich in eine dreijährige Unterstufe und eine dreijährige Oberstufe. Der erfolgreiche Abschluss der Oberstufe entspricht dem Abitur und berechtigt zur Teilnahme an den nationalen Hochschulaufnahmeprüfungen.

> Die Deutschen leben für die Arbeit, die Franzosen für die Liebe und die Italiener für den Gesang.

Wer hat solche Sprüche nicht schon gehört? Wollte man die Chinesen in eine solche Aufzählung einbinden, könnte es heißen: Die Chinesen leben für die nächste Generation. Sie sind bereit, alles, was sie haben, in die Ausbildung ihrer Kinder zu investieren.

> Mutter und Vater waren in der Kulturrevolution groß geworden und arbeiteten in einer Fabrik. Für die Mutter gab es nur eins: Ihre beiden Töchter sollten erreichen, was ihr selbst durch die politischen Unruhen verwehrt geblieben war – ein Universitätsstudium und damit die Chance auf sozialen Aufstieg und ein besseres Leben. Die Schulen in dem Vorort, in dem sie lebten, galten als nur mittelmäßig. Deshalb meldete sie ihre Mädchen offiziell bei den Großeltern in der Innenstadt an, wo es bessere Schulen gab, zu deren Besuch sie durch den Umzug berechtigt waren. Von nun an pendelte die Mutter zwischen Fabrik und Innenstadt, der Vater sah seine Kinder nur am Sonntag.
> Was die beiden Mädchen in der Schule lernten, wurde abends von den Großeltern und der Mutter noch einmal abgefragt. Selbstverständlich wurden auch die Hausaufgaben überwacht und manches noch mit etwas Nachhilfe vertieft. Jeden Tag und all die Jahre hindurch ging das so. Die Mädchen waren intelligent und sehr willig, die Mutter streng, aber liebevoll, und da es den Mitschülern ähnlich ging, fanden sie diesen Drill ganz normal. Ohne jede Schwierigkeit absolvierten sie Grund- und Mittelschule, danach eine technische Hochschule, und schließlich ging die Jüngere noch zu einem Informatikstudium ins Ausland, das sie selbstverständlich in kürzester Zeit und mit bestem Ergebnis abschloss, während die Ältere bereits als Architektin arbeitete. Doch nach vier Jahren meinte die Mutter, dass auch die Ältere ein Aufbaustudium im Ausland machen sollte, denn der akademische Titel einer ausländischen Universität wäre wichtig für ihre weitere Karriere. Dazu hatte die Tochter wenig Lust, denn sie war verliebt und dachte eher ans Heiraten. Doch die Mutter setzte sich durch. Drei Jahre müsste der Mann schon mal warten können, sagte sie, und die Tochter gehorchte.

Chinesische Schüler werden auf ein einziges Ziel hin getrimmt, nämlich die Aufnahmeprüfung für ein Universitätsstudium. Alles dafür Wichtige wird im Laufe der Schulzeit gepaukt, alles scheinbar Unwichtige findet wenig Beachtung. Aktive mündliche Mitarbeit am Unterricht ist nicht notwendig, denn entscheidend sind immer nur die schriftlichen Tests. Deshalb verhalten sich chinesische Schüler auch eher passiv und hinterfragen kaum vorgegebene Lehrinhalte. Widerspruch ist unerwünscht. Dem Lehrer gebührt Respekt. Er wird als Vorbild verstanden, nicht nur in fachlicher, sondern auch in persönlicher Hinsicht. Früher wie heute gleicht das Verhältnis von Lehrendem und Lernendem dem von Meister und Schüler. Abgesehen von den gewalttätigen Auswüchsen der Kulturrevolution, bei denen Schüler ihre Lehrer körperlich angriffen, bereiten einem Lehrer in China Disziplin und Motivation seiner Schüler weniger Schwierigkeiten als seinem Kollegen in Deutschland. Ihre Rollen sind festgeschrieben: Der Schüler ahmt nach und zieht die Antworten des Lehrers nicht in Zweifel.

Die traditionelle Art des Lernens war die des sturen Auswendiglernens. Dem lag die Überzeugung zugrunde, dass der Schüler einen vorgegebenen Schatz von Inhalten und Erfahrungen verinnerlichen muss, ehe er sie selbständig und frei anzuwenden vermochte. Kunststudenten ließ man zunächst immer streng nach dem Vorbild alter Meister malen. Hatten sie sich schließlich als gute, getreue Kopisten erwiesen und beherrschten die verlangten Techniken, war es ihnen erlaubt, ihren eigenen Stil zu entwickeln. Es ging beim Lernen weniger um das analytische Durchdringen, als vielmehr um ein intuitives Erspüren. Man sollte so tief in die fremde Materie eintauchen, bis das Wissen darüber Teil des eigenen Ichs würde, aus dem heraus es dann neu und schöpferisch zu wirken begänne.

Heute sucht man nach neuen Wegen. Dennoch beklagen viele Eltern das häufig noch immer praktizierte sture Auswendiglernen. Der Druck auf Schüler und Eltern ist immens. Zu viel hängt von den Prüfungen ab, und zu hoch sind die Schulgebühren.

Sie war als Schülerin während der Kulturrevolution aufs Land geschickt worden. Dort hatte sie in einem landwirtschaftlichen Betrieb gearbeitet und später geheiratet. Erst nach zwanzig Jahren kehrte sie nach Shanghai zurück. Eine Ausbildung hatte sie zwar nie machen können, doch war sie geschäftstüchtig und brachte es mit Immobilienspekulation zu bescheidenem Reichtum. Lan, ihre Tochter, ist vierzehn Jahre alt und sehr talentiert. Deshalb schickte die Mutter sie auf eine teure Eliteschule. Leider hat die Tochter ein ausgeprägtes Interesse an Literatur und verbringt jede freie Minute mit einem Buch in der Hand, es sei denn, sie schreibt Gedichte oder Kurzgeschichten. Die Eltern versuchen mit allen Mitteln, den Lesekonsum und die Schreibversuche der Tochter zu unterbinden. Sie soll Mathematik und andere Naturwissenschaften üben, mit denen es bei ihr hapert. Sollte sie die Schule nicht mit Bestnoten abschließen, könnte es sein, dass sie an der Aufnahmeprüfung zur Eliteuniversität scheitert. Lan liest und schreibt jetzt heimlich, wird aber häufig erwischt und bestraft, wofür sie ihre Eltern hasst. Mit der Mutter spricht sie kaum noch ein Wort. Nur zu ihrer Tante hat sie noch Vertrauen, denn die ist sehr angetan von ihren Schreibversuchen und unterstützt sie.

Im alten China blieb die Erziehung der eigenen Initiative überlassen. Kinder lernten zu Hause bei Hauslehrern oder in privat finanzierten Klassen, die sich häufig in lokalen Tempelanlagen befanden. Mädchen wurden, wenn überhaupt, nur zu Hause unterrichtet. Bei dem Unterricht ging es um die Vermittlung von Lese- und Schreibfertigkeiten. Waren diese vermittelt, wandten sich die Jungen dem Studium konfuzianischer Texte zu. Damit wurde das Ziel ins Auge gefasst, an den staatlichen Beamtenprüfungen teilzunehmen. Doch das Studium zur Vorbereitung auf diese Prüfungen war zeitraubend und meist nur für wohlhabende Familien finanzierbar, denn es war nötig, sich von guten Lehrern unterweisen zu lassen. Der Anreiz allerdings war groß. Denn das erfolgreiche Bestehen der mehrstufigen kaiserlichen

Staatsprüfungen ermöglichte den Aufstieg in höchste Positionen der Beamtenhierarchie und bot damit die Aussicht auf Macht, Wohlstand und Ansehen. Das langjährige Studium der konfuzianischen Schriften brachte vorzüglich gebildete Literaten hervor, die sich geschliffen ausdrücken konnten und es verstanden, zu jedem literarischen Thema einen Aufsatz oder ein Gedicht zu schreiben. Dagegen verfügten sie über keinerlei technische oder naturwissenschaftliche Sachkenntnis. Der Erhalt der Gesellschaft basierte auf hoch entwickelten moralischen Werten. Davon war man so lange überzeugt, bis die waffentechnisch überlegenen europäischen Mächte in China eindrangen und das Land in verschiedene Einflusszonen aufteilten. Erst da erkannte man die Schwächen und Unzulänglichkeiten des eigenen Bildungssystems. Nun wurde hastig begonnen, die Defizite auf diesem Gebiet aufzuholen. Studenten wurden ins Ausland gesandt, Schulen für Fremdsprachen, Waffentechnik, Maschinenbau und ähnliche technische Fächer wurden gegründet. 1905 erfolgte die Abschaffung des staatlichen Prüfungssystems und damit das endgültige Aus für die traditionelle Bildung. Auch die Ausländer betätigten sich auf dem Bildungssektor. Missionsschulen, auch für Mädchen, wurden eröffnet. Besonders die Amerikaner erkannten, wie wichtig für China neue Ausbildungseinrichtungen waren. Entschädigungen, die die chinesische Regierung nach dem Boxeraufstand von 1900 an die USA zahlen musste, wurden auf Druck der Amerikaner als Stipendien an chinesische Studenten für ein Studium in Amerika genutzt. Auch waren es Amerikaner, die einige der noch heute bedeutendsten chinesischen Universitäten gründeten. Sie übten mit dieser Politik einen erheblichen Einfluss auf die chinesische Jugend aus, der bis heute spürbar ist.

Nach 1949 erfolgte die Verstaatlichung der Bildungseinrichtungen. Die schulische Erziehung lag nun ganz in staatlichen Händen. Erst in den 90er Jahren wurden wieder Privatschulen zugelassen. Die Lerninhalte ähneln heute den europäischen, allerdings lernen chinesische Kinder wesentlich mehr über die Geschichte und Kultur anderer Völker, als es an den doch sehr auf Europa und Nordamerika blickenden deutschen Schulen der Fall ist.

Es besteht allgemeine Schulpflicht, und jedem chinesischen Kind sollte der Schulbesuch möglich sein. Doch die Marktwirtschaft hat inzwischen auch den Bildungssektor erreicht, und so erheben Kindergärten, Grund- und Mittelschulen unterschiedlich hohe Gebühren, die gerade für die ländliche Bevölkerung häufig unerschwinglich sind. Es kann als eine Ironie der Geschichte betrachtet werden, dass es nach über 50 Jahren kommunistischer Revolution heute wieder private Stiftungen geben muss, die bedürftigen Kindern eine Schulbildung ermöglichen. Ohne deren Hilfe bliebe sie ihnen versagt.

> Gegen Ende der achtziger Jahre nahm Frau Yan eine Stelle an einer amerikanischen Universität an und bezog ein entsprechend hohes Gehalt. Ihre Schwester, die als Mittelschullehrerin in Shanghai nur einen Hungerlohn bekam, beneidete sie und wäre am liebsten gleich mit in die USA gegangen. Heute ist es umgekehrt. Yans Schwester verdient hervorragend als Leiterin einer Privatschule. Dagegen nimmt sich das amerikanische Gehalt von Frau Yan als Hungerlohn aus.

Mit zunehmender Kommerzialisierung des Erziehungssystems sind in den letzten Jahren viele neue Bildungseinrichtungen entstanden, die von ihrer Ausstattung deutsche Schulen in den Schatten stellen. Es gibt Schwerpunkt- und Eliteschulen, die auf ein besonders hohes Niveau setzen und deren Besuch entsprechend teuer ist. Von dem Elitekindergarten geht es in die Elitegrundschule. Nur wer die gründliche Ausbildung im Kindergarten genossen hat, schafft den Sprung in die Elitegrundschule und von dort in die Elitemittelschule, und nur wer die höhere Elitemittelschule absolviert hat, schafft die Prüfung in eine der führenden Universitäten des Landes. Manche Eltern schicken ihre Kinder auch in bekannte ausländische Bildungsstätten nach England, Kanada oder der Schweiz. Das Geschäft mit der Bildung boomt, und chinesische Familien sind infolge der Ein-Kind-Politik nur allzu bereit, ihrem Sprössling das Beste an Bildung zukommen zu lassen, auch wenn es die letzten Reserven der Familie verschlingt. Nicht nur auf dem Gebiet der Kindererziehung gibt es inzwischen eine große Vielfalt an Schulen, sondern auch auf dem der Erwachsenenbildung. Es gibt berufsbildende Fach- und Hochschulen, Abendhochschulen, Fernlehrgänge und etliche an Wochenenden stattfindende Fortbildungskurse.

Der wichtigste Schritt in einem Schülerdasein ist die erfolgreiche Aufnahme in die Universität. Ist dieser Schritt geschafft, fällt der Druck von der gesamten Familie ab. Bis der Sohn oder die Tochter die Universität absolviert hat, kann man etwas Luft holen. Danach beginnt der Stress mit der Suche nach einem passenden Arbeitsplatz. Die Zeit, als der Staat noch die Arbeitsplätze verteilte, ist vorbei. Manchen erscheinen heute die früheren Zustände fast schon paradiesisch. Noch bevor man den Abschluss der Universität in der Tasche hatte, konnte man beantragen, wo und auf welchem Gebiet man arbeiten wollte. Die staatlichen Organe versuchten ihr Bestes, die jungen Leute entsprechend unterzubringen. Ein Arbeitsplatz war jedem sicher, das war der Vorteil. Der Nachteil war, dass man keine freie Wahl hatte, sondern nehmen musste, was man bekam. Hatte ein Fremdsprachenstudent einmal von einer diplomatischen Laufbahn geträumt, durfte er sich nicht wundern, wenn er plötzlich Dolmetscher in einem Stahlkombinat wurde. Heute müssen sich die jungen Menschen selbst kümmern. Je berühmter eine Hochschule oder Berufsfachschule ist, desto günstiger gestalten sich die Karrierechancen für deren Absolventen. Doch anders als früher ist den jungen Leuten der ergatterte Arbeitsplatz nicht mehr sicher. Die »eiserne Reisschale«, Beschäftigung auf Lebenszeit, hat ausgedient. Privatfirmen schließen nur noch befristete Verträge ab. Nur wer sich bewährt, wird weiter beschäftigt.

> Mehrere junge Architekten waren bei dem Shanghaier Bauunternehmen beschäftigt. Sie waren durchweg frisch von der Universität eingestellt worden und arbeiteten dort für etwa zweihundert Euro Monatsgehalt. Sie begannen morgens um halb neun ihren Dienst und arbeiteten häufig bis spät in die

Nacht. Wenn es besonders dringende Projekte zu erledigen gab, gingen sie gar nicht erst nach Hause, sondern arbeiteten durch. Überstunden wurden am Ende der Jahres abgerechnet und bezahlt. Hörte jemand vorher auf, war es sein Pech. Gab es ruhigere Phasen, sah es der Chef, der selbst noch keine dreißig Jahre alt war, gar nicht gern, wenn seine Mitarbeiter »Däumchen drehend« herumsaßen. Dann fürchtete so mancher um seinen Job.

Vielen gilt ein Studium im Ausland als zusätzlicher Pluspunkt. Ein ausländisches Examen hebt einen von Mitbewerbern ab, die nur in China studiert haben. Doch wird auch hier langsam ein Wandel spürbar, weil sich die Bedingungen im chinesischen Hochschulbereich immens verändert haben und sich allmählich herumspricht, dass man an ausländischen Universitäten nicht unbedingt besser studieren kann. Ein entscheidender Vorteil am Auslandsaufenthalt ist die Selbständigkeit, die junge Chinesen häufig zum ersten Mal in ihrem Leben erfahren, denn solange sie in China bleiben, werden sie von ihren Eltern gegängelt und behütet.

Von *Qi*, *Yin* und *Yang* und *Wu Xing*, den fünf Wandlungsphasen

Schon zu Beginn der chinesischen Zivilisation gelangten die Menschen zu der Überzeugung, dass das Universum ein lebendiger Organismus sei. Sie beobachteten die Bewegungen der Gestirne, den Wechsel von Tag und Nacht, von Licht und Schatten, den Kreislauf der Jahreszeiten, und sie waren sich sicher: Alle Dinge dieser Welt, die man sehen und erfahren konnte, mussten in irgendeiner Weise zusammenhängen und aufeinander einwirken. Aus ihren Beobachtungen zogen sie Schlüsse, die die Grundlage für Denksysteme wie die Yin-Yang-Theorie und die Lehre von den fünf Wandlungsphasen bildeten.

Das dynamische Element des Ganzen ist das Qi, eine Energie, von der die Chinesen glauben, dass sie alle Dinge dieser Welt durchströme. Der Begriff des Qi hat eine so vielfältige Bedeutung, dass er sich nicht zufrieden stellend ins Deutsche übersetzen lässt. Mit Qi kann Atem gemeint sein, Lebensenergie, aber auch Ausstrahlung, Atmosphäre oder Dunst. Qi strömt, dehnt sich aus und treibt an. Qi beherrscht alles Leben auf dieser Welt. Es erfüllt Pflanzen, Tiere, Menschen, Wasser, Feuer, Erde und Steine. Alles ist von Qi durchdrungen. Das Qi hält die Dinge im Fluss. Ohne Qi gibt es kein Leben. Der Mensch lebt inmitten von Qi und ist zugleich erfüllt von ihm. Das Qi bewegt sich auf Leitbahnen durch den Körper des Menschen, eine Erkenntnis, die schon in vorchristlichen Jahrhunderten die Akupunktur hervorgebracht hat. Auf ähnlichen Überlegungen basiert *Fengshui*, die chinesische Geomantie, die von der Qi-durchströmten Umwelt ausgeht.

Aus dem Höchsten, dem *Dao*, ergibt sich das große Eine, das sich in die zwei Pole Yin und Yang teilt, die Dualität aller Dinge und Strukturen.

Die Ur-Elemente Yin und Yang sind zwei polare Kräfte, die einander bedingen, voneinander abhängig sind und nur zusammen ein Ganzes bilden. Alle Dinge lassen sich in Yin und

Yang teilen. Yin repräsentiert das weibliche, dunkle und passive Element; Yang das männliche, helle und aktive. Die Wechselbeziehung zwischen den Polaritäten bildet die Grundlage des chinesischen philosophischen Denkens.

Was immer man betrachtet, und sei es jedes noch so kleine Detail, hat immer zwei Seiten. Yin bezeichnet die schattige und Yang die sonnige Seite eines Hügels. Wie in einem ständigen Wechsel entsteht das eine aus dem anderen. Auf den Sonnenaufgang folgt der Mittag, auf den Sonnenuntergang die Mitternacht, und ein neuer Tag beginnt. Wenn der Höhepunkt des einen erreicht ist, ist der Wechsel ins Gegenteil unvermeidbar. Nur das Gleichgewicht zwischen beiden Kräften erzeugt Harmonie. Yin und Yang stehen als Paar für die Polarität in der Gesamtheit. Yin und Yang gehören zusammen wie Mond (Yin) und Sonne (Yang), Erde und Himmel, Frau und Mann, Wasser und Feuer, Kälte und Hitze, Ruhe und Bewegung, innen und außen, schwarz und weiß, empfangen und zeugen. Für die chinesische Medizin ist dieses Prinzip von entscheidender Bedeutung, denn auch der menschliche Körper bildet eine Einheit aus Yin und Yang, deren Ungleichgewicht zu Krankheiten führt. Bei einem Übermaß an Yang ist zu viel Hitze im Körper, wodurch Störungen wie Entzündungen entstehen können, bei einem Übermaß an Yin ist zu viel Kälte im Körper, in deren Folge Stagnation entsteht.

Durch die Wahrnehmung der Gesetzmäßigkeiten in der Natur entwickelten die frühen Denker neben Qi, Yin und Yang noch das Prinzip der *Wu Xing*, der »fünf Wandlungsphasen«, auch fünf Elemente genannt, die wiederum die zehntausend Dinge hervorbringen. Wie schon bei dem Begriff des Qi lässt sich auch *Xing* nur schwer übersetzen. *Xing* kann für Phase, Element oder Prozess stehen. Das System der fünf Wandlungsphasen wird durch die Elemente Wasser, Holz, Feuer, Erde und Metall symbolisiert. Es erklärt die Veränderungen in unserer Welt, den unermüdlichen Kreislauf des Entstehens, gegenseitigen Bändigens und Überwindens. Nichts ist statisch, alles ist in stetem Wandel begriffen. Wasser lässt Bäume und Holz entstehen. Das Holz verbrennt, nährt das Feuer und wird zu Erde. In der Erde lagert Metall, und zwischen den Metallschichten sammelt sich Wasser, aus dem wieder die Pflanzen, nämlich Bäume und Holz entstehen. Alle Phänomene der Natur lassen sich mit ihrer gegenseitigen Wechselwirkung den fünf Elementen zuordnen. Das Wasser repräsentiert den Norden und den Winter, das Holz den Osten und den Frühling, das Feuer den Süden und den Sommer, die Erde die Mitte und den Spätsommer, das Metall den Westen und den Herbst. Jedem Element misst man spezielle Eigenschaften, Funktionen und Qualitäten zu, beispielsweise dem Wasser das Befeuchten, das nach unten Strebende und Salzige, dem Holz das Biegsame, sich Aufrichtende und Saure. Auch auf den Menschen, seinen Körper, seine Stimmungen und Vorlieben lassen sich die fünf Wandlungsphasen übertragen. Beispielsweise gehören zum Wasser die Organe Niere und Blase, zum Feuer Herz und Dünndarm. Jene Menschen, die dem Element Wasser zugeordnet werden, neigen zu Erkrankungen von Niere und Blase, sie empfinden leicht Angst oder Furcht und bevorzugen dunkle Kleidung. Anders der Feuer-Typ, der zu Herzkrankheiten neigt, sich am liebsten rot kleidet und vor Freude über die Stränge schlägt. Für die chinesische Medizin bietet die Lehre von den fünf Wandlungsphasen interessante Möglichkeiten der Analyse und Therapie.

Die traditionelle chinesische Medizin

Die Alten haben es immer gewusst: Der weise Arzt behandelt einen Menschen nicht erst, wenn er krank, sondern während er noch gesund ist.

> Wir saßen zu fünft zusammen, als einer von uns, ein vierzigjähriger Fondsmanager, sagte, er hätte noch einen Termin bei seinem Kräuterarzt und müsse nun gehen. Der Arzt sei schon weit über achtzig Jahre alt und einer der besten von ganz Shanghai. Sofort wollten sich die drei anderen Chinesen ihm anschließen. »Ihr seid doch gar nicht krank«, rief Petra verwundert. »Na und?«, fragten sie zurück.

> Der Mann praktizierte zu Hause. Schon vor der Wohnungstür warteten Patienten, ebenso im Flur der Wohnung und im geräumigen Wohnzimmer. Dort, an seinem Schreibtisch saß der alte Herr und führte gerade ein Gespräch mit einem Patienten. Dass die Wartenden zuhören konnten, störte weder Patient noch Arzt. Diskretion ist bei einem solchen Andrang nicht zu wahren, und aus den Krankenhäusern ist man auch nichts anderes gewöhnt.
> Zuerst war der Fondsmanager dran. Er war schon seit Wochen in Behandlung, nachdem er infolge von beruflichem Stress einen völligen Zusammenbruch erlitten hatte. Die Kräutertherapie schlug gut an. Alle fünf Tage besprach er mit dem Arzt die Wirkung der Kräuterrezeptur und das weitere Vorgehen. »Was haben Sie für Beschwerden?«, fragte der Arzt Petra, und begann unverzüglich mit der Pulsdiagnose. »Keine«, meinte sie, und nach eingehender Prüfung konnte er das bestätigen, gab aber dennoch ein paar Ernährungstipps. Nach Petra kam jemand dran, der sich ebenfalls für gesund hielt. Doch der Arzt entdeckte eine Schwäche im Leberfunktionskreis, und nachdem er gezielt diverse Symptome aufgezählt hatte, nickte der Betreffende. Ja, das sei ihm auch schon aufgefallen. Er hätte sich aber nichts dabei gedacht. Auch bei den beiden letzten unseres Grüppchens wurde der Arzt fündig. Jeder bekam ein Rezept, das wir in einer Apotheke einlösen konnten.

Niemand wundert sich in China, wenn auch ein Gesunder zu Untersuchungen geht. Die ausgefeilten Diagnosemethoden der chinesischen Medizin ermöglichen es, schon sehr früh Disharmonien und Störungen im Körper festzustellen und so den möglichen Ausbruch einer Krankheit zu erkennen, lange bevor sie sich manifestiert hat und für die Schulmedizin erkennbar ist. Allein die Methode der Pulsdiagnose, die an beiden Handgelenken und an jeweils drei Taststellen vorgenommen wird und über 50 Pulsarten unterscheidet, gibt dem erfahrenen Mediziner Hinweise darauf, in welchem Zustand sich die inneren Organe befinden und wie es um die Gesamtkonstitution des Betreffenden bestellt ist. Für die Diagnose sind neben den körperlichen und organischen Symptomen auch Gefühlsregungen, Vorlieben und andere Lebensäußerungen von Bedeutung. Deshalb reagieren Chinesen grundsätzlich sehr viel schneller auf die leisesten Anzeichen einer Erkrankung, als es bei den Menschen im Westen üblich ist. Veränderungen in der körperlichen Befindlichkeit werden wesentlich genauer beobachtet und mit stärkenden oder ausgleichenden Mitteln behandelt.

Grundlage der chinesischen Medizin ist das Konzept von dem Universum, in welchem Himmel, Erde und Mensch als Teile eines Ganzen in Wechselbeziehung zueinander stehen und nicht isoliert betrachtet werden dürfen. Das Qi, das im Universum zirkuliert, durchströmt auch den Menschen, und genau wie die Erde und der Himmel eine Einheit aus Yin und Yang bilden, lässt sich der menschliche Körper bis ins kleinste Detail den polaren Kräften zuordnen. Auch das Prinzip der »fünf Wandlungsphasen«, die alle Dinge dieser Welt hervorbringen, finden im Körper ihre Entsprechung. Der Mensch muss in Harmonie mit den Naturgesetzen leben und auf die Ausgewogenheit von Yin und Yang sowie den Ausgleich der fünf Wandlungsphasen achten, nur dann bleibt er gesund. Widersetzt er sich, wird er krank. So bringen es schon die Mütter ihren Kindern bei: Wenn zum Jahresende die Kälte naht, muss sich der Mensch mit entsprechender Kleidung und wärmenden Speisen darauf einstellen, um ein Übermaß an Kälte in seinem Körper zu verhindern. Naht die Sommerhitze, muss er ihr mit kühlenden Maßnahmen entgegentreten, um ein Übermaß an Hitze zu verhindern.

Das Qi durchströmt den menschlichen Körper, indem es in den Gefäßen und auf den Leitbahnen, den Meridianen, zirkuliert. Das gesamte Konzept der Akupunktur und Akupressur basiert auf dieser Erkenntnis. Ist das Qi nicht im richtigen Fluss, ist es zu schwach oder zu stark, stagniert es oder staut es sich oder zieht es sich aus Bereichen zurück, dann muss stimuliert, sediert oder aufgelöst werden, um Krankheiten entgegenzuwirken. Krank machende Faktoren können auch von außen in Form von Kälte, Hitze oder Feuchtigkeit eindringen. Dies führt zu einem Ungleichgewicht von Yin und Yang. Zu viel Yang verursacht

Hitze, zu viel Yin Kälte. Phänomene aus der Natur wie Hitze und Kälte, Wind, Feuer, Nässe, Feuchtigkeit und Trockenheit, finden als krank machende Faktoren bei der Beschreibung von Krankheitsbildern ihre Entsprechung.

Die chinesische Medizin geht von einer ganzheitlichen Betrachtungsweise aus. Mit Halsschmerzen geht man nicht zum Hals-Nasen-Ohren-Arzt, mit Schmerzen im Bewegungsapparat nicht zum Orthopäden, mit Beschwerden im Urogenitaltrakt nicht zum Urologen. Der traditionelle Arzt sieht die Beschwerden immer im Zusammenhang mit dem gesamten System.

Nach der Lehre der fünf Wandlungsphasen steht jedes Organ in Beziehung und Wechselwirkung zu den anderen und wird deshalb nicht unabhängig betrachtet. Die Lehre besagt, dass sich die Organe in mehreren Wirkungskreisläufen gegenseitig beeinflussen und einander Schaden zufügen können. Eine kranke Niere kann schädigend auf das Herz wirken, ein krankes Herz wirkt auf die Lunge, diese auf die Leber und so weiter. Der traditionelle Arzt wird Herzbeschwerden immer im Zusammenhang mit den Funktionen von Niere, Lunge und Leber sehen, ebenso die Beschwerden anderer Organe in ähnlicher Weise.

Wo Schwäche besteht, kann der Mensch erkranken. Dass die Stärkung der Abwehrkräfte wichtig ist, hat man in China schon früh erkannt und deshalb vielfältige Methoden der Prophylaxe entwickelt. In ihrem ganzheitlichen Denken versuchen die Chinesen das Maß der Mitte zu finden, niemals den Körper zu überfordern und extremen Situationen auszusetzen. Interessanterweise war den chinesischen Heilkundigen schon in vorchristlicher Zeit der Einfluss psychischer und emotionaler Phänomene bewusst. Das Übermaß an Gefühlen zählte damals wie heute zu den krank machenden Faktoren. Man unterschied zwischen sieben typischen Gefühlen und ihrer Wirkung auf bestimmte Organe. So sind Zorn, Frustration und Wut Emotionen, die vor allem der Leber schaden, ebenso wie Trauer und Sorge die Lunge treffen.

Die traditionelle chinesische Medizin hat eine schriftlich belegte Geschichte von mehr als 2000 Jahren. Schon in den ältesten Originaltexten, die man in Grabanlagen aus vorchristlichen

Jahrhunderten fand, wurde eine Vielfalt von damals gängigen Heilverfahren genannt, darunter die Arzneitherapie, Moxabehandlung, Massage und das Schröpfen, aber auch Atem- und Körperübungen.

Den größten Teil der traditionellen Heilkunde nimmt die Arzneitherapie ein, die sich über Jahrtausende als reine Erfahrungsmedizin entwickelt hat. Sie profitierte insbesondere von der Suche der Daoisten nach lebensverlängernden Kräutern und Unsterblichkeitselixieren. Man unterscheidet zwischen pflanzlichen, tierischen und mineralischen Substanzen. Diese werden unter anderem nach ihrem Temperaturverhalten unterteilt, ob sie beispielsweise kühlend oder wärmend wirken, und nach ihren Geschmacksrichtungen, ob eine Substanz etwa bitter oder scharf ist und nach dem Prinzip der fünf Wandlungsphasen auf die entsprechenden Organe wirkt. Eine Rezeptur kann aus einigen wenigen Substanzen, aber auch aus zwei Dutzend und mehr bestehen. Die alten erfahrenen Ärzte vermögen die Rezepturen mit genauen Grammangaben der einzelnen Bestandteile auswendig aufzuschreiben. Die Mischung wird in Apotheken zusammengestellt und zu Hause mit Wasser zu einem Sud aufgekocht. Viele der bewährten, jahrhundertealten Rezepturen sind heute als Fertigpräparate in Form von Pillen, Granulaten oder Säften erhältlich, was die Einnahme bequemer macht. Jedoch hat die traditionelle Zusammenstellung von losen Mischungen den Vorteil, dass ein Arzt mit den Mengenangaben der benötigten Substanzen besser auf den individuellen Krankheitsfall eingehen kann.

Zum weiteren Spektrum der traditionellen Heilkunde gehört die Akupunktur, die darauf abzielt, den Qi-Fluss zu regulieren, Stauungen und Blockaden aufzulösen sowie Mangel oder Überschuss im Körper auszugleichen. Dies geschieht, indem bestimmte Punkte auf den Leitbahnen mit Nadeln stimuliert werden. Die Akupunktur ist nicht so alt wie die Arzneikunde, sie ist aber gerade im Westen zu einem Symbol der chinesischen Medizin geworden und als solche sehr verbreitet.

In den letzten zwei, drei Jahrhunderten des Kaiserreiches erlebte die traditionelle Medizin einen Niedergang. Dies ging einher mit den dramatischen politischen Ereignissen. Die Überlegenheit der europäischen Mächte war erschreckend, die eigene Rückständigkeit beschämend. Ausländische Ärzte brachten Hygienevorschriften mit nach China und verbuchten auf dem Gebiet der seuchenartig auftretenden Infektionskrankheiten sensationelle Erfolge. Die traditionelle Medizin schien disqualifiziert und Bestandteil eines überkommenen Systems zu sein. In Scharen widmeten sich junge Studenten dem Studium der westlichen Medizin, die einen wahren Siegeszug in China antrat. Erst im Laufe des 20. Jahrhunderts, als kommunistische Truppen im Kampf gegen Nationalisten und Japaner aus Mangel an westlichen Medikamenten zwangsläufig auf die Volksmedizin zurückgreifen mussten und diese sich als nützlich erwies, wurde sie wieder entdeckt. Nach Gründung der Volkrepublik China reformierte man die alte Heilkunde und erklärte sie zu einer Naturwissenschaft, die wie die westliche Medizin an Hochschulen unterrichtet und an Forschungsinstituten in langfristigen Studien untersucht wird.

Heute fahren die Chinesen gern zweigleisig: Sie wählen den Weg der Mitte, indem sie sich traditionell chinesisch und auch nach westlicher Schulmedizin behandeln lassen. Die westliche Medizin bevorzugen sie bei vielen akuten, die traditionell chinesische bei vielen chronischen Erkrankungen. Insgesamt haben sie zu ihren altbewährten Kräuterpräparaten großes Vertrauen, sind deren Wirkungsweisen doch über Jahrhunderte beobachtet und beschrieben worden. Von westlichen Medikamenten weiß man, dass sie meist schnell wirken, dafür aber starke Nebenwirkungen haben können. Deshalb greifen die Chinesen auch im medizinisch gut versorgten Westen im Zweifelsfall immer lieber auf Mittel der traditionellen Heilkunde zurück, obwohl auch diese bei falscher Anwendung schwere Schäden anrichten können.

Yang sheng – das Leben pflegen

Ein chinesisches Sprichwort lautet:

> *Krankheit kommt durchs Essen, Gesundheit durchs Laufen und Sorge durchs Denken.*

Die Chinesen waren meist zu arm, als dass sie es sich leisten konnten, viel Geld für die Behandlung von Krankheiten auszugeben. Noch heute verfügen die chinesischen Bauern, und das sind immerhin etwa 70 Prozent der Bevölkerung, über kein ausreichendes medizinisches Versorgungssystem. Früher war es der große Mangel an Ärzten, unter dem die Landbevölkerung zu leiden hatte, später sorgten Massenkampagnen wie die Entsendung von »Barfußärzten« dafür, dass eine gewisse Grundversorgung gegeben war. Heute gibt es keine Barfußärzte mehr, und seit das Gesundheitssystem kommerzialisiert wurde, sind die meisten Bauern schlechter versorgt als noch vor 20, 30 Jahren. Wer Medikamente braucht oder im Krankenhaus behandelt werden muss, zahlt alles selbst. In den Städten geht es den Menschen besser. Mitarbeiter von Behörden und staatlichen Betrieben sowie deren Pensionäre bekommen die Kosten voll oder teilweise erstattet. Infolge der Reformpolitik wurden jedoch viele Staatsbetriebe geschlossen und die Gesundheitsfürsorge auf private Schultern abgewälzt. Es gibt seit einigen Jahren Versicherungen, die ähnlich dem deutschen System die medizinische Versorgung der Bevölkerung gewährleisten sollen. Doch ist es eher die junge Generation, die sich auf dieses neue System einlässt.

So ist es verständlich, dass die Vermeidung von Krankheiten, gerade vom finanziellen Standpunkt aus betrachtet, auch heute noch von großer Bedeutung ist.

Seit alters hat man sich in China Gedanken darüber gemacht, wie man die Gesundheit erhalten und wie der Mensch in Harmonie mit der Natur und Umwelt leben kann. Unter dem Begriff »Pflege des Lebens«, *yang sheng*, fasst man die verschiedenen Methoden zusammen, die im Laufe der Zeit zur Vorbeugung und Heilung von Krankheiten entwickelt wurden. In chinesischen Buchläden füllt die Literatur zu diesem Thema meterlange Regale. Das Interesse ist groß und das Wissen darüber erstaunlich vielfältig.

> Wir kamen von einer anstrengenden Reise durch die Taklamaken-Wüste nach Shanghai zurück. Während eines Treffens mit Schriftstellern klagte Petra darüber, dass sie sich während dieser Reise eine Durchfallerkrankung zugezogen hätte, gegen die weder einschlägige schulmedizinische Mittel noch verschiedene chinesische Kräuterpräparate geholfen hätten. Sofort setzte eine lebhafte Diskussion ein. Mögliche Ursachen und Behandlungsweisen wurden besprochen. Für alle stand fest, dass man das Problem nur mit der traditionellen Medizin lösen könnte. Schließlich besorgte einer von ihnen eine Kräuterrezeptur, auf die schon seine Großmutter geschworen hatte. Tatsächlich schlug sie sofort positiv an.

Als Basis für ein gesundes Leben empfahl man schon in alten Zeiten die »vier Prinzipien«: nämlich eine ausgewogene Ernährung, regelmäßige Ruhe und genügend Schlaf, ein Maßhalten in allen Dingen und die Kontrolle über die Gefühle. Was eine ausgewogene Ernährung betrifft, ist es immer wieder erstaunlich zu beobachten, wie genau viele Chinesen über die Wirkung ihrer Nahrungsmittel Bescheid wissen und Ratschläge geben können, was dem Körper in welcher Situation gut tut und was nicht.

> Wir saßen bei einem Essen im chinesischen Freundeskreis. Ein junger Kaufmann beriet einen werdenden Vater, welche Speisen dessen Frau in den Tagen vor und nach der Geburt ihres ersten Kindes essen müsste. Eine junge Mutter, die ebenfalls mit am Tisch saß und ihr einjähriges Kind mit einem Klebreisgericht voll stopfte, wurde ganz beiläufig ermahnt, dem Kleinen nicht zu viel davon zu geben, weil Klebreis, wie doch jedermann weiß, schwer verdaulich sei.

Typisch chinesisch ist die Devise, in allen Dingen Maß zu halten. Man setzt den Körper keinen Extremen aus, man treibt ihn nicht bis an die Grenzen des Erträglichen. Unregelmäßige Lebensführung, strenge Fastenkuren oder Marathonlaufen widerstreben im Allgemeinen den Chinesen.

Wenn von der Kontrolle der so genannten »sieben Gefühle« die Rede ist, beinhaltet auch das nichts anderes als ein »Maßhalten«, das heißt, man darf den Stimmungen keinen freien Lauf lassen. Nehmen wir zum Beispiel die Freude. Jeder betrachtet diese als die beste Medizin, und doch kann sie im Übermaß, so warnen die Chinesen, als unkontrollierte Gefühlsregung tödlich auf das Herz wirken.

Die Notwendigkeit, Krankheiten ohne viel Geld und mit einfachsten Mitteln heilen zu müssen, ließ die Chinesen erfinderisch werden. Gerade auf dem Land entwickelte man Praktiken, die wirksam und deshalb überall verbreitet sind, die bei den Städtern aber eher ein Kopfschütteln verursachen. Wo blockiertes Qi vermutet wird, reibt man die eingeölte Haut mit Steinen. Ein schmerzender Rücken wird mit leeren Gläsern oder Dosen geschröpft. Geschwollene Knie werden mit schnippenden Fingern stimuliert. Heilerde wird auf der Haut erhitzt oder eine Kräutermischung in Tüchern um das Kreuz geschlungen.

Natürlich kennen die meisten Chinesen auch bestimmte Akupunkturpunkte, die man durch Druck stimulieren muss, bei Zahnschmerzen etwa oder bei Schnupfen, Kopfschmerzen, Herzbeschwerden oder einfach nur zur Stärkung der Abwehrkräfte.

Ein wichtiger Bestandteil der Lebenspflege sind die verschiedenen Bewegungstherapien, die die Zirkulation der Lebensenergie Qi in den Energiebahnen anregen. Wie vielseitig und verbreitet diese Art der Energiearbeit ist, lässt sich in den frühen Morgenstunden in den Parkanlagen chinesischer Städte beobachten, wo sich ab fünf Uhr die Menschen zum Einzel- oder gemeinsamen Training zusammenfinden. Sie alle sagen, der Mensch sei Teil der Natur und sollte sich mit natürlichen Mitteln und der Aktivierung der eigenen Heilkräfte helfen, denn eine solche Heilung sei tief greifender und würde länger anhalten.

Die Entspannung ist ein wichtiger Schritt auf dem Weg zur Gesunderhaltung. Entspannung sucht man aktiv im Qigong und in anderen traditionellen Atem- und Körperübungen, aber auch passiv bei entspannenden Massagen. Besonders beliebt sind die Fußmassagen, die schon für wenig Geld zu haben sind. Alte traditionelle Verfahren wie die Ganzkörperreinigung mittels trockener Tücher, mit denen die feuchte Haut abgerieben und von Ablagerungen befreit wird, liegen voll im Trend und werden als wohltuende Prozedur in vielen der neuen Wellness-Zentren angeboten. Auch auf dem Wellnessgebiet blüht das Geschäft, und so sind an allen bekannten Heil- und Thermalquellen des Landes neue Badezentren entstanden, die gut besucht werden.

Fengshui – »Wind und Wasser« – die Lehre von den Lebensströmen

Seit dem Einzug in ihre neue Wohnung liefen die Geschäfte der Lins nicht mehr gut, dabei war das Arbeitszimmer, von dem aus agiert wurde, noch schöner und ansprechender als in ihren vorherigen Räumlichkeiten. Unsere Freunde machten sich Sorgen und zogen einen Hongkonger »Wind-Wasser-Herrn« zurate, der gerade nach Beijing gekommen war. Nach eingehender Prüfung fand er die Lösung. Uns war die Raumaufteilung eigentlich sehr praktisch vorgekommen. Gegenüber der Küche lag das Esszimmer, aber genau das missfiel dem Herrn. »An dieser Stelle«, meinte er und deutete auf das Esszimmer, »darf nur das Arbeitszimmer liegen.« Einen ganzen Tag lang wurde unter seiner Anleitung umgeräumt. Das Arbeitszimmer wanderte ins Esszimmer, das Esszimmer ins Wohnzimmer, das Wohnzimmer ins ehemalige Arbeitszimmer. Bilder wurden als Blickfang umgehängt, Topfpflanzen aufgestellt. Das Ergebnis war verblüffend. Alles wirkte viel gefälliger als früher. Man betrat die Wohnung und fühlte sich sofort umschlossen von einer harmonischen Atmosphäre, und merkwürdigerweise liefen daraufhin auch die Geschäfte wieder normal.

Alles im Universum ist durchströmt von Energie. Himmel und Erde ebenso wie Mensch und Tier sowie die zehntausend Dinge dieser Welt. Diese Erkenntnis liegt auch dem Fengshui, der chinesischen Geomantik, zugrunde. Die Geomantiker analysieren das Zusammenwirken der Energien und deren Wirkung auf den Menschen, seinen Körper und sein Schicksal. Die Lage einer Stadt, der Standort eines Hauses, die Einrichtung eines Zimmers, all das beeinflusst den Menschen. Ein jeder kennt die Situation: Man kommt in ein Haus oder in einen Raum und fühlt sich wohl, in einem anderen dagegen nicht. Warum das so ist, darauf gibt der chinesische Geomantiker Antwort. Körper, Geist und Seele eines Menschen stehen in Wechselwirkung mit der Umgebung. Jeglicher Eingriff in natürliche Gegebenheiten löst Reaktionen aus, und der mit dieser Problematik vertraute Fachmann, der Fengshui-Experte, muss diese Reaktionen beurteilen können.

Fengshui, Wind und Wasser, bezeichnet die Kunst, Harmonie in den Lebensströmen herzustellen. Der Fengshui-Experte erkennt die Energieströme, lenkt positive Energie heran und negative ab. Er löst Störungen auf und sammelt Heil bringende Energie an. Mensch und Umgebung werden in Harmonie mit den Elementen gebracht, was sich günstig auf das weitere Leben und Geschehen auswirkt. Der Geomantiker macht dies, indem er gestaltend und ordnend in die sichtbare Beschaffenheit der Örtlichkeiten eingreift und mit seinem Kompass Ausrichtungen und Positionen bestimmt.

Über Jahrtausende haben die Geomantiker mit ihren Berechnungen die Anlage von Städten, Häusern, Tempeln und Grabstätten bestimmt. Sie haben mit dem Bau von Pagoden, Pavillons und Brücken und der Anlage von Seen, Teichen und Bächen gestaltend in die Landschaft eingegriffen. In den letzten Jahrzehnten wurden sie nicht mehr zurate gezogen, und man sieht es den modernen chinesischen Städten an. In ihrem Bestreben, dem Westen nachzueifern und die Städte möglichst in lauter kleine Manhattans zu verwandeln, haben sie die gleiche Monotonie und Gesichtslosigkeit eingeführt, die auch manch westliche Stadt prägen.

Doch langsam besinnen sich die Menschen auf die alte Tradition des Fengshui. Dank der Wirtschaftsreformen ist privater Wohlstand wieder erlaubt. Häuser und Wohnungen können gekauft werden, und es ist Sache des Einzelnen, sich um das Wohl und Wehe der Familie zu kümmern. Da wird es für viele wichtig, durch die richtige Wahl des Standortes und die positive Gestaltung der Räume Wohlstand, Glück und Gesundheit für die Familie zu sichern. Gute Geomantiker sind heute hoch bezahlte und respektierte Persönlichkeiten, um deren Dienste man sich bemüht. Von ihnen erteilte Ratschläge können sich auf das Schicksal der gesamten Familie auswirken. Wer seine Umgebung nach Fengshui-Prinzipien gestaltet, davon sind viele Menschen überzeugt, kann das Glück herbeilocken und Unglück abwehren. Darum scheut man auch keine Mühe, Möbel zu rücken, alte Häuser umzubauen und neue gleich nach den Empfehlungen der Fengshui-Experten zu entwerfen. Wer in Wohnung, Garten, Büro oder Geschäft keine größeren Veränderungen vornehmen kann, versucht mit Spiegeln, Topfpflanzen, Wasserspielen und anderen Hilfsmitteln böse Strömungen abzuleiten und positive Energie zu binden.

Auch Parkanlagen weisen häufig die »Handschrift« von Geomantikern auf. Teiche und Wasserspiele sammeln lebensspendende Essenzen und klären die Atmosphäre. Gewundene Pfade und geschwungene Linien sammeln wohlbringende Energie. Das Anpflanzen von Bäumen, besonders hinter frei stehenden Häusern und Siedlungen, bietet Schutz vor bösen Einflüssen. In alten Dörfern sieht man manchmal noch so genannte Fengshui-Wälder, die die Häuser von Norden her vor den kalten Winden abschirmen.

Von glücksbringenden Grabstätten hat man im Westen noch nicht viel gehört. In China hingegen war dies schon immer ein selbstverständliches Thema, denn auch damit beschäftigen sich die Experten des Fengshui. Die Toten sollen sich wohl fühlen, nur so werden sie die Lebenden schützen. Ein Grab soll von Norden her möglichst durch Berge, Hügel oder hohe Baumgruppen abgeschirmt und nach Süden hin, wo der Ursprung von Wärme und Licht liegt, offen sein. Als besonders günstig gilt es, wenn vor dem Grab beziehungsweise vor dem Friedhof ein Fluss oder Bach entlangfließt. Selbstverständlich kann dieser künstlich angelegt sein.

Tierkreiszeichen

> Der Himmel bestellte die Tiere für den nächsten Morgen zu sich, um die Jahre des neuen Zwölferzyklus an sie zu verteilen. Die Katze, die nachts auf Jagd ging, bat die emsige Ratte, sie morgens rechtzeitig zu wecken. Doch die Ratte fürchtete kein anderes Tier so sehr wie die Katze, drum ließ sie diese am nächsten Morgen lieber schlafen. Die anderen Tiere stürmten vorneweg, allen voran der Büffel. Die Ratte konnte kaum Schritt halten, deshalb bat sie den Büffel, auf seinen Rücken steigen zu dürfen. Der Büffel war großmütig und ließ sie gewähren, und als sie am Himmel ankamen, sprang die Ratte über den Kopf des Büffels hinweg und stand als Erste in der Reihe. Die Katze aber verschlief und bekam kein Jahr mehr ab.

Die Tradition der Tierzeichen ist lebendiger als je zuvor. Sobald das Ende des alten Mondjahres naht, sieht man das neue Jahrestier in den verschiedensten Darstellungen auf Plakaten, als Skulptur aus Pappmaché, als Lampion oder Scherenschnitt, aus Teig geformt oder als Wollmütze gestrickt, überall tauchen je nach Jahr die Hasen, Affen, Hunde oder Hähne auf. Auf Straßen, in Häusern, in Parkanlagen, an Schlüsselanhängern – der Phantasie sind keine Grenzen gesetzt.

Der Mondkalender basiert auf einem Zyklus von 60 Jahren, unterteilt in fünf Zwölfjahreszyklen. Dem Zwölfjahreszyklus entspricht der Kreislauf der zwölf Tierzeichen. So gehört das erste Jahr der Ratte, das zweite dem Büffel und das zwölfte dem letzten Tier des Kreislaufes, dem Schwein.

Möchte ein Chinese das Alter seines Gegenübers wissen, fragt er nicht nach dem Geburtsjahr, sondern nach dem Tierzeichen.

Da es nur zwölf gibt, und jeder weiß, ob wir gerade im Jahr des Hundes, des Schweins oder der Ratte leben, kann man blitzschnell das Alter errechnen, vorausgesetzt, man kennt die Reihenfolge der Tierzeichen.

Neben dem Alter geben die Tierzeichen über etwas noch viel Wichtigeres Aufschluss, was besonders diejenigen interessiert, die auf der Suche nach einem geeigneten Partner sind oder sich mit der Planung von Nachwuchs beschäftigen. Den Tieren werden bestimmte Eigenschaften nachgesagt, die sich auf die in ihrem Jahr geborenen Menschen übertragen. So zeichnet etwa den im Jahr des Büffels geborenen Menschen Geduld aus, den im Jahr des Tigers Geborenen Unerschrockenheit und Leidenschaft. Wer sich für sein Leben binden möchte und als Schaf auf die Welt gekommen ist, sollte nicht gerade einen Tiger heiraten, dessen Wutausbrüche ihm gefährlich werden könnten. Plant ein ruhiges Paar Nachwuchs, kann es sich auf einiges gefasst machen, wenn das Kind im Jahr des Affen geboren wird, denn die Affen sind immer in Bewegung.

Bei der Bestimmung, welchem Tier man zugerechnet wird, zählt nicht nur das Jahr, sondern auch Monat und die Geburtsstunde. Hier wiederholt sich der Zyklus in seinem Verhältnis zum Tierkreis: Der erste Mondmonat gehört der Ratte, ebenso die erste Doppelstunde eines Tages, welche bereits um 23 Uhr des vorangegangenen beginnt. Dann folgt der Büffel und der Reihe nach die anderen Tiere. Bedacht werden muss auch, in welcher der fünf Wandlungsphasen das Jahr stand, in dem man geboren wurde, denn auch diesen werden bestimmte Eigenschaften zugesprochen. Die ersten zwei Jahre eines Zwölfjahreszyklus gehören dem Element Metall an, dann folgen Wasser, Holz, Feuer und Erde. So kommt es, dass wir alle zwölf Jahre beispielsweise ein Jahr des Pferdes haben, dass ein Pferdejahr aber nur alle 60 Jahre im Zeichen des Metalls oder eines anderen Elements steht. Es gibt also allerlei zu bedenken, und trotzdem können wahre Experten der Tierkreiskunde die erstaunlichsten Dinge über ihnen unbekannte Menschen erzählen, wenn sie von deren genauen Daten erfahren.

Im Folgenden listen wir die Tierzeichen der Reihe nach auf

und geben einige Wesensmerkmale an, die nicht immer ganz ernst gemeint sind.

Die *Ratte* ist gewitzt, emsig und versteht, Geld zu verdienen. Sie erkennt die Gunst der Stunde, ist gesellig und lacht am meisten über ihre eigenen Witze.

Der *Büffel* ist behäbig und geduldig, ein wenig stur, aber gutartig, ein Mensch mit Prinzipien, treu und offen. Reizt man ihn jedoch zu lange, platzt ihm irgendwann der Kragen, und dann kann es schlimm kommen.

Der *Tiger* ist ein Einzelgänger, eine Kämpfernatur. Er ist wagemutig, fürchtet weder Streit noch Risiko. Deshalb kann er auch anstrengend sein und so manches Mal in Schwierigkeiten geraten. Für ihn zählt nicht der Mittelweg. Er kämpft bis zum Erfolg oder bis zur Katastrophe.

Der *Hase* ist still, intuitiv, mit einem Sinn für Schönheit und Qualität. Er frisst alles in sich hinein, ist dennoch kompromisslos und zieht seinen Plan durch.

Der *Drache* ist verwegen und eitel, er weiß sich in Szene zu setzen, ist enthusiastisch und gastfreundlich. Drachenmänner können nicht nein sagen und lassen sich gern verführen.

Die *Schlange* steht für Intelligenz. Sie wird auch »kleiner Drache« genannt. Sie ist charmant und höflich, kann aber auch giftig und rücksichtslos sein. Sie gibt sich gern kultiviert und elegant, doch liebt sie auch die Intrige.

Das *Pferd* ist voller Energie und schreitet mutig mit großen Schritten durchs Leben. Freundlich und arbeitsam ist es, wirkt inspirierend und gibt Ansporn.

Die *Ziege* ist anpassungsfähig und ehrlich, tanzt aber gern mal aus der Reihe und ist bockig. Geld spielt für sie eine wichtige Rolle, denn nur mit einem finanziellen Polster ist sie glücklich.

Der *Affe* ist immer in Bewegung. Er ist interessiert, neugierig und reist gern. Er hat Humor, ist unterhaltsam und manchmal ein guter Schauspieler.

Der *Hahn* putzt sich heraus und liebt das Extravagante. Er umgibt sich gern mit Hühnern, er ist stolz, tüchtig, kommunikativ und macht anderen gern Vorschriften.

Der *Hund* ist fürsorglich, loyal und harmoniebedürftig. Er

beschäftigt sich gern mit Menschen und versucht, bei Streit zwischen ihnen zu vermitteln.

Das *Schwein* ist hilfsbereit, tolerant und freundlich. Es weiß sich durchzusetzen, und es kann eigensinnig, auch verschwenderisch sein.

Von Kiefer, Bambus und Pflaumenblüte – chinesische Symbolik

> Im Beijinger Kaiserpalast drängten sich die Besucher. Ausländische und inländische Touristen, ein wahres babylonisches Sprachengewirr, wohin man nur hörte. Um seine Schäflein nicht zu verlieren, hielt mancher Reisebegleiter einen Schirm oder ein Fähnchen hoch. Eine Gruppe japanischer Männer fiel auf, etwa zwanzig, dreißig Personen, die, um nicht verloren zu gehen, einheitliche Mützen trugen. Den Chinesen verschlug es zunächst die Sprache, doch dann fielen sie vor Lachen fast um. Die Japaner tippten sich nur ratlos an ihre grünen Mützen und zogen weiter.

Chinesen lieben es, ihre Gedanken in Symbolen und Andeutungen auszudrücken. Symbole sind Signale, sie spiegeln Wünsche, Hoffnungen, geheime Sehnsüchte und Witz wider und werden von denen, die darum wissen, verstanden. Die Kenntnis chinesischer Sinnbilder gewährt einen tiefen Einblick in verbreitete Wunschvorstellungen und Denkweisen.

Die Empfänglichkeit für Symbole drückt sich besonders in der Kunst aus. Ein blühender Pflaumenzweig steht für den Winter, die Kiefer, die auch bei Kälte keine Nadeln verliert, für Beständigkeit, der immergrüne Bambus für Bescheidenheit, und alle drei zusammen auf einem traditionellen Tuschbild als die »drei Freunde im Winter« vereint, drücken den Wunsch nach einem langen Leben aus. Gerade der Wunsch nach einem langen Leben kehrt in vielfältigen Sinnbildern wieder. Bambus, Kiefer und Kranich, Letzterer als gefiederter Bote der Unsterblichen verehrt, gelten als Symbole der Langlebigkeit, ebenso Berge und Felsen und auch der Pfirsich. Er wird älteren Menschen an ihren Geburtstagen in den verschiedensten Formen dargebracht.

> Eine berühmte Legende erzählt von dem Affenkönig, der im Garten der Göttin Xiwangmu alle Pfirsiche pflückte und sie aufaß. Es waren die Pfirsiche der Unsterblichkeit, die nur alle paar Tausend Jahre einmal reifen. Die Göttin hatte alle Unsterblichen eingeladen, um mit ihnen das Fest der Pfirsichernte zu feiern. Da aber der Affenkönig alle Pfirsiche verspeist hatte, wurde nichts daraus. Stattdessen war der Affe unsterblich geworden und konnte, wie in dem berühmten Roman *Die Reise nach Westen* beschrieben, den buddhistischen Mönch Xuan Zang auf seiner Reise nach Indien beschützen.

Blumen können Jahreszeiten symbolisieren: die Magnolie den Frühling, Päonie und Lotos den Sommer, die Chrysantheme den Herbst und die Pflaumenblüte den Winter.

Die Lotosblüte wird von den Buddhisten als Symbol der Reinheit verehrt, denn sie wächst im trüben Gewässer und ragt auf einem dünnen Stiel, der symbolischen Weltachse, aus dem Wasser empor. Buddha wird deshalb meist auf einer Lotosblüte, dem »Lotosthron«, sitzend dargestellt.

Weil es so viele gleich lautende Wörter im Chinesischen gibt, spielt man in der Symbolsprache gern mit dem Gleichklang der unterschiedlich geschriebenen Zeichen. Ein Apfel, *ping*, gibt dem Wunsch nach Frieden, *ping*, Ausdruck, ebenso eine Vase, deren Schriftzeichen ebenfalls *ping* ausgesprochen wird. Die Darstellung einer Vase mit den Blumen der vier Jahreszeiten symbolisiert den Wunsch nach Frieden in allen Jahreszeiten. Das Zeichen für Hirsch lautet *lu*, genau wie das Zeichen für ein gutes Einkommen. Die Darstellung von einem Beamten und einem Hirsch steht für Ruhm und Reichtum. Der Hirsch zeigt aber auch langes Leben an. Er ist das Reittier des Gottes der Langlebigkeit, der immer als kahlköpfiger Alter dargestellt wird.

Wegen der Lautgleichheit von Fledermaus, *fu*, und Glück symbolisieren Fledermäuse Glück und Segen. Fünf Fledermäuse stehen für das fünffache Glück eines Menschen, nämlich dass er sich guter Gesundheit erfreut, Reichtum erlangt, ein tugendhaftes Leben führt, ein hohes Alter erreicht und eines natürlichen Todes stirbt.

Überall in China sieht man Fische – in den Teichen von Parkanlagen, in den Aquarien von Restaurants und als Motiv auf traditionellen Tuschezeichnungen. Das Schriftzeichen für Fisch wird wie jenes für Überfluss, *yu*, ausgesprochen. Deshalb verheißen Fische Reichtum, Goldfische Gold im Überfluss. Der Karpfen, *li*, steht für den Vorteil, *li*, im Geschäftsleben und für Beharrlichkeit, da er stromaufwärts schwimmen und Stromschnellen überspringen kann.

Ein Granatapfel symbolisiert Fruchtbarkeit, da er so viele Kerne, *zi*, hat, und da *zi* auch die Bedeutung von Kindern, speziell Söhnen, hat, steht der Granatapfel für den Reichtum an Söhnen. Die Apfelsine verspricht Glück, deshalb gehören üppig Früchte tragende Apfelsinenbäumchen zum traditionellen Neujahrsfest, ebenso die Narzisse, die pünktlich zu Neujahr blüht und Glück im neuen Jahr verspricht.

Von großer Bedeutung ist die Schildkröte. Mit ihrem gewölbten Panzer symbolisiert sie den Himmel und mit ihrem Bauch die Erde. Durch die Schildkröte befragte man in vorchristlichen Jahrtausenden das Orakel. Fragen an den Himmel und an die Ahnen wurden in ihren Bauchpanzer geritzt, den man dann erhitzte (siehe auch S. 15). Allein schon wegen ihrer hohen Lebenserwartung steht die Schildkröte für ein langes Leben. Aus Stein gehauen und mit einer schweren Steintafel beladen, ist sie ein Sinnbild für unwandelbare Festigkeit.

Löwen symbolisieren Macht und Kraft. Als Paar stehen sie in Palast- und Tempelanlagen und bewachen Tore und Portale, der männliche mit einem »gestickten« Ball unter der linken Tatze, der weibliche mit einem Löwenbaby unter der rechten. Löwen vertreiben böse Geister. Deshalb gehört der »Löwentanz« (je zwei Akrobaten unter einem Löwenkostüm) auch zu allen größeren Festlichkeiten. Ursprünglich kannte man in China keine Löwen.

Sie wurden erst während der Tang-Dynastie (618–907) aus Westasien mit ins Land gebracht.

Der Hahn steht für hohes Ansehen. Er vertreibt das Böse, ist mutig und zuverlässig. Der Adler symbolisiert Mut und Stärke; über dem Meer kreisend steht er für den furchtlosen Einzelkämpfer, auf einer Kiefer sitzend symbolisiert er den Wunsch nach Stärke und einem langen Leben.

Der Tiger symbolisiert die Tapferkeit. Er kann Dämonen vertreiben, weshalb man kleinen Kindern Tigermützen aufsetzt, damit sie von Unheil verschont bleiben.

Das Mandarin-Entenpaar, das ein Leben lang zusammenbleibt, ist das Symbol ehelicher Treue und deshalb ein bevorzugtes Motiv auf der Bettwäsche von Hochzeitspaaren.

Von den mythischen Wesen wird vor allem der Drache verehrt. Er symbolisiert das *Yang*-Prinzip, die männliche Urkraft, darüber hinaus den Frühling, den Osten mit der aufgehenden Sonne, Wohlstand und Glück. Als Sammler der Wolken verkörpert er auch den Regengeist. Auf traditionellen Dächern entdeckt man ihn: Mit aufgerissenem Maul beißt er zu beiden Seiten in den Giebel. Er schützt das Gebäude vor Feuer. Der Drache gilt als gutartig, erhaben und unbezwingbar. Er ist ein Sinnbild kaiserlicher Macht. Der chinesische Kaiser regierte von seinem Drachenthron aus das Reich. Noch heute nennen sich die Chinesen Nachfahren des Drachen. Ein Drache mit fünf Krallen ist das Zeichen des Kaisers. Er wird häufig in Verbindung mit einem Phönix dargestellt, zusammen symbolisieren sie Kaiser und Kaiserin oder einfach Mann und Frau als Paar. In alten Darstellungen besitzt der Drache Vogelkrallen, Pferdehaar, ein Hirschgeweih, Fischschuppen und einen langen Schwanz.

Auch die Farben haben Symbolcharakter. Gelb steht für die Fruchtbarkeit der Erde. Es ist die Farbe der Mitte, eine vornehme, erhabene Farbe, die früher dem Kaiser vorbehalten war. Dieser trug prachtvolle golddurchwirkte gelbe Gewänder. Die Dächer seiner Paläste hatten gelbe Ziegel. Heute wird das Gelb allerdings auch mit Unrühmlichem assoziiert. Mit »gelben Büchern« ist pornographische Literatur gemeint.

Schwarz symbolisiert den Norden, das Wasser, Ehre und Tod.

Grün symbolisiert Frühling, Leben und inneren Frieden. Grün ist die Farbe des Besonderen, aber auch des Seitensprungs der Ehefrau. »Er trägt eine grüne Mütze« heißt es über einen Ehemann, dessen Frau Ehebruch begeht. Die eingangs erwähnten Japaner mit ihren grünen Mützen auf dem Kopf wirkten auf die chinesischen Besucher wie der Betriebsausflug gehörnter Ehemänner.

Rot ist die Farbe der Freude und des Glücks, sie steht für den Sommer und den Süden. Rot ist die Farbe des Herzens und der Hochzeit. Zum Neujahrsfest schenkt man Kindern und Dienstboten Geld in kleinen roten Tüten.

Weiß ist die Farbe des Westens, aber auch die Farbe der Trauer. Trauernde schmücken sich mit weißen Blüten im Haar oder an der Brust. Traditionelle Trauergewänder wurden aus grobem naturweißem Hanf gefertigt.

Chinesische Schriftzeichen entstanden aus Sinnbildern. Manche entwickelten sich zu leuchtenden Graphiksymbolen wie etwa das rote oder goldene Doppel-Glück-Zeichen, das für Eheglück steht. Einzeln betrachtet steht dieses Zeichen für Freude, *xi*, die auch die Freude über eine Schwangerschaft einschließt. Keine Hochzeit ohne dieses Zeichen! Es prangt auf der Hochzeitsanzeige sowie in vielfältiger Ausführung im Hochzeitszimmer des Brautpaares, an der Zimmer- und Wohnungstür, an den Fenstern, als Muster im Brautkleid.

Natürlich ist auch das Zeichen für ein langes Leben, *shou*, ein überaus beliebtes Motiv, mit dem man alle möglichen Dinge verzieren kann, Möbelstücke ebenso wie Textilen oder Schmuckstücke. Dieses Zeichen wird vor allem als Kalligraphie gern verschenkt.

Zum Neujahrsfest dekoriert man Türen, Fenster und Wände mit dem Zeichen für Glück, im Sinne von Wohlergehen, *fu*. Man hängt es am liebsten kopfüber auf. Kopfüber heißt *dao*, und das klingt wie das *dao* von »angekommen sein«. Ein auf den Kopf gestelltes Glückszeichen heißt deshalb: Das Glück ist angekommen. Wenn das kein schöner Jahresbeginn ist!

Zahlensymbolik früher und heute

> Chinesische Freunde bekamen fast einen Herzschlag, als Petra mit ihrem neuen Auto vorfuhr: Die Zahlen auf dem Nummernschild lauteten: 1454! Die Vier, »si«, klingt fast wie »sterben«, »si«, auch wenn diese Silbe durch ein anderes Zeichen dargestellt wird. Zwei Vieren in einer Nummer, und dann noch die Eins davor! Eins, auf Chinesisch »yi«, kann auch »yao« ausgesprochen werden, das dann wie »soll« klingt. Soll sterben! »Mein Gott, was seid ihr abergläubisch!«, rief Petra, doch geheuer war ihr die Nummer nun auch nicht mehr. Doch statt sie zu wechseln, fiel ihr eine bessere Lösung ein: Die Zahl Fünf, »wu«, klingt wie die Verneinung in der klassischen chinesischen Schriftsprache, und damit ließ sich die Nummer folgendermaßen lesen: Soll sterben, stirbt aber nicht. Na bitte! Sofort waren alle zufrieden, und das Auto fuhr wie 'ne Eins.

Der Gleichklang von Silben ist die Grundlage vieler Wortspiele. Dass heutzutage aber so genannte Unglückszahlen in China die Gemüter erhitzen, hat man weitgehend dem starken Hongkonger Einfluss zu verdanken. Im Kanton-Dialekt klingen viele Zahlen ähnlich wie Begriffe, die Glück oder Unglück verheißen. Dies hat aber nichts zu tun mit der eigentlichen Zahlenmystik, die in China eine lange Tradition hat und die tief verwurzelt ist mit alten kosmologischen Vorstellungen.

Die Eins ist Ausdruck allumfassender Ganzheit und ein Symbol des Himmels. Im Gegensatz dazu symbolisiert die Zwei die Erde, aber auch das Paar, das gegensätzlich oder auch vereint immer ein Ganzes bildet: Yin und Yang.

Die Drei, als ungerade Zahl eine männliche, das heißt Yang-Zahl, symbolisiert die Einheit von Himmel, Erde und Mensch. Doch kann sie auch allein für den Menschen stehen, der als Mittler zwischen Himmel, eins, und Erde, zwei, wirkt. In Verbindung mit der Drei spricht man von den »drei Lehren« und meint damit den Konfuzianismus, Daoismus und Buddhismus.

In buddhistischen Klöstern werden auf den Altären Dreiergruppen, bestehend aus dem Buddha der Vergangenheit, Gegenwart und Zukunft, verehrt. Die »drei Juwelen des Buddhismus« sind Buddha, die Lehre und die Mönchsgemeinde.

Die Vier, eine gerade und deshalb eine Yin-Zahl, ist nur im Kanton-Dialekt eine Unglückszahl. In der Zahlenmystik symbolisiert sie die viereckige Erde, die von den vier Meeren umgeben und von dem gewölbten Himmel bedeckt wird. Vier Schätze besitzt ein jedes Arbeitszimmer eines Gelehrten, nämlich Tusche, Papier, Pinsel und den Tuschstein. In der Kulturrevolution kämpften die Roten Garden gegen die »vier alten Übel«, gegen alte Kultur, alte Gewohnheiten, alte Bräuche und altes Gedankengut.

Die Fünf gehört zu den wichtigsten Zahlen in der chinesischen Zahlenmystik. Am Firmament gibt es die »fünf Himmelspaläste«: den mittleren mit dem Polarstern und die vier anderen mit ihren Gestirnen, die ihn umgeben und sich mit den Jahreszeiten verschieben. Diesem »himmlischen Staat« entspricht der irdische: im Zentrum der über alles erhabene Kaiser mit seiner Residenz, umgeben von seinen Vasallenstaaten, die von den vier Seiten der quadratischen Erdscheibe umschlossen werden. Die Veränderungen im Kosmos wurden durch den Kreislauf der »fünf Wandlungsphasen« erklärt, deren einzelne Elemente durch Holz, Feuer, Erde, Metall und Wasser dargestellt werden. Diese stehen durch gegenseitiges Überwältigen und Hervorbringen in einem beständigen Kreislauf. Die Fünf ist eine ungerade, also männliche, starke Zahl. In der konfuzianischen Lehre spricht man von den »fünf Beziehungen« (zwischen Fürst und Untertan, Vater und Sohn, Mann und Frau, älterem und jüngerem Bruder beziehungsweise Freund), von den »fünf Klassikern« (Buch der Urkunden, *Shujing*, Buch der Lieder, *Shijing*, Buch der Wandlungen, *Yijing*, Buch der Riten, *Liji*, und Buch der Zeremonien, *Yili*) und auch von den »fünf moralischen Qualitäten« (Menschlichkeit, Pflichtgefühl, Weisheit, Zuverlässigkeit, zeremonielles Benehmen).

Die Sechs, die zwar eine Yin-Zahl ist, kann als Mitte des Zwölferzyklus den Himmel (Yang) symbolisieren, ebenso wie die

Fünf als Yang-Zahl die Mitte des Zehnerzyklus ausmacht und die Erde (Yin) darstellen kann. Die Sechs steht aber auch für die Einheit der vier Himmelsrichtungen plus oben und unten, und auch für die Einheit der vier Jahreszeiten plus Himmel und Erde oder Yin und Yang.

Die Sieben ist eine ungerade und damit eine Yang-Zahl. Dennoch bestimmt sie nach den Lehrsätzen der traditionellen chinesischen Medizin die weibliche Entwicklung: Mit sieben Monaten kommen die Milchzähne, mit sieben Jahren beginnt der Zahnwechsel, mit 14 die Menstruation und die Empfängnisfähigkeit, mit 21 ist das Wachstum der Knochen abgeschlossen, die Weisheitszähne treten hervor, mit 28 erreichen körperliche Fülle und Kraft ihren Höhepunkt, mit 35 beginnen diese wieder abzunehmen, mit 42 ist das Gesicht welk und die Haare ergrauen, mit 49 beginnt das Klimakterium. Ebenfalls kennt man in der traditionellen chinesischen Medizin die »sieben Gefühle«, deren Störung zu den Krankheitsursachen gezählt werden. Diese sieben Gefühle sind: Zorn, Trauer, Sorge, Nachdenklichkeit, Freude, Angst und Schock.

Wie die Sieben, so bestimmt die Acht als gerade und damit weibliche Yin-Zahl die Entwicklung des Mannes: mit acht Monaten kommen die Milchzähne, mit acht Jahren der Zahnwechsel, mit 16 wird er geschlechtsreif, mit 64 zeugungsunfähig.

Werte und Güter erhalten häufig eine Veredelung durch die Zahl Acht. So spricht man von den »acht Kostbarkeiten« des konfuzianischen Gelehrten, darunter das Buch, das Gemälde und die Münze, den »acht Unsterblichen« des Daoismus, den »acht Sinnbildern« im Buddhismus, darunter Lotos, Endlos-Knoten und das Rad der Lehre oder den »acht Diagrammen« des *Yijing (I-Ging)*.

Die Neun ist die Potenz von drei und damit die stärkste der Yang-Zahlen. Sie symbolisiert im kosmischen Gefüge die »neun himmlischen Felder«, die entstehen, indem die vier äußeren Zonen in Halbzonen geteilt und zum Zentrum, dem Polarstern, hinzugerechnet werden. Mit ihnen korrespondieren die »neun irdischen Felder« mit dem kaiserlichen in der Mitte, umgeben von den Feldern der Vasallen.

Gegen die Dreizehn ist eigentlich nichts einzuwenden. Doch die Chinesen sind vorsichtig. Man kann ja nie wissen, sagen sie, und so betrachten manche, ähnlich den Europäern, Freitag, den 13., nicht gerade als ihren Glückstag. Als wesentlich schlimmer empfinden heute viele die Vier, was eine Folge des Hongkonger Einflusses ist. In manchen neuen Hochhäusern oder Hotels sucht man vergeblich nach einem vierten oder 14. Stock. Die Zahl Vier wird *si* ausgesprochen, und das klingt wie »sterben«, auch wenn es sich um zwei verschiedene Schriftzeichen handelt. Ein Zimmer oder Stockwerk mit dieser Unglück verheißenden Zahl ist für manch zart besaitete Seele unakzeptabel.

So schlimm wie die Vier, so positiv ist in modernen Zeiten die Acht. Acht wird *ba* gesprochen, die Kantonesen sagen in ihrem Dialekt *fa*, und das klingt wie *expandieren, reich werden*. Deshalb gilt die Acht als eine absolute Glückszahl, die den Menschen in Hongkong im wahrsten Sinne des Wortes teuer zu stehen kommt. Dort griffen die Geschäftsleute schon immer tief in die Tasche, um an eine aus einer oder mehreren Achten bestehenden Autonummer zu kommen. Seit die freie Marktwirtschaft und der Kapitalismus auch im übrigen China Einzug gehalten haben, ist man dort ebenfalls ganz versessen auf die Acht. Ganz gleich ob Haus-, Zimmer-, Telefon- oder Autonummer, eine oder mehrere Achten sind immer gut. Natürlich ist auch das Apartment im achten Stock teurer als das im siebenten. Noch besser und teurer ist das Apartment im 18. Stock, *yao fa*, »soll reich werden«. Auch der Sechs misst man heute eine positive Bedeutung bei. Sechs, *liu*, klingt fast wie *lu*, »Strecke/Weg«, alles ist im Fluss, alles gelingt. Die Zahlenkombination 168 wird zu *yi lu fa*, »auf der ganzen Strecke Erfolg«. Gut klingt auch 518, wenn man die Fünf, *wu*, wie *wo*, »ich«, ausspricht: »Ich werde reich.« Den absoluten Höhepunkt bildet natürlich 888, *fa fa fa*: Reich! Reich! Reich!

Chinesische Handzeichen

> Zwei Eis am Stiel wollte Petra kaufen. Chinesisch konnte sie damals noch nicht, deshalb streckte sie Daumen und Zeigefinger in die Höhe. Der Beijinger Eisverkäufer freute sich über das gute Geschäft und drückte ihr ein erstes Eis in die Hand, dann ein zweites, ein drittes, ein viertes, nach dem sechsten protestierte Petra und zeigte mit der freien Hand nochmal »zwei« an. Der Verkäufer nickte begeistert und legte noch zwei drauf, denn nach chinesischen Handzeichen hatte sie acht verlangt.

Die Chinesen zählen nicht mit zehn Fingern, also mit zwei Händen bis zehn, sondern mit nur einer.

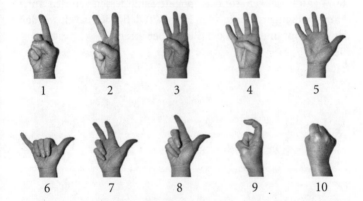

Auch wenn es nicht die freundliche Art ist, aber winkt ein Deutscher jemanden heran, dann macht er es mit nach oben gerichteter Handfläche und winkendem Zeigefinger. Die Chinesen machen es genau umgekehrt, nämlich mit nach unten gewandter Handfläche und winkendem Finger.

Kein Chinese ist böse, wenn ihm ein Deutscher einen Vogel zeigt, denn tippt sich ein Chinese an die Stirn, heißt das so viel wie »das hätte ich wissen müssen«, oder »was bin ich für ein Spätzünder«. Tippt er einem anderen an den Kopf, meint er damit:

»Dein Kopf ist so hohl wie eine buddhistische Holztrommel.« Kratzt er sich mit dem Zeigefinger die Wange, meint er, dass sich der andere schämen sollte. Der aufgerichtete Daumen zeigt wie im Westen Zustimmung und Begeisterung an. Absolutes Missfallen drückt dagegen der erhobene kleine Finger aus, wird er nach unten gerichtet, ist das noch eine Steigerung. Das V-Zeichen für Victory ist das bevorzugte Handzeichen beim Knipsen auf Urlaubsreisen.

Mit drei Fingern einer Hand dreimal auf den Tisch geklopft, wenn Tee nachgeschenkt wird, zeigt ein Dankeschön an. Der Brauch kommt aus Südchina und geht auf eine Begebenheit aus dem 18. Jahrhundert zurück. Damals soll Kaiser Qianlong während seiner Reise in den Süden ein Teehaus besucht haben. Der Legende nach schenkte er seinen Begleitern Tee ein. Da er inkognito reiste, wagten diese nicht, sich respektvoll durch einen Kotau zu bedanken, sondern pochten stattdessen mit den mittleren drei Fingern der rechten Hand auf den Tisch, so als würden sie mit Kopf und Knien den Boden berühren.

Umgangsformen

Über chinesische Umgangsformen zu schreiben ist ein schweres Unterfangen, denn auch auf diesem Gebiet sind viele Veränderungen im Gange. Wessen Umgangsformen sind überhaupt gemeint? Die der Bauern oder die der Städter? Aber auch die Städter sind keine homogene Gruppe, sie gehören entweder der alten oder jungen Generation an, sind arm oder reich, gut oder weniger gut gebildet, traditionsbewusst oder modern, auslandserfahren oder noch nie aus China, möglicherweise noch nie aus ihrer Stadt herausgekommen. Versuchen wir es trotzdem, und bemühen wir uns dabei, einen goldenen Mittelweg zu finden.

Titel und Bezeichnungen

> Die Gruppe chinesischer Fluggäste betrat die Businessclass, verstaute ihr Gepäck und nahm ihre Plätze ein. Dies geschah mit aufgeregtem Geschrei, und dabei flogen Sätze hin und her wie: Generaldirektor Li, darf ich Ihnen helfen? Geschäftsführer Chen, wollen Sie nicht neben Generaldirektor Li sitzen? Abteilungsleiter Guo, kommen Sie doch hierher!

Die Rangordnung ist wichtig. Das war im alten China so, und so ist es auch im modernen.

Titel, Ränge, Berufsbezeichnungen und Bestimmungsworte wie Herr, Frau, Fräulein werden den Eigennamen immer nachgestellt. Ein Herr Li heißt auf Chinesisch: *Li Xiansheng*. Seine Frau wird *Li Taitai* gerufen. Lässt sie sich, wie in China üblich, mit ihrem Mädchennamen »Yu« ansprechen, wählt man die neutrale Form von Frau und sagt: *Yu Nüshi*.

Im chinesischen Kaiserreich war es wichtig, der Beamtenschaft anzugehören. Mit der Erlangung eines Beamtentitels stieg schlagartig das Ansehen einer jeden Familie. Noch heute legen die Chinesen großen Wert auf ihren Titel, der deshalb immer Teil der respektvollen Anrede ist. Jemand ist nicht einfach nur Herr Wang oder Frau Li, sondern Generaldirektor Wang, *Wang Zong*, und Schuldirektorin Li, *Li Xiaozhang*. Auch bei den Leitern kleinster Abteilungen ist es üblich, den Rang anzuhängen, wie *Chuzhang* oder *Kezhang*. Beijing ist voll von solchen Leitern großer oder kleiner Abteilungen in Regierung, Partei, Armee, staatlichen Unternehmen, Banken und Privatfirmen. Die Beijinger sagen, dass selbst in jedem Autobus des öffentlichen Nahverkehrs immer gleich mehrere Abteilungsleiter zu finden sind. Ein kleiner Abteilungsleiter zählt nicht viel in Beijing, anders in der Provinz. Dort ist ein Abteilungsleiter ein großer Mann, und entsprechend ehrfurchtsvoll wird er auch angesprochen.

Es sind nicht nur Titel, sondern auch manche Berufe, die zur persönlichen Anrede genutzt werden. Die Schüler sprechen ihren Lehrer nicht einfach nur mit »Herr Yang« an, sondern nennen ihn Lehrer Yang, *Yang Laoshi*, und zu Frau Lu, einer Ärztin, würde man sagen: *Lu Yisheng*, Ärztin Lu.

Es ist interessant zu beobachten, wie sich die Gepflogenheiten der Anrede in den letzten Jahrzehnten immer wieder gewandelt haben. Nach der Revolution waren Titel und Bestimmungsworte wie Herr, Frau und Fräulein verpönt. Da hießen alle nur Genosse, *Tongzhi*. Ausgenommen die höchsten politischen Führer wie der Vorsitzende Mao, *Mao Zhuxi*, und Premierminister Zhou, *Zhou Zongli*. Die Frauen, denen Mao die andere Hälfte des Himmels versprochen hatte, waren nun berufstätig und wollten sich nicht länger *Taitai*, die »Frau des Herrn X« nennen lassen. Auch ein Ehemann sprach nun nicht mehr von seiner Frau, *Taitai*, sondern von seinem »geliebten Menschen«, *Airen*. Das soll auf Mao Zedong zurückgehen. Als dieser noch nicht von seiner dritten Frau geschieden, aber schon mit Jiang Qing liiert war, nannte er diese seinen *Airen*, und prompt sprach wenig später ganz China nicht mehr von Ehefrauen oder Ehemännern, sondern nur noch von »geliebten Menschen«. Auch Fräulein, *Xiaojie*, klang in revolutionären Zeiten für manche Ohren unangenehm, erinnerte dieser Begriff doch weniger an die unverheiratete junge Frau als vielmehr an die Freudenmädchen, die einstmals so gerufen wurden. Nach Maos Tod und dem Beginn der Reformpolitik kamen die Titel wieder in Mode, und wer keinen Titel hatte, wurde manchmal statt »Genosse« plötzlich »Meister«, *Shifu*, gerufen. Es war schon putzig zu hören, wie viele Meister plötzlich überall unterwegs waren. Dann kam »Chef«, *Laoban*, auf. Darunter versteht man eigentlich den Chef eines Privatunternehmens, und nicht immer sind die besten Assoziationen mit diesem Begriff verbunden, kann es sich doch auch um den Chef einer schmierigen kleinen Klitsche handeln. Deshalb zuckt mancher Wissenschaftler zusammen, der von einem wildfremden Menschen *Laoban* gerufen wird. Auch *Laoshi*, Lehrer, ist eine populäre Anrede, obwohl es sich um gar keinen Lehrer handeln muss, sondern nur um jemanden, dem man Respekt erweisen will. Die angesprochene Person, ganz gleich ob Mann oder Frau, ist dabei meist älter als der Sprecher.

In letzter Zeit kehren die alten Bezeichnungen wieder zurück: *Xiansheng* für Herr, *Taitai* für Frau, in Verbindung mit dem Nachnamen des Ehemannes, und *Xiaojie* für Fräulein. Da Frauen ihren Mädchennamen behalten, lautet eine respektvolle neutrale Anrede, egal ob sie verheiratet sind oder nicht, *Nüshi*. Wer kein Chinesisch spricht, der mag diese komplizierten Unterschiede ignorieren. Mit Mr., Mrs. oder Madam macht man nichts verkehrt.

Im vertrauteren Umgang bestimmt das Alter die Anrede. Dann wird dem Familiennamen ein »alt«, *lao*, und »klein«, *xiao*, vorangestellt. Der ältere Kollege Li ist dann *Lao Li*, der alte Li, und die jüngere Kollegin Bai *Xiao Bai*, die kleine Bai.

Stellt man das *Lao* hinter einen Nachnamen, so drückt es Würde aus. Ein alter, würdevoller Herr Chen wird respektvoll *Chen Lao*, Ehrenwerter Chen, genannt.

Junge Leute sprechen Ältere, auch Ausländer, manchmal im vertrauten Ton mit Tante, *A'yi*, oder Onkel, *Shushu*, an.

Die Anrede: duzen oder siezen?

Wohlerzogene Nordchinesen siezen respektvoll die Älteren, Ranghöheren und Autoritäten wie Lehrer und Professoren. Früher war es üblich, die Eltern zu siezen. In manchen Familien hat sich dieser Brauch bis heute erhalten. Yu-Chien erinnert sich, dass er seine Eltern nicht einmal siezen, sondern nur in der dritten Person ansprechen durfte.

Die Südchinesen kennen diese Unterscheidung zwischen du und Sie, *ni* und *nin*, nicht.

Vom Grüßen und Begrüßen

> Yu-Chien war erst kurze Zeit in Deutschland und mit den Gepflogenheiten noch nicht recht vertraut. Da begegnete er auf dem Weg zur Universität einem deutschen Kommilitonen. Nach einem freundlichen »Guten Tag!« wollte Yu-Chien von ihm wissen, wohin er ginge. Dieser reagierte überrascht: »Entschuldige, aber das geht dich wirklich nichts an.« Yu-Chien war beleidigt und hat diese Antwort nie vergessen.

Wenn sich Chinesen begegnen, grüßen sie sich nicht nur mit einem kurzen »Guten Tag!«, *Ni hao!* (wörtlich: Du gut?), sondern fügen gern noch eine kleine Frage an, die Interesse, aber auch Respekt ausdrücken soll. Der andere ist einem nicht gleichgültig. Man nimmt Anteil und will mit dem bekundeten Interesse ein freundliches Gefühl vermitteln. Niemand erwartet auf eine solche Frage eine ausführliche Antwort. In dem eingangs beschriebenen Fall hätte es gereicht, vage zu antworten: »Ich habe in der Stadt zu tun.«

> »Habt ihr schon gegessen?«, fragte der Pilot die Stewardessen, als er um 11:40 Uhr das Flugzeug betrat.
> »Ja«, erwiderten die beiden jungen Frauen.
> »Gut«, meinte er und verschwand mit einem freundlichen Nicken im Cockpit, um den Abflug nach Europa vorzubereiten.

Trifft man sich zu den üblichen Essenszeiten, heißt es oft: »Hast du schon gegessen?« Als Antwort reicht ein einfaches Ja, egal ob es stimmt oder nicht. Sollte man bereits gegessen haben, erwartet niemand die detaillierte Speisefolge. Besucht man jemanden zu Hause und ist nicht zum Essen eingeladen, würde ein Nein auf diese Frage den Hausherrn veranlassen, dem Gast etwas zu essen anzubieten.

Neben dem normalen Gruß *Ni* beziehungsweise *nin hao!*, »Du/Sie gut?«, ist auch das westliche Händeschütteln inzwischen üblich. Manche Chinesen haben einen erstaunlich schlaffen Händedruck. Die traditionelle Form der Begrüßung ist die leichte Verbeugung. Häufig begrüßen Chinesen einander auf traditionelle und auf westliche Weise, indem sie sich zuerst verbeugen und dann die Hand zum Gruß ausstrecken. Ein weiterer traditioneller Gruß sind die in Brusthöhe verschränkten Hände. So grüßt man beispielsweise eine Gruppe, wenn diese am Tisch sitzt und man nicht jedem einzelnen die Hand reichen will. Und natürlich ist das der Gruß der Gongfu(Kung-Fu)-Kämpfer.

Wangenküsse sind unter Chinesen normalerweise nicht üblich. Man sieht sie aber zunehmend bei Leuten mit Auslandserfahrungen oder wenn sie Kontakt mit Ausländern haben.

Erwartet man einen Gast, heißt man ihn zu Hause oder im Büro willkommen, *Huan Ying!* Reist der Gast von ferne an, holt man ihn am Flughafen, oder wo auch immer er ankommt, ab. Chinesen wollen in Empfang genommen und betreut werden. Man lässt sie nicht allein irgendwo warten. Wurde jemand zu einem Vortrag eingeladen und erscheint am Ort der Veranstaltung, möchte er offiziell begrüßt und mit den Örtlichkeiten vertraut gemacht werden.

Kommen mehrere Personen, begrüßt man zuerst den Hauptgast, beziehungsweise den Ranghöchsten einer Delegation. »Ladys first« gilt nicht, auch nicht, wenn es sich um eine Gruppe Gleichgestellter handelt. Man begrüßt den Nächststehenden und dann der Reihe nach die anderen.

Visitenkarten

Der Austausch von Visitenkarten, mit beiden Händen und leichter Verbeugung überreicht, gehört zum selbstverständlichen ersten Schritt des gegenseitigen Kennenlernens. Selbst Schüler und Studenten basteln sich Visitenkarten und nennen die Schule oder Universität. Man will wissen, wen man vor sich hat, und deshalb listen viele Chinesen neben Namen, Tätigkeit und Adresse auch noch jede Mitgliedschaft selbst in kleinsten Vereinigungen auf. Manche sagen, je länger die Liste, desto unwichtiger die Person. Das dachte wohl auch einer der wichtigsten Wirtschaftsbosse in Hongkong, der auf seiner Visitenkarte nur die drei Zeichen seines Namens stehen hat. Wer ihn anrufen oder treffen will, muss sich an seinen Sekretär wenden, auf dessen Visitenkarte selbstverständlich Büroadresse und alle weiteren Daten stehen.

Ein deutscher Besucher sollte sich möglichst zweisprachige Visitenkarten besorgen. Meist wird die eine Seite deutsch, die andere chinesisch bedruckt. Wer sich solche Visitenkarten vor der Abreise nicht beschaffen kann, sollte sich englischsprachige besorgen. Aber auch in jeder Großstadt Chinas lassen sich zweisprachige Visitenkarten innerhalb weniger Stunden anfertigen.

Chinesen haben oft Schwierigkeiten mit der Aussprache von europäischen Namen. Manche Namen erkennt man überhaupt nicht mehr wieder. Unaussprechlich sind für sie mehrere Konsonanten in Folge, vor allem wenn auch noch ein »R« oder ein »L« darin enthalten ist. Aus »Petra« wird dann *Petela*, aus »Kruse« *Keluse*. Überträgt man einen Namen ins Chinesische, gibt es zwei Möglichkeiten: Entweder passt man ihn chinesischen Silben an, wodurch allein der Blick auf die Visitenkarte den Ausländer erkenntlich macht, oder man wandelt ihn in einen chinesischen um. Detlef Franke könnte dann in chinesische Silben übertragen heißen: Detelefu Fulanke oder wenn sinisiert: Fu De.

Das Gespräch

> Die chinesische Delegation war am Abend eingetroffen. Am nächsten Morgen um neun hatte sie einen Termin bei einem deutschen Maschinenbauer. Die Sekretärin führte sie in den Konferenzraum. Kaffee und Kekse standen bereits auf dem Tisch. Die Geschäftsleitung betrat den Raum, Visitenkarten wurden ausgetauscht, alle nahmen Platz, der Geschäftsführer schlug seine Unterlagen auf, und schon kam er zur Sache. Um zwölf Uhr entschuldigten sich die »Gastgeber«. Man habe noch einen Termin. Der Delegation wurde in der Umgebung ein Restaurant empfohlen und die Fortsetzung der Verhandlungen auf zwei Uhr anberaumt. Abends um acht waren die Chinesen wieder im Hotel. Sie hatten die Verhandlungen erfolgreich abgeschlossen, der Vertrag war unterzeichnet, verärgert waren sie trotzdem.

Manchmal ist es Scheu, aber vielleicht auch nur Desinteresse. Deutsche Geschäftsleute sind in China dafür bekannt, dass sie dazu neigen, ohne große Vorrede gleich zur Sache zu kommen. Chinesen empfinden diese Sachlichkeit als Kälte. Sie möchten zunächst miteinander warm werden, den anderen kennen lernen, bevor sie mit ihm Geschäfte machen. Eine angenehme Atmosphäre muss geschaffen werden, oder wie man im Deutschen sagt: Die Chemie muss stimmen. Das eine oder andere Wort, das man sich auf Chinesisch aneignet, es möglichst auch richtig ausspricht und in solch einer Runde zum Besten gibt, kann für eine gelöste und entspannte Atmosphäre sorgen. Allerdings sollte der Hang zu einem freundlichen Vorgeplänkel nicht darüber hinwegtäuschen, dass Chinesen zähe Verhandlungspartner sind. Es braucht Zeit, Geduld und gute Vorbereitung, um in China Geschäfte zu machen. Das geht nicht nur Ausländern so, sondern ebenso Chinesen untereinander.

Bei den Gesprächen ist es immer der Ranghöchste, an den man sich zunächst wendet und der in der Regel auch als Erster spricht. Untergeordnete Mitarbeiter sind es nicht gewöhnt, unaufgefordert zu sprechen oder ihre Vorgesetzten zu unterbrechen. Sie sprechen erst, wenn man ihnen das Wort erteilt. Selbst bei großen Delegationen und Besprechungen kann es passieren, dass nur der Delegationsleiter beziehungsweise der Ranghöchste spricht.

Viele Gespräche müssen mit Hilfe eines Dolmetschers geführt werden. Seine Bedeutung sollte nie unterschätzt werden. Durch ihn können Verhandlungen scheitern oder gelingen. Bei der Auswahl kommt es weniger darauf an, wie attraktiv er oder sie ist, als vielmehr auf Können, Wissen, Erfahrung und Gespür. Kürzlich erzählte ein älterer Chinese einem Deutschen etwas von den drei Musketieren und spielte damit auf den gleichnamigen Roman an. Der junge chinesische Dolmetscher hatte davon noch nie gehört und begriff deshalb die Anspielung nicht. Er versuchte sich mit einer ungenauen Übersetzung durchzumogeln, bis plötzlich alle völlig verwirrt waren und keiner mehr wusste, um was es eigentlich ging. Dies passierte bei einer Grillparty und war ohne große Bedeutung. Was aber passiert, wenn sich ähnliche Fehler bei wichtigen Verhandlungen einschleichen? Wer über einen Dolmetscher ein Gespräch führen muss und sich dessen Qualität nicht sicher ist, sollte immer genau beobachten, welche Reaktionen und Antworten das Gesagte auslösen.

Körperliche Berührung

Chinesen gleichen Geschlechts fassen sich gern an; junge Leute umarmen sich auch. Dies sollte nicht missverstanden werden. Nicht mit Homosexuellen und Lesben hat man es zu tun, sondern mit dem Ausdruck von Freundschaft und Vertrautheit. Zwischen Mann und Frau war es dagegen lange Zeit verpönt, sich in der Öffentlichkeit zu berühren, selbst wenn es sich um Ehepaare handelte.

Außerhalb des privaten und vertrauten Rahmens legen Chinesen im Allgemeinen Wert auf Distanz, und deshalb ist ausreichend Abstand immer empfehlenswert. Mancher Deutsche rückt seinem Gesprächspartner derart nahe, dass es einem Chinesen flau wird, vor allem, wenn obendrein noch Körper- oder Mundgeruch verströmt wird.

Höflichkeit im privaten Umgang

Die Höflichkeit ist eine alte chinesische Tugend, auch wenn mancher Ausländer daran zweifelt, wenn er sieht, wie ruppig, ungeduldig und desinteressiert sich manche Chinesen in der Öffentlichkeit verhalten. Ganz anders ist es jedoch im privaten Umgang, wo manche so höflich sind, dass sie von Ausländern nur noch missverstanden werden können. Höflichkeit wird als Zeichen von guter Erziehung gesehen. Höflichkeit ist aber auch ein Selbstschutz. Sie ermöglicht es, das Gesicht zu wahren. Ein höfliches Ja muss keine Zustimmung sein, ein höfliches Nein keine ernst gemeinte Absage. Erfahrung und Einfühlungsvermögen sind nötig, um immer herauszuhören, was eigentlich gemeint ist. Selbst Chinesen untereinander haben damit Schwierigkeiten. Wie soll es da erst Ausländern gehen?

> Das chinesische Ehepaar lebte noch nicht lange in Deutschland. Ein deutscher Geschäftsmann lud die beiden spontan zum Essen in sein Haus ein. Sie bedankten sich, kamen aber nicht zur verabredeten Zeit. Eine halbe Stunde später rief er sie auf ihrem Handy an. Er vermutete, dass sie den Weg nicht fanden. Es war ihnen furchtbar peinlich. Etwas sei dazwischengekommen, entschuldigten sie sich, aber sie würden sich sofort auf den Weg machen. Als sie schließlich eintrafen, hatten sie bereits gegessen und bekamen kaum noch einen Bissen hinunter.

Der deutsche Geschäftsmann hätte die Einladung noch einmal nachdrücklich aussprechen und telefonisch bestätigen müssen. Nur einmal ausgesprochen und das noch mehrere Tage im Voraus, da war sich der neue chinesische Bekannte nicht sicher, ob die Einladung wirklich ernst gemeint war, und er war zu höflich, um noch einmal nachzufragen.

Verletzende Klarheit

Chinesen mögen niemandem etwas mit einem klaren Nein abschlagen. Ebenso trifft es sie, wenn man es mit ihnen macht.

> »Können Sie Ihren Aufenthalt nicht verlängern?«, fragte die Chinesin die deutsche Wissenschaftlerin.
> »Nein«, erwiderte diese. »Mein Flug ist für Freitag gebucht.«
> »Verschieben Sie ihn doch!«
> »Nein, das geht nicht.«

Die Chinesin erwartete nicht wirklich, dass die Deutsche ihren Abflug verschieben würde. Was sie mit ihrer Aufforderung demonstrieren wollte, war ihre Sympathie für die deutsche Kollegin und das Bedauern über deren Abreise. Eine bessere Antwort wäre gewesen: »Ich muss leider wirklich los. Ich habe einen dringenden Termin.«

Statt etwas rundheraus abzulehnen, sollte man sich zögernd geben. Anworten wie: »Ich denke darüber nach« oder »Ich schaue mal, was sich machen lässt«, klingen in chinesischen Ohren wesentlich angenehmer. Ein klares Nein empfindet mancher Chinese als Gesichtsverlust: So wenig bedeute ich dir, dass du ohne nachzudenken meine Bitte ablehnst? Indem man dem anderen signalisiert, dass man gern auf ihn eingeht, zollt man ihm Respekt und vermittelt ihm ein angenehmes Gefühl.

»Sie müssen mich unbedingt einmal besuchen kommen«, muss keine ernst gemeinte Einladung sein, die man sofort mit einem

Terminvorschlag erwidert, sondern kann lediglich eine Form der Höflichkeit und Sympathiebekundung sein. Die passende Antwort wäre: »Sehr gern, mal sehen, wann sich eine Gelegenheit bietet.« Der Einladende muss dann den nächsten Schritt tun.

Mancher Deutsche wendet sich mit einer klaren Frage an einen Chinesen. Wenn dieser die Frage nicht beantworten kann, wird er dies nicht gern zugeben, sondern sich eher unklar ausdrücken und anbieten, sich entsprechend zu erkundigen.

Im Chinesischen gibt es übrigens kein klares Ja und Nein. Zum Beispiel wird die Frage, ob es draußen regnet, bejaht mit »Es regnet!« oder verneint mit »Es regnet nicht«.

Telefonieren in China

In den 70er Jahren und zu Beginn der 80er besaßen nur privilegierte Familien ein Telefon. Die anderen mussten sich mit einem Gemeinschaftstelefon begnügen, das meist in einem kleinen Häuschen am Rand der Siedlung stand. Jahrzehnte würde es dauern, bis China verkabelt und jeder mit einem Telefon ausgestattet wäre, dachte man damals. Doch es kam anders. Warum sollten sie die Entwicklung des Westens in allen Schritten nachmachen, fragten sich die Chinesen und übersprangen einfach ein paar Jahrzehnte technischer Entwicklung. Deshalb lief man in China schon mit dem Handy herum, als es in Deutschland noch belächelt wurde. Chinesen sind technikbegeistert und offen für jede Innovation. Ihre Handys sind immer auf dem neuesten Stand, und natürlich telefonieren auch schon viele per Computer.

Wer in China telefoniert, muss sich zunächst an den barschen Umgangston gewöhnen. Man meldet sich nicht mit dem Namen, sondern mit einem knappen *Wei*, »Hallo!«. Auch der Anrufer nennt nur selten seinen Namen, wenn der gewünschte Gesprächspartner nicht am Apparat ist. Stattdessen fragt er kurz und bündig nach, wo der Betreffende steckt. Manche geben darauf nur vage Auskunft oder erwidern ebenso barsch »Nicht da«. Erst wenn man nachfragt und der Anrufer seinen Namen nennt, wird der Ton freundlicher und das Gespräch persönlicher.

Chinesische Gastfreundschaft

Was Ausländer in China an Gastfreundschaft erleben, ist für sie meist sehr beeindruckend. Das einzige Problem, das sie damit haben, ist die Vorstellung, sich bei einem Gegenbesuch kaum in ähnlicher Weise revanchieren zu können. Der Aufwand, der in China üblich ist, übersteigt in westlichen Ländern häufig den Rahmen des Möglichen. Dabei ist es eigentlich ganz einfach. Chinesen wollen betreut werden und ein interessantes Programm geboten bekommen. Sie wollen nicht sich selbst im Hotel überlassen werden, denn kaum einer zieht auf eigene Faust los. Sie schließen sich lieber einer Führung an. Chinesen sind neugierig und lernen mit Vergnügen fremde Sitten und Gebräuche kennen. Sie kommen auch gern nach Hause, gehen in die Familien, auf Gartenpartys oder sonst wohin, wo es etwas Interessantes zu sehen gibt. Chinesen vermischen gern Privates mit Geschäftlichem. Sie laden Geschäftsfreunde nicht nur zum Essen ein, sondern auch zu großen Feiern wie beispielsweise zur eigenen Hochzeit oder zu der ihrer Kinder.

Man fährt gut damit, dem chinesischen Gast zu Beginn seines Besuches ein genaues Programm vorzulegen und mit ihm abzustimmen, ob Änderungen vorgenommen werden sollten oder ob es eigene Wünsche und Erwartungen gibt.

Zur Begrüßung ein Getränk

»Darf ich Ihnen etwas zu trinken anbieten?«, fragt der Gastgeber.
»Nein danke«, erwidert der Gast.
»Etwas Warmes oder Kaltes?«
»Nur keine Umstände.«

> Es ist heiß draußen. Also wird dem Gast etwas Kaltes vorgesetzt.
> »Danke«, sagt er und trinkt erleichtert ein paar Schlucke. Er ist wirklich durstig.

Vielleicht hat er aber auch keinen Durst und rührt das Glas nicht an. Wie auch immer, dem Gast wird nach seinem Eintreffen etwas zu trinken angeboten, meist Tee, selten Kaffee, im Sommer eventuell etwas Kaltes. Der chinesische Gast lehnt aus Höflichkeit ab, meist ergänzt durch die Erklärung, nicht zur Last fallen zu wollen. Eine solche Antwort muss ignoriert werden. Chinesen verfahren mit dem ausländischen Gast genauso, ohne zu wissen, dass das Nein eines Deutschen meist ernst gemeint ist und er wirklich nichts trinken möchte. Er bekommt ein Getränk serviert, für das er sich höflich bedanken sollte, das er aber nicht unbedingt trinken muss.

Das gemeinsame Essen – das wichtigste Kommunikationsmittel der Chinesen

Ob in der Familie, unter Freunden oder mit Kollegen und Geschäftspartnern, das gemeinsame Essen dient nur in zweiter Linie der Nahrungsaufnahme. Man lädt zum Essen ein, um sich besser kennen zu lernen. Am Esstisch tauscht man Informationen und Gedanken aus, knüpft Beziehungen, vertieft Kontakte, bahnt Geschäfte an. Durch ein Essen versichert man sich der gegenseitigen Aufmerksamkeit, bittet um eine Gefälligkeit, zeigt sich erkenntlich und dankt für gute Arbeit. Nur auf ein Glas Wein oder Bier trifft man sich nie, auch im Freundeskreis nicht. Jeder muss doch essen, sagen die Chinesen, warum tun wir es dann nicht gemeinsam?

Die Einladung zum Essen ist ein Freundschaftsbeweis. Einen Gast in der eigenen Stadt zu begrüßen und ihn nicht zum Essen einzuladen ist eine Beleidigung, und man sollte triftige Gründe dafür haben, wenn man es nicht tut. Ein Essen wird als Ausdruck der Wertschätzung verstanden. Wie wichtig bin ich dem Gastgeber? Wie viel Mühe macht er sich meinetwegen? Manche Deutsche beleidigen ihre chinesischen Gäste, indem sie ihnen aus reiner Gedankenlosigkeit ein zu einfaches Essen auftischen.

Verabredung und Einladung

Eine Einladung auszusprechen kann ein Ritual sein. Höfliche Chinesen lehnen sie in der Regel zunächst einmal ab. Darauf einzugehen wäre unklug.

> Petra war als Dolmetscherin mit einer chinesischen Delegation unterwegs. Sie riet der Geschäftsleitung eines deutschen Unternehmens, die Delegation zum Abendessen einzuladen. Der Geschäftsführer nahm den Rat dankend an und sprach die Einladung aus. Der chinesische Delegationsleiter lehnte höflich ab. Schon morgen Früh würden sie abreisen. Der Deutsche gab sich damit zufrieden. »Versuchen Sie es noch einmal«, riet ihm Petra. Das machte er, doch wieder lehnte der Chinese ab. Es gäbe noch einiges zu tun. »Bestehen Sie darauf«, mahnte Petra den Deutschen. »Sagen Sie, es würde Sie sehr traurig stimmen, wenn man einfach so auseinander ginge.« Der Deutsche runzelte die Stirn. »Wir sind doch hier nicht im Kindergarten«, fuhr er Petra an. »Mir ist es egal«, gab sie zurück, »es geht hier nur um Ihre Kontakte.« Das schien ihm einzuleuchten, und noch einmal sprach er die Einladung aus und diesmal mit Nachdruck. Da lachte der chinesische Delegationsleiter. »Wir wollen Ihnen wirklich keine Umstände machen, aber wenn Sie so darauf bestehen, kommen wir natürlich gern.«

Bestätigung ist ratsam

> Die Einladung zum Essen war drei Wochen vorher telefonisch abgesprochen worden, und obwohl Yu-Chien drängte, hielt Petra es nicht für nötig, bei den deutschen Bekannten noch einmal nachzufragen, ob es denn nun auch wirklich dabei bliebe. Als sie eintrafen, waren alle anderen Gäste bereits eingetroffen, und keiner von ihnen hatte sich vorher noch einmal des Termins vergewissert.

Chinesen erstaunt es in Deutschland immer wieder, dass man sich über Wochen auf einen bestimmten Termin festlegt, ohne ihn kurz vorher noch einmal zu bestätigen. Chinesen bleiben gern flexibel, legen sich nur ungern fest und springen selbst bei vorheriger Zusage noch schnell mal ab, wenn ihnen etwas anderes plötzlich wichtiger erscheint. Oder sie bringen noch jemanden mit, von dem man nichts wusste und der auch nicht eingeladen war. Es ist ratsam, vorher noch einmal nachzuhaken, was nun eigentlich Sache ist und ob alles so wie vereinbart bleibt. Genauso schätzen es chinesische Gastgeber, wenn man ihre Einladung kurz vorher noch einmal bestätigt.

Eine neue Regel in vielen Privathaushalten: Schuhe ausziehen

In den 80er Jahren sah es in den chinesischen Wohnungen noch spartanisch aus. Weder Teppich noch Parkett, stattdessen blanke Betonfußböden, auf denen man wunderbar herumkleckern konnte. Selbst das größte Malheur war schnell weggewischt, und selbstverständlich betrat man ein chinesisches Wohnzimmer in Straßenschuhen. Heute, in Zeiten moderner Apartmenthäuser und schicker Eigentumswohnungen, richten sich viele Städter ein, als wären sie mit *Schöner Wohnen* aufgewachsen. Fliesen, Parkett, Teppiche zieren selbst den Eingangsbereich. Da will man den Staub der Straße nicht in die Wohnung geschleppt haben. In vielen Familien ist es deshalb üblich, die Schuhe schon vor der Wohnungstür auszuziehen und in bereitgestellte Pantoffeln zu schlüpfen. Von ausländischen Besuchern erwartet man dasselbe. Schnürschuhe sind in diesem Fall weniger praktisch.

Gastgeschenke

Früher konnte man alles mit nach China nehmen. Es fand immer dankbare Abnehmer. Heute ist es ungleich schwerer geworden, denn in den großen Städten gibt es eigentlich alles zu kaufen. Dennoch entfällt damit nicht die Notwendigkeit, ein Geschenk mitzubringen. Bei privaten Einladungen im Freundes- und Bekanntenkreis bringt man gern Obst, Alkohol oder etwas Kulinarisches mit. Naht das Mondfest, schenkt man Mondkuchen, nach erfolgter Teeernte in dekorative Dosen abgepackte Teeblätter. Auch Blumensträuße sind wieder in Mode, die aufwendig gebunden werden. Manchmal wird dabei jede Blüte einzeln in Zellophan gehüllt. Wer gerade von einer Reise zurückkommt, bringt kleine Andenken mit, etwa Süßwasserperlen von der Insel Hainan, Batikstoffe aus Yunnan oder aus Bambus Geflochtenes aus Sichuan.

Bei offizielleren Anlässen wird die Sache schwieriger. Chinesische Firmen lassen Geschenke häufig extra anfertigen und mit ihrem Namen versehen. Bei großen Konferenzen und Kongressen gibt man den Teilnehmern gern ein Geschenk zur Erinnerung mit, etwa eine Vase oder einen Teller mit Aufdruck des Veranstaltungstitels. In chinesischen Augen sollen Gastgeschenke etwas darstellen und auch einen gewissen Wert haben. Dekorationsstücke sind beliebt, aber auch praktische Dinge wie etwa Lederwaren oder Schreibutensilien bekannter Hersteller.

Gastgeschenke werden mit beiden Händen und ein paar freundlichen Worten überreicht, bei offiziellen Anlässen wird auch ein Foto gemacht. Der Beschenkte lehnt das Geschenk mit Bemerkungen wie »Das war doch nicht nötig!« der Form halber höflich ab, was natürlich nicht dazu auffordern sollte, dass es der Schenkende wieder einsteckt. Manche Chinesen geben sich besonders bescheiden und stellen ihr Geschenk, das in einer Plastiktüte verstaut ist, in der Garderobe ab. Andere deponieren es unauffällig neben dem Sofa, auf dem sie sitzen oder unter dem Tisch. Manchmal findet man solche Tüten erst dann, wenn der Gast gegangen ist.

Wird das Geschenk verpackt überreicht, wird es nach dem Empfang nicht etwa ausgepackt. Das sähe ja gierig aus. Man stellt es zur Seite und öffnet die Verpackung erst, nachdem die Gäste gegangen sind. Hat sich der Gast bei der Wahl seines Geschenkes etwas Persönliches gedacht, wird er es vor aller Augen selbst auspacken und mit den passenden Worten überreichen oder den Beschenkten zum Auspacken auffordern.

Zu manchen Anlässen schenkt man Geld, etwa zum Neujahrsfest den Kindern und dem Personal des Gastgebers. Das Geld wird in kleine rote Umschläge gesteckt, die es in allen chinesischen Papierhandlungen zu kaufen gibt. Geld wird auch zur Hochzeit verschenkt (siehe auch »Die Jungen heiraten, die Alten feiern«, S. 142).

Die sparsamen Deutschen

> Dass die ehemalige deutsche Kollegin keine gute Köchin war, wussten die Wangs. Sie nahmen die Einladung zum Abendessen trotzdem an, denn schließlich wollten sie die immer sehr nette Frau einmal wiedersehen. Was sie dann auf dem Esstisch erwartete, übertraf aber doch ihre schlimmsten Befürchtungen: ein eiskalter Bohnensalat und für jeden ein Butterbrot. Der Salat reichte gerade, dass sich jeder eine Portion nehmen konnte. Die Wangs waren peinlich berührt. So wenig also waren sie der Frau wert?

Manche Deutsche bemessen knapp, wenn sie Gäste einladen. Es soll nichts übrig bleiben. Reste sind unerwünscht. Knappes Essen gilt in China als Zeichen von Geiz. Selbst die Ärmsten werden alle Reserven anzapfen, um einen Gast angemessen zu bewirten. Wenn keine Reste übrig bleiben, kann das nur heißen, dass der Gastgeber zu wenig aufgetischt hat und sich der Gast nicht satt essen konnte. Welch ein Gesichtsverlust!

Wenn Chinesen zum Essen einladen, wird immer üppig aufgetischt. Mit wachsendem Wohlstand sind ihre Ansprüche gestiegen, und viele möchten dem Gast etwas Besonderes bieten, etwa die spezielle Küche einer Region oder ein besonders trendiges Restaurant. Was in den chinesischen Metropolen in dieser Hinsicht heute an Vielfalt, Luxus und Exklusivität geboten wird, wäre vor nicht allzu langer Zeit noch völlig undenkbar gewesen und übersteigt die Vorstellungskraft vieler Leute im Westen.

Nicht jeder isst Käse

> »Wenn ich von Deutschen zum Essen nach Hause eingeladen werde, esse ich vorher immer eine Schale Nudelsuppe«, sagte der Hongkonger Freund, der seit vielen Jahren in Deutschland lebt. »Entweder wird zu wenig gereicht, oder es kommen Sachen auf den Tisch, die man einfach nicht essen kann.«

Man sollte auf die Essgewohnheiten der Chinesen achten und im Zweifel vorher nachfragen, ob es bestimmte Abneigungen gibt. Ein blutiges Steak ist für viele Chinesen ein Graus, ebenso pro Person eine riesige Haxe. Chinesen essen verhältnismäßig wenig Fleisch (siehe auch »Von der Ausgewogenheit der chinesischen Küche«, S. 231). Mancher isst kein Lamm oder keinen Rohkostsalat. Möchte man einen Chinesen zu einem Schweizer Käsefondue einladen, sollte man sich vorher vergewissern, ob der Betreffende auch wirklich zu den seltenen Exemplaren gehört, die warmen Käse überhaupt riechen, geschweige denn essen können.

Auf die Qualität kommt es an

> Frau Shen war schon mehrmals von deutschen Familien eingeladen worden: »Du staunst, wenn du ihre Tischdekorationen siehst: von der frisch gebügelten Tischdecke, dem feinsten Porzellan und vornehmsten Silberbesteck bis hin zu Blumenschmuck und Kerzen ist alles perfekt. Aber wenn du dann siehst, was du auf all dem Pomp serviert bekommst, kannst du dich nur noch wundern.«

Chinesen betreiben im Allgemeinen nicht viel Aufwand, wenn es um die Dekoration ihrer Tische geht. Viel wichtiger ist die Qualität des Essens. Ist es vielfältig und reichlich? Duftet es appetitlich? Man sollte auch nicht verwundert sein, wenn chinesische Gäste dem Gastgeber Tipps geben, wie man den betreffenden Fisch oder das Fleisch sonst noch zubereiten könnte. Ob es den Gästen nicht schmeckt?, fragt sich dann manch deutscher Gastgeber. Für Chinesen gehört es zu ihren Lieblingsthemen, sich über Kochrezepte zu unterhalten. Unter Freunden und guten Bekannten kann es durchaus passieren, dass die Gäste in die Küche gehen und mit dem Argument »Huhn ist meine Spezialität« gleich selbst zu Pfanne und Kochlöffel greifen. Sie gehen auch an den Kühlschrank und schauen, was man sonst noch zubereiten könnte.

Tischsitten

Ein Essen in andächtiger Stille ist nichts für Chinesen. Nicht umsonst bevorzugen sie den runden Esstisch, der ein Gespräch mit allen Teilnehmern bequem ermöglicht. Sowohl im engsten Familienkreis als auch mit Gästen isst man immer gemeinsam von den Gerichten, die in der Mitte, bei großen Tischen auf einer drehbaren Platte, angeordnet stehen.

Chinesen sind temperamentvoll und können recht laut werden, vor allem, wenn genügend Alkohol fließt. Manchmal liegt der Geräuschpegel so hoch, dass man Schwierigkeiten hat, das Wort seines Gegenübers zu verstehen. Wer ungestört und unter sich sein möchte, fragt in einem Restaurant nach einem Séparée. Allerdings sind diese häufig an eine Mindestpauschale geknüpft. Bei Geschäftsessen, insbesondere im größeren Kreis, wählt man selbstverständlich immer ein Séparée.

Sitzordnung

In offizieller Runde sitzt rechts des Gastgebers der Hauptgast, links gegebenenfalls dessen Ehefrau. Der Gastgeber sitzt mit dem Gesicht zur Tür, so auch der Hauptgast. Gibt es einen Nebengastgeber, z. B. die Frau des Gastgebers oder der Mann der Gastgeberin, sitzt er dem Gastgeber gegenüber mit dem zweitwichtigsten Gast an seiner Seite.

Bei beliebiger Sitzordnung gibt es stets Gerangel um die so genannten besten Plätze, die jeder dem anderen überlassen will.

Finden sich mehrere Freundespaare zusammen, setzen sie sich gern an zwei verschiedene Tische: hier die Frauen, dort die Männer. Ohne Männer am Tisch lässt es sich viel besser plaudern, meinen vor allem die älteren verheirateten Chinesinnen. In großen Familien geht es ähnlich: Hier die Erwachsenen, dort die Kinder, oder hier die ältere, dort die jüngere Generation.

Von der Vielfalt eines »gemeinsamen« Essens

> Das deutsche Ehepaar empfing seine Gäste mit der Ankündigung: Heute essen wir chinesisch. Unter den vierzehn Gästen am Tisch war Yu-Chien der einzige Chinese, und deshalb warteten alle gespannt auf sein Urteil. Das Essen war in einem Chinarestaurant bestellt worden. Sechzehn Gerichte, genau so viele, wie Personen am Tisch saßen, wurden angekündigt. Das versprach Vielfalt und zeugte davon, dass die Gastgeber um die chinesischen Essgewohnheiten wussten. Doch das dicke Ende kam sogleich. Es gab süßsaures Schweinefleisch, sechzehnmal!

Chinesen lieben die Vielfalt beim Essen. Gehen sie in westliche Restaurants, bestellen sie oft unterschiedliche Gerichte und verteilen sie dann untereinander (siehe hierzu auch »Die Chinesen und die westliche Küche«, S. 235).

Deutsche kennen es anders: Vorspeise, Hauptgericht, Nachspeise, eventuell noch ein Kaffee. Sie sind es gewöhnt, sich das Essen auf ihren Teller zu füllen, ihn leer zu essen und eventuell noch einmal nachzunehmen. Deutsche im Chinarestaurant verfahren oft in gewohnter Weise: Jeder bestellt *sein* Essen und isst es allein auf. So kann es passieren, dass, wie beim Beispiel oben, alle dasselbe Gericht bestellen. In China isst man in Gesellschaft immer aus der Mitte von mehreren Gerichten. In der Regel werden so viele Gerichte bestellt, wie Personen am Tisch sitzen. Sind es nur zwei oder drei Personen, bestellt man mindestens ein Gericht mehr. Der Gastgeber gibt die Bestellung auf. In großer Runde wählt manchmal jeder ein Gericht aus. Dabei spricht man sich jedoch ab, ob das eine zum anderen passt. Zweimal süßsaures Schweinefleisch auf einem Tisch ist völlig unmöglich. Der eine bestellt Ente, der nächste Rind, einer schlägt Krabben vor, dann fehlt vielleicht noch ein Fisch und auf jeden Fall Gemüse. Der Deutsche fragt den anderen: »Was essen Sie?« In China fragt man: »Was essen wir?«

Der zurückhaltende Gast

Maler Chen war zu Besuch in Paris. Sein französischer Galerist lud ihn zum Abendessen in ein feines Restaurant ein. Chen freute sich. Er hatte einen Mordshunger, doch als er die Speisekarte studierte, war er ratlos und angesichts der Preise eingeschüchtert.
»Was möchten Sie essen?«, fragte der Franzose. Chen gab sich bescheiden: »Nur eine Kleinigkeit.«
»Haben Sie denn keinen Hunger?«
»Abends esse ich eigentlich nie viel«, erwiderte Chen.
Der Kellner wollte die Bestellung aufnehmen. »Bitte! Fangen Sie doch an«, forderte der Franzose seinen Gast auf. Chen lachte verlegen und tippte auf eine Vorspeise.
»Wollen Sie nicht noch eine Hauptspeise nehmen?«, fragte der Kellner. Chen schüttelte entschieden den Kopf. Wie sähe das denn aus, wenn er sich auf Kosten des Galeristen den Bauch voll schlägt?
Auf einem riesigen Teller lagen fein drapiert drei Scheibchen Hühnerbrust. Davon wurde Chen nicht satt, doch der Franzose reagierte nicht, sondern verputzte in aller Ruhe, was er sich selbst bestellt hatte, nämlich Vor- und Hauptspeise. Chen war peinlich berührt. Der Gastgeber müsste doch sehen, dass es nicht reichte. Er wagte es jedoch nicht, noch eine weitere Bestellung aufzugeben, denn hatte er nicht selbst gesagt, dass er nur eine Kleinigkeit essen wollte? Zwei Gläser Wein gaben ihm schließlich den Rest. Völlig fertig kehrte er in sein Hotel zurück.
Ein halbes Jahr später kam der Galerist nach Shanghai. Diesmal lud Chen ihn ein. In Gedanken freute er sich schon, wie ratlos der Franzose wohl in die Speisekarte schauen würde.
»Was möchten Sie essen?«, fragte er ihn.
»Oh, ich habe einen Mordshunger«, erwiderte der Franzose und ignorierte die Speisekarte. »Übernehmen Sie doch bitte die Bestellung.«
»Ente?«, fragte Chen.
»Gern!«

> »Oder lieber Krabben?«
> »Auch.«
> »Wie ist es mit einer Vorspeise?«
> »Immer!«, freute sich der Franzose. »Ich esse alles, was Sie bestellen.«
> Chen bestellte, und das natürlich reichlich. In bester Stimmung kehrte der Franzose in sein Hotel zurück.
> Chens Resümee: »Im Westen sagst du klipp und klar, was Sache ist. Keine falsche Bescheidenheit! Ja oder nein. Niemand fragt dich, ob ein Nein nicht doch ein Ja ist. Wenn du etwas bekommst und es nicht reicht, mach den Mund auf und verlange mehr. Aber in China wäre mir ein solches Verhalten peinlich.«

Der höfliche Gast hält sich zurück. Er will nicht gierig erscheinen. Es ist Sache des Gastgebers, für angemessene Bewirtung zu sorgen.

Die Aufforderung zum Essen

Ein chinesisches Essen setzt sich immer aus mehreren Gängen zusammen, die man in gerader Zahl arrangiert, etwa sechs kalte Vorspeisen und sechs warme Hauptgerichte. Dazu noch ein oder auch zwei Suppen und Nachspeisen. Festmenüs können aus weit über zehn Gängen bestehen. Sie sind vorbestellt und werden den Gästen manchmal auf eigens angefertigten Menükarten angekündigt. Wer an solchen Essen teilnimmt, sollte in weiser Voraussicht nur wenig von jedem Gericht nehmen, um nicht vorzeitig passen zu müssen. Reis wird meist nur auf Wunsch zu den letzten Gängen serviert, schließlich möchte man den Gast nicht mit Reis abfüllen.

Bei manchen größeren Gesellschaften werden die einzelnen Gerichte portioniert serviert. Auch Fisch oder Ente stellt das Personal gelegentlich nur zur kurzen Ansicht in die Mitte, um sie gleich darauf auf einem Beistelltisch in kleinen Portionen auf die einzelnen Teller zu verteilen.

Steht das Essen erst einmal auf dem Tisch, wünscht man sich keinen guten Appetit, sondern der Gastgeber fordert zum Zugreifen auf: »*Qing man yong!*« Manche Gäste halten sich dennoch höflich zurück. Wieder geht es darum, nicht gierig erscheinen zu wollen. So wird der Gastgeber seinen Nachbarn links und rechts etwas auf den Teller legen und sie immer wieder zum Zugreifen ermuntern müssen. Eventuelle Nebengastgeber tun es ihm gleich. Ohnehin ist es auch in vertrauter Runde eine höfliche Geste, die Tischnachbarn anfangs zu bedienen, bevor man sich selbst etwas nimmt. Hat man mit den eigenen Stäbchen bereits gegessen und möchte den Nachbarn etwas auftun, nimmt man dazu das Vorlegebesteck.

Jeder nimmt sich von den einzelnen Speisen nur so viel, dass alle etwas abbekommen. Niemand sollte das halbe Gericht abräumen, nur weil es ihm besonders gut schmeckt oder er es ausgewählt hat.

Viele Speisen lassen sich erst dann zubereiten, wenn die Gäste schon am Tisch sitzen. Kurz angebratenes Gemüse gehört dazu oder bestimmte Meeresfrüchte. Findet ein Essen zu Hause statt und wird es von den Gastgebern persönlich gekocht, muss die Hausfrau oder der Hausherr immer wieder an den Herd zurückeilen, wenn die Speisen heiß serviert werden sollen.

Stäbchen und Schale

> Hast du keine linke Hand?, schalt ihn die Mutter, wenn Yu-Chien seine Schale auf dem Tisch stehen ließ und von dort den Reis in den Mund balancierte.

Reisschale, Teller und Stäbchen gehören zur Grundausstattung eines chinesischen Gedecks. Hinzu kommt der Porzellanlöffel für die Suppe und ein Becher auf einem Unterteller für den Tee.

Bei einem einfachen Essen wird der Reis mit den Gerichten serviert. Man füllt ihn in die Schale, legt etwas von den Gerichten darauf und hält die Schale mit der linken Hand hoch, sodass man bequem in aufrechter Haltung daraus essen kann.

Man isst mit Stäbchen. Meist sind sie aus Bambus, Holz oder Plastik. Früher benutzte man in wohlhabenden Kreisen auch vielfach Stäbchen aus Silber und Elfenbein.

Wer es noch nicht gelernt hat, mit Stäbchen zu essen, kann dies schnell nachholen, denn es ist nicht schwer. 1,3 Milliarden Chinesen können es, auch ein Europäer lernt sie schnell zu handhaben. Dennoch stört es keinen Chinesen, wenn der Fremde um Gabel und Löffel bittet.

Vom gemeinsamen Trinken

Vor und nach dem Essen trinkt man meist Tee. Alkohol wird nur während des Essens gereicht, je nach Geschmack entweder Bier, Reis- oder Traubenwein oder Schnaps. In den letzten Jahren kamen französische Weine groß in Mode. Inzwischen gibt es auch gute chinesische Weine.

Auch wenn es häufig beim Essen feuchtfröhlich zugeht und die Schnäpse nur so gekippt werden, wird doch vergleichsweise wenig Alkohol getrunken. Viele Chinesen vertragen ihn nicht. Vor allem Frauen lassen sich meist nur ganz wenig einschenken.

Es ist üblich, bei Softdrinks, Bier und Schnaps die Gläser immer randvoll zu füllen und ständig nachzuschenken, auch wenn sie noch gar nicht geleert wurden. Die in Deutschland übliche Sitte, den Gast erst einmal austrinken zu lassen, ihn vielleicht sogar zu fragen, ob er noch etwas haben möchte, grenzt fast an Unhöflichkeit. Es wird generell nachgeschenkt. Wer nichts mehr haben will, wird den Gastgeber oder das Personal kaum daran hindern können, trotzdem nachzuschenken. Besser ist es, das Glas einfach nicht mehr anzurühren.

Chinesen, die sich mit europäischer Trinkkultur befasst haben und Freunde des Weines geworden sind, machen genau das Gegenteil. Sie schenken nur zwei oder drei kleine Schlucke des kostbaren Rotweins in den Weinkelch ein.

Chinesen mögen es, in fröhlicher Stimmung die Getränke auf ex zu trinken. Meist sind es hochprozentige Schnäpse oder Bier, manchmal auch Wein. Trinkfeste Männer und Frauen findet man vor allem in der Provinz Shandong. Wer mit denen nicht mithalten kann oder möchte, sollte von Anfang an keinen Alkohol anrühren und eine Allergie oder sonstige Krankheit vorschieben.

Nach dem ersten Einschenken erhebt der Gastgeber sein Glas, bringt einen Toast aus und trinkt auf das Wohl seiner Gäste. Der Gast wird es ihm im Laufe des Essens gleichtun und für die Einladung danken. Alkohol trinkt man bei Tisch nie allein, sondern immer zusammen, indem man den anderen zuprostet und wartet, bis diese ebenfalls ihr Glas erheben. Gegen Ende eines Essens steht man auch auf und geht um den Tisch herum, um mit bestimmten Personen direkt anzustoßen.

Von Zungenakrobaten und zwangloser Etikette

Chinesen sind Meister der Zungenakrobatik. Tütenweise verputzen sie Sonnenblumen- und Melonenkerne, indem die Kerne ungeschält in den Mund wandern und nach einem Biss und Zungenschlag die leeren Schalen hinausfliegen. Das geht nicht nur am Tisch sehr gut, sondern auch während langer Besichtigungstouren oder Bahnfahrten.

Ziemlich ratlos schauen Deutsche drein, wenn ihnen zum Essen ungeschälte Meeresfrüchte oder Geflügel mit Knochen angeboten werden. Soll man nach Messer und Gabel verlangen oder die Hände benutzen? Chinesen greifen sich das Teil mit den Stäbchen, beißen einer Krabbe erst den Kopf und dann den Schwanz ab, und kurz darauf wandert auch die übrige leere Schale auf den Teller. Eine ebenso leichte Übung ist es, das Fleisch von Schweinerippchen, die in mundgerechten Stücken gereicht werden, von den Knochen zu lösen. Auch beim Fischessen sortiert man nicht vorab mit den Fingern die Gräten aus, sondern spürt sie im Mund mit der Zunge auf.

Wer beim Essen kleckert, braucht sich nicht zu schämen. Fällt ein Happen auf den Tisch, bleibt er liegen und wird nicht wieder aufgenommen, weil selbst die mit einer frischen Decke versehene Tischplatte als unsauber gilt. Nicht ohne Grund, denn allzu häufig dient der Tisch als Ablage für unverdauliche Speisereste. Geradezu abenteuerlich sehen manche Tische gegen Ende eines Essens aus, wenn Schalen, Knochen, Gräten und was sonst noch für ungenießbar gehalten wurde, auf Tischplatten oder auch Tischtüchern liegt und nicht auf den dafür vorgesehenen Tellern. Den einfachen Restaurants ist das egal. Sie verzichten sowieso aufs Tischtuch. In den besseren versucht das Dienstpersonal dies zu vermeiden, indem es nach abfallreichen Speisen geschwind die Teller wechselt.

Geräusche bei Tisch

Die meisten Europäer wissen allmählich, dass sie bei Tisch nicht lautstark ins Taschentuch posaunen dürfen. Umso mehr verwundert es sie, dass andere, ebenso unangenehme Geräusche der Etikette anscheinend nicht widersprechen. Das genussvolle Schlürfen beispielsweise oder das wohlige Aufstoßen nach dem reichlichen Essen, auch lautes Schmatzen klingt nicht gut in europäischen Ohren. Ein dicker Rülpser auch nicht. Tatsächlich gehört auch in China das Rülpsen und Schmatzen nicht zu den feinen Tischsitten, auch wenn es verbreitet ist, ebenso wenig das Sprechen mit vollem Mund. Das Schlürfen allerdings ist allen heilig, denn Nudeln schmecken nur, wenn man sie lustvoll in den Mund saugen kann. Da sind sich Chinesen und Japaner zufällig einig. Auch Suppe und Tee werden oft geschlürft, weil beides meist kochend heiß genossen wird.

Nach dem Essen werden Zahnstocher gereicht, mit denen man sich hinter vorgehaltener Hand die Zähne säubert.

Wenn viel Alkohol geflossen ist und plötzlich ein wildes Geschrei einsetzt, müssen die Leute nicht unbedingt in Streit geraten sein, vielmehr üben sie sich wahrscheinlich in Fingerspielen wie »Papier, Stein und Schere«. Spätestens dann erkennt man den Vorteil der Séparées.

Zigaretten und Alkohol gehören allen

Ein Essen kann dauern, deswegen legen manche Raucher eine kleine Zigarettenpause ein. Ein berühmtes Sprichwort sagt, dass Zigaretten und Alkohol allen gehören. Der Raucher muss von seiner mitgebrachten Packung allen eine Zigarette anbieten. Man tut dies, indem man sie einzeln herauszieht und übergibt. In fröhlicher Runde wirft man sie auch mal quer über den Tisch. Wer eine Zigarette bekommt, aber nicht rauchen möchte, legt sie einfach kommentarlos neben den Teller. Deutsche sind daran gewöhnt, die Flasche Bier, die sie bestellt haben, oder den Schoppen Wein auch allein auszutrinken. Nicht so in China. Die Höflichkeit gebietet es, Getränke mit den anderen immer zu teilen.

Reste lassen ist höflich

> Max war zum ersten Mal zu Besuch bei seiner Schwiegermutter in Taibei. Sein chinesischer Wortschatz bestand aus nur wenigen Worten. Was er jedoch perfekt sagen konnte, war das Wort »gut«, *hao*. Während Ying, seine Frau, am ersten Morgen noch schlief, ging er schon mal in die Küche und ließ sich das Frühstück servieren. Die Schwiegermutter hatte ihm ein leckeres Spiegelei gebrutzelt, das er mit großem Appetit aß. »Hat es geschmeckt?«, fragte sie. »Gut!«, erwiderte Max. Die nächste Frage klang so ähnlich. Darum antwortete er erneut mit einem freundlichen »Gut!«. Daraufhin briet sie ihm ein zweites Ei. Das fand er nett. »Hat es geschmeckt?«, fragte sie. »Gut!«, erwiderte er und nickte, als sie weitersprach. Darauf gab es das dritte Ei. Er lachte, aber allmählich hatte er genug. Auch das vierte Spiegelei aß er artig auf. Er war es schließlich gewohnt, keine Reste zu lassen. Mit Schrecken sah er, dass das fünfte Ei schon in Vorbereitung war. Zum Glück stand seine Frau inzwischen auf. »Ich kann nicht mehr«, rief er verzweifelt, als sie in die Küche kam. Da hatte er bereits das sechste verputzt.

Ein leerer Teller ist dazu da, dass er wieder aufgefüllt wird. Wer nichts mehr haben möchte, lässt einfach einen Rest liegen. Niemand stört sich daran. In Deutschland freut sich der Gastgeber, wenn alles aufgegessen wird. Manche wischen sogar mit einem Stück Brot noch den Teller aus. Für den chinesischen Gastgeber wäre das beschämend. Angesichts leerer Teller und Schüsseln fragt er sich, ob er zu wenig bestellt hat, und wird schnell noch etwas nachbestellen. Der Gast sollte deshalb immer einen Anstandshappen liegen lassen.

Was bei einem Essen im Restaurant an Gerichten übrig bleibt, kann mit nach Hause genommen werden. Die meisten Restaurants stellen dafür eigens Styroporschachteln und Plastiktüten zur Verfügung.

Der Abschluss eines Essens

Bei einem Essen daheim im vertrauten Kreis kann es passieren, dass, wer satt ist, einfach aufsteht und die anderen mit einem wiederholten »*man man chi*« auffordert, in Ruhe weiterzuessen. Stundenlange Gespräche am nicht abgedeckten Esstisch kennt man in China nur selten. Stattdessen wird die Tafel aufgehoben, und man setzt sich in zwangloser Runde zum Tee zusammen. Alkohol wird nach dem Essen nicht mehr getrunken.

Ist der letzte Gang serviert, geht im Restaurant ein Essen langsam zu Ende. Erneut wird Tee ausgeschenkt. Ein langes Verweilen am Esstisch ist eher unüblich. Der Gastgeber dankt seinen Gästen fürs Kommen – das Zeichen zum Aufbruch.

Der Kampf um die Rechnung oder *going Dutch*

Wer in China ins Restaurant geht, wird früher oder später Zeuge manch tumultartiger Querelen: Die Leute zanken sich um die Rechnung. Nicht so bei offiziellen Geschäftsessen, wenn feststeht, wer wen einlädt. Doch in privater Runde kann es passieren, dass dem, der eigentlich einladen wollte, die Rechnung abgejagt wird.

Wer eingeladen hat, sollte aber auf dem Bezahlen bestehen. Man umgeht diesen Streit, indem man sich schon vor dem Ende des Essens unter einem Vorwand vom Tisch entfernt und die Rechnung heimlich begleicht. Der Wettkampf um die Rechnung ist ein Ritual der Höflichkeit. Treffen sich die Leute häufiger zum Essen, ist es nicht so, dass immer derselbe bezahlt, auch wenn jedes Mal ums Bezahlen gewetteifert wird. Man nimmt genau zur Kenntnis, wann wer bezahlt hat und wer als Nächster dran sein sollte. Mancher Ausländer lässt sich auf dieses Spiel nicht ein und lässt die anderen bezahlen, weil sie sich doch anscheinend alle so darum drängeln. Wer jedoch einmal verloren hat, sollte von vornherein klarstellen, dass er alle einlädt, und sich beim nächsten Mal durchsetzen.

Einzeln zu bezahlen sieht für Chinesen schrecklich geizig aus. Dass ein Kellner mit jedem abrechnet, was derjenige verzehrt hat, haben wir in China noch nicht erlebt. Die chinesische Art des Essens steht dem auch entgegen. Noch schlimmer ist es, wenn man auf zwei von vielleicht sechs Personen am Tisch zeigt und dem Kellner sagt: »Ich zahle für diese zwei und für mich.« Unter jungen Leuten ist das »going Dutch« verbreitet: Man geht gemeinsam und dennoch auf eigene Kosten essen. Wenn der Kellner die Rechnung bringt, wird durch die Anzahl der Teilnehmer geteilt, das Geld eingesammelt und der Betrag übergeben.

Trinkgelder

Ein schwieriges Thema, weil es immer noch sehr unterschiedlich gehandhabt wird. Dort, wo Ausländer ein- und ausgehen, werden in der Regel auch gern Trinkgelder genommen, nicht vor aller Augen, sondern unauffällig zugesteckt. Gepäckträger an Flughäfen oder in den großen internationalen Hotels erwarten selbstverständlich ein Trinkgeld, genau wie die Begleiter von Reisegruppen, deren Gehalt häufig so niedrig ist, dass sie im Grunde genommen nur von den Trinkgeldern ihrer Gäste leben und von den Provisionen, die sie von den Geschäften und Werkstätten kassieren, wenn sie ihre Gäste dort zum Einkaufen vorbeiführen.

Verabschiedung von Gästen

> Nach herzlichem Abschied verließ Frau Hu ihre deutschen Freunde, die im vierten Stock eines Mietshauses wohnten. Sie war erst drei, vier Stufen gegangen und noch längst nicht im dritten Stock angekommen, da fiel die Wohnungstür bereits ins Schloss. Für Frau Hu klang es wie ein Rausschmiss.

Chinesen verabschieden ihre Gäste und begleiten sie hinaus, wie etwa von der Wohnungstür zum Fahrstuhl. Mancher Hausherr lässt es sich nicht nehmen und führt den Gast bis auf die Straße zum Taxi oder zu dessen Auto. Natürlich wehrt sich der Gast gegen solche Höflichkeit mit den Worten »Es bedarf keiner Begleitung«, *Bu yao song!*. Davon lässt sich der höfliche Gastgeber jedoch nicht abbringen.

Möchte man den Gast nicht bis auf die Straße begleiten, schließt man zumindest nicht die Tür, solange er sich noch in Sicht- und Hörweite befindet, sondern schaut ihm nach und ruft ihm noch das eine oder andere nette Wort zu.

Der gängige Abschiedsgruß *Zai Jian!*, »Auf Wiedersehen«, wird durch ein »Gehen Sie langsam«, *Man zou!*, oder eine ähnliche Redewendung ergänzt. Geht jemand auf eine Reise, wünscht man ihm »Für den ganzen Weg Frieden und Sicherheit«, *Yi lu ping an!*.

Wer in Kürze abreist, wird von manchen Chinesen die Entschuldigung hören, dass sie einen nicht zum Flughafen begleiten können, weil sie zu tun haben. Obwohl man sie gar nicht darum gebeten hat, fühlen sich viele dazu verpflichtet, den Gast sicher zum Flughafen oder Bahnhof zu begleiten. Mancher bietet an, seinen Fahrer mit dem Wagen vorbeizuschicken, was man ruhig annehmen darf. Wer auch dies nicht will, weist einfach darauf hin, bereits eigene Vorkehrungen getroffen zu haben.

Vom Essen und Trinken

Chinas Essgewohnheiten und Regionalküchen

Befragt nach den fünf besten Küchen der Welt, zählte ein weit gereister Chinese folgende auf: die Kanton-, Shanghai-, Sichuan-, Shandong- und die Hunan-Küche. Die Chinesen sind fest davon überzeugt, dass ihre Küche die beste der Welt ist, und obwohl sie sich im Ausland gern auf lokale Spezialitäten einlassen, sind sie doch immer wieder froh, wenn sie unterwegs ein gutes Chinarestaurant ansteuern können. Allerdings sind sich die Chinesen bezüglich der Qualität deutscher Chinarestaurants einig: Die meisten müssten geschlossen werden, wenn sie ihre Speisen als original chinesisch anpreisen. Oft sind es gar keine ausgebildeten Köche, die in den Küchen solcher Restaurants stehen, sondern Familienväter, die ursprünglich aus anderen Berufen kommen und sich auf diese Weise eine neue Existenz aufbauen.

Für die Chinesen gibt es nichts Wichtigeres als das Essen. Kein Festtag, keine Begegnung, keine Zeremonie ohne üppiges Mahl. Was gibt es Schöneres, als sich um das leibliche Wohl eines anderen Menschen zu kümmern?

Ein gefüllter Bauch war in China keine Selbstverständlichkeit. Seit Menschengedenken ist das Land immer wieder von Hungersnöten heimgesucht worden. Die Sorge um genügend Nahrung hat sich im allgemeinen Sprachgebrauch niedergeschlagen und ist noch heute wahrnehmbar, auch wenn die meisten sich dessen nicht mehr bewusst sind. Trifft man Bekannte zu den normalen Essenszeiten oder telefoniert mit ihnen, ist es üblich zu fragen, ob sie schon gegessen haben. Das ist heute eine reine Begrüßungsformel, die keine detaillierte Antwort erfordert. Essen, *chi*, ist Bestandteil verschiedenster Wortkombinationen. So heißt zum Beispiel »Schwierigkeiten durchstehen« *chiku* (Bitternis essen), »etwas nicht mehr ertragen können« *chibuxiao* (nicht runterkriegen können), »eifersüchtig sein« *chicu* (Essig essen). Das Wort für Bevölkerung lautet *renkou*, »Mensch und Mund«.

Von der Ausgewogenheit der chinesischen Küche

Die chinesische Kochkunst besitzt eine jahrtausendealte Tradition. Die hohe Kunst der Zubereitung von Speisen wurde stets sehr ernst genommen. In den klassischen Werken der chinesischen Medizin, Philosophie und Literatur finden sich zahlreiche Ausführungen zu Speisen, Zutaten und Gewürzen.

Der wohl wesentlichste Unterschied der chinesischen Küche zur europäischen ist die Vielfalt an Speisen, die bei jedem Essen geboten wird. Da man gemeinsam von denselben Gerichten isst, stimmt man diese aufeinander ab und erreicht damit eine bekömmliche Ausgewogenheit. Farbe, Duft und Konsistenz sind von großer Bedeutung. Das Auge isst mit, wenn leuchtend grünes Blattgemüse auf dem Tisch steht, dunkel geschmortes Fleisch, weißer Doufu (Tofu), knusprig roter Fisch und gelbe Eierflocken. Die Harmonie der Farben, denen die Lehre der fünf Wandlungsphasen zugrunde liegt (siehe auch S. 171), spielt auch in der Ernährung eine wichtige Rolle.

Frische Zutaten sind das A und O der chinesischen Küche. Wer es einrichten kann, geht täglich einkaufen. Märkte und gut sortierte Lebensmittelgeschäfte bieten ein reiches Angebot.

Chinesen sind vor allem Gemüseesser. Ohne ihren grünen Blattkohl, die Sojabohnen und den Lauch fühlen sie sich nicht wohl. Gemüse dominiert den Speiseplan und rangiert in seiner Bedeutung weit vor dem Fleisch. Es gibt die verschiedensten grünen Blattkohlsorten, die meisten hat man in Deutschland noch nie gesehen. Es gibt Bohnen in allen Größen und Farben, die verschiedensten Sojaprodukte und Wurzeln, Pilze oder Meeresgemüse. Fleisch wird in wesentlich geringeren Mengen verzehrt als in Europa. Ein Schnitzel, das ein einzelner Deutscher mühelos vertilgt, reicht in China für das sättigende Abendessen einer ganzen Familie. Die bevorzugten Fleischsorten sind bei den Han-Chinesen und den nichtmoslemischen Minderheiten

Schwein, Huhn und Ente. Am Fleisch schätzt man vor allem den Geschmack, der in Kombination mit Gewürzen entsteht. Getrennt voneinander gebraten, mischt man das Fleisch mit seiner Sauce zum Schluss unter das knusprige Gemüse, sodass dieses den Fleischgeschmack annimmt.

Auch chinesische Vegetarier lieben den »Fleischgeschmack«, und würzen ihre Speisen mit den gleichen Gewürzen, sodass man kaum bemerkt, dass das Fleisch fehlt. Ebenso verfahren sie mit Fisch und Krabben. Da ihre Gerichte ähnliche Namen tragen wie die Speisen der normalen Küche, mag man eine »geschmorte Ente« verzehren ohne zu merken, dass nicht die leiseste Spur Geflügel darin enthalten ist.

Im Norden Chinas hat es infolge klimatischer Bedingungen immer einen Mangel an frischem Gemüse gegeben. Deshalb entwickelten sich die Menschen dort zu Meistern des Konservierens. Selbst im Zeitalter der Tiefkühlkost und Konservendosen bleiben getrocknete Lebensmittel überaus beliebt, und das nicht nur im Norden, denn Pilze, Algen, Quallen, Krabben, Fisch oder Fleisch haben in getrocknetem Zustand ein wesentlich intensiveres Aroma. Sie werden deshalb auch als Würzmittel verwendet, so etwa die kleinen getrockneten Krabben.

Die bevorzugte Gartechnik ist das Pfannenbraten. Dazu benötigt man einen Wok und eine Gasflamme. Ein wenig Öl wird in dem Wok stark erhitzt, dann das Gemüse oder Fleisch hinzugefügt und unter schnellem Rühren im Handumdrehen gegart. Das Gemüse bleibt knusprig und behält neben der Farbe auch weitgehend seine Nährstoffe. Das Fleisch schmeckt saftig und zart. Wegen der kurzen Garzeit müssen die Zutaten klein geschnitten werden.

Nahrungsmittel sind Heilmittel – von Geschmack, Temperaturverhalten und energetischer Wirkrichtung

Eine wahre Wissenschaft ist die Zusammenstellung der Zutaten. Manches geht nicht ohne das andere und bildet ein Paar, wie etwa Auberginen und Knoblauch, Krebse und Ingwer, Wintermelone und Schinken. Anderes passt nicht zusammen und würde die Ausgewogenheit stören.

Ernährung und traditionelle Medizin sind in China eng miteinander verbunden, denn Nahrungsmittel wurden immer auch als Heilmittel angesehen. Das Wissen über die Zusammenhänge ist vor allem bei den älteren Menschen sehr verbreitet. Je nach Jahreszeit, körperlichem Befinden und Gesundheitszustand wählen sie ihre Nahrungsmittel aus, oft als Prophylaxe, manchmal auch als Therapie. Sie werden nach Geschmack, Temperaturverhalten und energetischer Wirkung unterschieden. Diese Kategorisierung drückt nicht den eigentlichen Geschmack oder die Temperatur eines Lebensmittels aus, man versteht darunter die dem Nahrungsmittel innewohnende Qualität und deren Wirkung auf den Körper. Auch Krankheiten werden nach Hitze- und Kältezuständen kategorisiert, nach Mangel und Fülle, an der Oberfläche befindlich und nach innen strebend und Ähnlichem. Richtig gewählte Nahrungsmittel wirken den Krankheiten entgegen und unterstützen die Heilung. Wenn einem zum Beispiel zu heiß ist, trinkt man etwas, das kühlt, etwa Grünen Tee, der heiß getrunken kühlend wirkt.

Als Geschmacksrichtungen unterscheidet man salzig, sauer, bitter, süß und scharf. Nahrungsmittel mit scharfer Geschmacksqualität wie Zwiebel oder Chili wirken auf die Lungen und regen den Energiefluss an, bittere wie Kaffee wirken auf das Herz und zugleich trocknend und reinigend, salzige wirken auf die Nieren und zugleich besänftigend und absteigend. Beim Temperaturverhalten unterscheidet man kalt, kühl, warm oder heiß. Dies bezieht sich auf die Prozesse, die im Körper ausgelöst werden. Grüner Tee wird wegen seiner kühlenden Wirkung vor allem an heißen Sommertagen getrunken. Lammfleisch wirkt erhitzend und wird im Winter bevorzugt. Als Wirktendenzen unterscheidet man eine aufsteigende, absteigende, an der Oberfläche oder in die Tiefe einwirkende Qualität. Knoblauch und Ingwer wirken aufsteigend, Soja und Gurken absteigend, Chili an der Oberfläche und Muscheln in der Tiefe.

Nicht alle Chinesen sind Reisesser

Auch wenn das Wort für »essen« *chi fan* lautet (*chi* – essen, *fan* – gekochter Reis), heißt das nicht, dass alle Chinesen Reisesser sind. Etwa die Hälfte der chinesischen Bevölkerung bevorzugt Nudeln und andere Mehlspeisen.

Im Norden Chinas baute man traditionell Weizen und Hirse an, im Süden Reis. Wo der Reis ursprünglich herstammt, ist umstritten. Lange Zeit galt China als seine Heimat, weil er dort seit vermutlich siebentausend Jahren angebaut wird. Man fand bei Ausgrabungen in Nordthailand jedoch zehntausend Jahre alte Reiskörner.

Anders als die Europäer, die den körnigen Langkornreis mögen, bevorzugen die Chinesen den Mittelkornreis, der einen höheren Stärkeanteil besitzt und deswegen beim Kochen mehr Flüssigkeit aufnimmt, wodurch er weich und leicht klebrig wird. Reis wird als neutrale Beigabe zu den teilweise stark gewürzten Speisen gereicht und deshalb immer ohne Salz gegart. Man kocht ihn mit doppelter Wassermenge auf und lässt ihn zugedeckt bei schwacher Hitze quellen.

Isst man zu Hause im Kreis der Familie, wird der Reis zu den Gerichten serviert. Kommen Gäste, wird der Gastgeber den Reis erst gegen Ende des Essens servieren, um nicht in den Verdacht zu geraten, aus Geiz seine Gäste mit Reis »abfüllen« zu wollen.

Drei warme Mahlzeiten am Tag

Chinesen essen drei warme Mahlzeiten am Tag und beginnen damit schon zum Frühstück. Schon der berühmte Arzt Sun Simiao (581–682) soll seinen Landsleuten empfohlen haben, zum Frühstück eine Schale warmen Reisbrei zu essen. Daran halten sich noch immer viele Chinesen.

Je nach Landesteil variieren die Frühstücksspeisen. Die einen essen Reis- oder Hirsesuppe mit Salzgemüse und eingelegtem Sojabohnenkäse, andere bevorzugen frittierte Teigstangen oder Dampfbrötchen und dazu eine Schale Sojamilch. Ein von beiden

Seiten gebratenes Spiegelei wird von manchen sehr gemocht, während wieder andere nichts über eine heiße Nudelsuppe kommen lassen. Manche Städter geben sich modern, das heißt, praktischer. Sie frühstücken im westlichen Stil mit Toastbrot, Erdnussbutter und Milch. Wer zu Hause keine Zeit für das Frühstück findet, nimmt unterwegs in der Nachbarschaft an kleinen Ständen oder in Garküchen einen Imbiss ein.

Westliche Ausländer können sich in der Regel nur schwer für das chinesische Frühstück erwärmen, vor allem, wenn es sich um Reissuppe, Salzgemüse und eingelegten, sehr streng duftenden Doufu (Sojabohnenquark) handelt. Das kantonesische Frühstück dagegen wird mit seinen kleinen Leckereien, *Dim Sum*, auch von den Fremden geschätzt, allerdings eher als Mittag- oder Abendessen und nicht morgens auf nüchternen Magen.

Die Chinesen und die westliche Küche

Die westliche Küche erscheint vielen Chinesen einfallslos und wenig verlockend. Europäer verzehren ihrer Meinung nach zu viel Fleisch und zu wenig Gemüse. Chinesen ist halb durchgebratenes, innen noch blutiges Fleisch meistens ein Graus, Tatar rühren sie nicht an.

Auch bei der Bewertung von Nahrungsmitteln scheiden sich die Geschmäcker. Was der westliche Gaumen begehrt, gilt dem chinesischen als zweitrangig. Chinesen ziehen Schweinefleisch dem Rindfleisch vor. Nicht das magere Schweinefilet lässt ihnen das Wasser im Munde zusammenlaufen, sondern vielmehr durchwachsenes Bauchfleisch oder Rippchen. Knochen werden genüsslich abgenagt, deshalb lässt auch jeder eine Hühnerbrust links liegen, wenn zugleich Hühnerflügel oder Schenkel angeboten werden.

Chinesen experimentieren gern, wenn sie europäisch essen. Bei einem westlichen Frühstücksbüffett wandern Marmelade, Käse und Wurst gemeinsam auf ein Stück Brot. Beim Mittagessen stehen manchen Kellnern die Haare zu Berge, wenn sie begreifen, warum jeder Einzelne am Tisch etwas anderes bestellt hat, denn plötzlich hat jeder von jedem etwas auf seinem Teller liegen. Ein wenig Fisch neben einem Stück Filetsteak, eine Krabbe neben einem Streifen Wiener Schnitzel. Manche Europäer rümpfen die Nase, wenn sie das muntere Hin und Her sehen, das Chinesen am Esstisch veranstalten, um alle von den Gerichten probieren zu lassen. Chinesen dagegen graust es, wenn sie sehen, wie Europäer ein Gericht allein verputzen. Chinesisches Essen sei wirklich schwer verdaulich, hört man dann, nachdem einer allein beispielsweise ein chinesisches Entengericht verdrückt hat, von dem Chinesen höchstens zwei Stück genommen hätten, weil sie wie immer mit allen teilen.

Die Vielzahl der Regionalküchen

Es gibt keine einheitliche chinesische Küche, sondern eine Vielzahl von Regionalküchen, die sich teilweise erheblich voneinander unterscheiden. Grob lassen sich die Grenzen zwischen der Küche des Nordens, des Ostens, des Südens und des Westens ziehen, innerhalb deren man weitere Unterscheidungen trifft.

Der Norden liebt es einfach und ein wenig deftig. Unbedingten Vorrang vor dem Reis genießen jede Art von Mehlspeisen. Zu den bekanntesten Gerichten der nordchinesischen Küche gehören der Mongolische Feuertopf (mit Lammfleisch), die Peking-Ente und die bei allen beliebten gefüllten Teigtaschen, *Jiaozi*. Nordchinesen essen gern Knoblauch, am liebsten beißen sie von der rohen Zehe ab.

Im Süden prägt der Reis Landschaft und Speisetafel. Günstige klimatische Bedingungen, fruchtbare Anbauflächen und die Nähe zum Meer sorgten schon immer für eine reiche Vielfalt an Meeresfrüchten, Gemüse und Obst. Deshalb ist die Küche des Südens auch die vielseitigste und raffinierteste. Man würzt die Speisen nicht übermäßig, sondern bevorzugt den natürlichen Geschmack. Berühmt sind die kleinen kantonesischen *Dim Sum*, kunstvoll angerichtete Häppchen für den kleinen Appetit, gefüllte Klößchen, Teigtaschen, Röllchen und Ähnliches, die die Restaurants vom frühen Morgen bis in den Nachmittag hinein anbieten.

Die Küche der östlichen Küstenprovinzen ist wie die des Südens reich an Fisch, Krabben und Krebsen. Süßlich oder auch süßsauer zubereitete Speisen sowie Spezialitäten wie geschmorter Aal und (mit dunkler Sojasauce, Reiswein und Zucker) »rot gekochtes« Fleisch sind für diese Gegend typisch. Mancher Ausländer wird mit der Spezialität der »betrunkenen Krabben« überrascht, in Schnaps eingelegte Shrimps, die roh gegessen werden. Entgegen der traditionellen Sitte, keine rohen Speisen zu essen, geht man heute mit größtem Vergnügen neue Wege, indem nach japanischem Vorbild Fisch und andere Meeresfrüchte roh verspeist werden. Berühmt in China und im Ausland ist der aus dieser Region stammende braune Shaoxing-Reiswein, den man im Winter warm trinkt und im Sommer kalt. Ebenso aus dieser Region stammt der dunkle Zhenjiang-Essig. Er gibt den gefüllten Teigtaschen und Meeresfrüchten nach dem Eindippen eine delikate Geschmacksnote.

In Chinas Westen isst man gern scharf, besonders in der Provinz Sichuan, wo man großzügig mit rotem Chili würzt. In ganz China bekannt ist der *Mapo doufu*, ein scharf gewürztes Gericht aus Sojabohnenquark, und ebenso der scharfe Feuertopf. Ganz im Südwesten, in Yunnan, schätzt man die Delikatessen aus der freien Natur: Wild und verschiedenste Pilze.

Die chinesische Küche – eine Küche der Armen

Immer wieder lassen Gerüchte Europäern die Haare zu Berge stehen, die mit genüsslichem Widerwillen berichten, welch ungewöhnliche Nahrungsmittel in die Essschälchen der Chinesen wandern. Gerüchte hin, Geschmack her: Fest steht, dass die Menschen in China sich nicht immer aussuchen konnten, was sie essen wollten. Naturkatastrophen, Hungersnöte und Überbevölkerung haben niemanden wählerisch werden lassen. Stets kehrten Zeiten wieder, in denen Baumrinden oder Insekten den knurrenden Magen füllen mussten. Doch wenn ein Chinese wählen darf, dann zieht er allemal Garnelen, Krebse und Enten vor.

Allerdings macht Not bekanntlich erfinderisch. Viele Delikatessen der chinesischen Küche wurden aus der Not geboren. Es wird alles verwertet, von der Wurzel bis zum Kern, vom Kopf bis zur Kralle, Flosse oder bis zum Fuß. Manche Spezialitätenrestaurants in Beijing bieten über 30 Entengerichte an, darunter so ausgefallene Speisen wie Salat aus Schwimmhäuten, eingelegte Entenzungen oder geschmorten Magen. Die Suche nach immer neuen Nahrungsmitteln hat die Phantasie beflügelt und das kulinarische Angebot bereichert. Mit dieser Suche einer ging die Entdeckung der Heilkraft von seltenen Nahrungsmitteln wie zum Beispiel die der Ginsengwurzel oder der Lotoskerne.

Wer kocht?

Häufig scheint es so, als könnten alle Chinesen, ganz gleich ob Mann oder Frau, kochen. Seit die Hausarbeit nicht mehr ausschließlich von der weiblichen Hälfte des Himmels bewältigt wird, stehen in zahlreichen Haushalten auch die Männer am Kochtopf. Wir kennen nicht wenige Familien, in denen, vor allem wenn Gäste kommen, der Ehemann oder Großvater das Essen zubereiten. Die »niederen« Handlangertätigkeiten wie Putzen, Schneiden und Aufräumen besorgen in der Regel jene, die nicht für das Kochen zuständig sind.

Den chinesischen Frauen sagt man nach, aus den billigsten Zutaten die vorzüglichsten Gerichte zaubern zu können.

Was wird getrunken?

Vor und nach dem Essen wird Tee serviert, Durstigen auch während des Mahls. Die Beijinger bevorzugen Jasmintee, die Shanghaier grünen und im Sommer Chrysanthementee, die Kantonesen den dunklen Pu'er Tee.

Zu einer gewöhnlichen Mahlzeit »trinken« Chinesen nur eine klare Suppe. Eintöpfe bzw. gebundene Suppen gibt es in China eher selten.

Gäste bewirtet man mit alkoholfreien Getränken sowie mit Bier. Der starke Reiswein, der angewärmt aus schnapsglasgroßen Porzellanbechern genossen wird, ist vor allem in Shanghai und den angrenzenden Provinzen beliebt. Auch Rotwein wird gern angeboten. Besonders beliebt ist aber nach wie vor der hochprozentige Getreideschnaps, der bei keinem Festessen fehlen darf.

China – das Land des Tees

> Es war in einem einfachen Frisiersalon am Stadtrand von Shanghai. Der Mitarbeiter, der Petra die Haare schnitt, stammte aus der südostchinesischen Provinz Fujian, einem der wichtigsten Anbaugebiete für Tee. »Nichts ist schöner für mich, als abends mit meinen Freunden zu Hause Tee zu trinken und zu plaudern«, sagte er.
> »Trinken Sie mit Ihren Freunden nie Alkohol?«
> »Nein, wir trinken starken Gongfu-Tee. Nur Tee kann eine so angenehme Stimmung bewirken.«

Die Chinesen sind Teetrinker. Sie trinken ihn überall, zu Hause genauso wie im Büro und unterwegs in Zügen, Autos oder Flugzeugen, von morgens bis abends, aus kostbarstem Teegeschirr, Porzellanbechern, einfachen Schraubgläsern und aus Pappbechern. Staatsmänner trinken ihn, Bauern, Gelehrte, Arbeiter, Künstler und Kaufleute ebenfalls. Tee ist aus dem täglichen Leben nicht wegzudenken. Die Han-Chinesen trinken ihn pur, nur heiß aufgebrüht, ohne Milch und Zucker. Die Tibeter kochen ihn mit Butter und Salz, die Mandschuren mit Milch.

Tee ist Kult. Tee ist den Chinesen eine Passion, dennoch halten sie nichts von strengen Ritualen wie der japanischen Teezeremonie, denn diese widerspricht ihrer Meinung nach dem inspirierenden, wohltuenden Geist des Tees. Für die Chinesen ist der Teegenuss mit Zwanglosigkeit verbunden, mit fröhlicher Harmonie und Entspannung.

China ist die Heimat des Tees. Seine Entdeckung reicht 5000 Jahre zurück in die Zeit des legendären Herrschers Shen Nong, dem »Göttlichen Ackersmann«. Er soll die Chinesen den Ackerbau und die Kräuterheilkunde gelehrt haben. Ständig auf der Suche nach möglichen Arzneimitteln, probierte er der Legende nach von den verschiedensten Pflanzen. Dabei entdeckte er den Teestrauch und die entgiftende Wirkung seiner Blätter. Die Entwicklung vom geschätzten Heil- zum Genussmittel sollte jedoch noch zwei, drei Jahrtausende währen. Dass der Teeanbau allerdings schon in vorchristlicher Zeit im Süden Chinas verbreitet war, belegen Behälter mit Tee, die in fürstlichen Gräbern gefunden wurden. Schon die Dichter der Han-Zeit schätzten den Tee als Genussmittel. So soll der bekannte Dichter Sima Xiang Ru (179–118 v. Chr.) ein leidenschaftlicher Teetrinker gewesen sein. Der Historiker Chen Shou (233–297) berichtet mehr als drei Jahrhunderte später von einem König, der seine Minister gern mit gutem Wein betrunken machte. Sein gewitzter Minister Wei Yao ließ sich stattdessen heimlich Tee reichen und blieb nüchtern. Fünfhundert Jahre später verfasste der Dichter und Teeliebhaber Lu Yü (733–804) den berühmten Teeklassiker *Chajing*, eine bis dahin einmalige Teekunde. In jener Zeit war der Tee bereits ein verbreitetes Genussmittel. Seine belebende Wirkung war auch den buddhistischen Mönchen bekannt, die entscheidend zur Verbreitung des Tees als Genussmittel beitrugen. Vor allem die Anhänger des Zen-Buddhismus schätzten ihn, weil er sie vor dem Einschlafen während der Meditation schützte. Der Bedarf der Klöster an Tee als Stimulans für die Meditationen wurde so groß, dass sie bald selbst Teesträucher anbauten. Eine Legende erzählt von Bodhidharma, dem indischen Patriarchen, der um 520 in China den Zen-Buddhismus begründete. Er sei beim Meditieren eingeschlafen, heißt es, was ihn derart erzürnte, dass er sich den Bart raufte. Dabei fielen einige Haare auf die Erde, schlugen Wurzeln und wuchsen zu Teesträuchern. Von den frischen Blättern der Sträucher bereitete er sich einen Tee, der ihn wunderbar erquickte sowie kräftigte und schließlich zu seiner Erleuchtung beitrug.

Der Tee entwickelte sich zu einem der wichtigsten Handelsgüter Chinas. Bereits im 8. Jahrhundert stellte die chinesische Regierung den Teehandel unter ihr Monopol. Quellen aus dem Jahre 879 besagen, dass die Teesteuer eine der Haupteinnahmequellen des Kantoner Stadthaushaltes ausmachte. Nachdem zu Beginn des 17. Jahrhunderts der Tee erstmals nach Europa gelangte, trat er in Großbritannien einen wahren Siegeszug an. Um die hohen Kosten des Teeimportes tragen zu können, ersannen die Briten das Opium als Zahlungsmittel.

Tee – das sind die Blattknospen und die jungen Blätter des Teestrauches (Camellia Sinensis), der ursprünglich in Südwestchina beheimatet war. Inzwischen gelten insbesondere auch Südost- und Ostchina als bedeutende Anbaugebiete. Der Teestrauch wächst in tropischen und subtropischen Gegenden, bevorzugt in Höhenlagen bis zu 3000 Meter. Er braucht für sein Wachstum Sonne, Wärme und gut verteilte Niederschläge.

Zwar gibt es in China Tausende von Teesorten, doch alle stammen sie von eben dieser Pflanze, der Camellia Sinensis, ab. Es ist erst die Weiterverarbeitung der Blätter, das Trocknen, die Fermentierung und so weiter, die aus den Blättern Grünen Tee, Wulong (Oolong) oder Schwarzen Tee macht, und damit sind auch die drei Kategorien genannt, in die sich die Teesorten grob einteilen lassen.

Der Grüne Tee entsteht durch sorgfältiges Trocknen der Blätter. Oft erhitzt man diese gleich nach dem Pflücken, um vorhandene Keime und Mikroorganismen abzutöten, die eine Fermentierung auslösen könnten. Danach werden die Blätter nach bestimmten Verfahren gepresst oder gerollt. Der Geschmack ist aromatisch herb, die Farbe hell. Ein von Chinesen besonders geschätzter Grüner Tee ist der Drachenbrunnentee, *Longjingcha*, der von Teesträuchern stammt, die in den umliegenden Hügeln am Westsee bei Hangzhou wachsen. Er ist in verschiedensten Qualitäten und zu entsprechenden Preisen erhältlich. Der feinste stammt aus der Pflückung, die vor dem Fest des klaren Lichts, *Qingmingjie*, erfolgt, wenn die Blätter noch winzig klein sind und intensiv duften. Dieses Fest, an dem die Chinesen ihrer Toten gedenken, findet immer am zwölften Tag des dritten Mondmonats statt.

Der Wulong Tee ist halb fermentiert. Beim Gärungsprozess verändern sich Blatt und Zellsaft, die Gerbstoffe werden reduziert, die Blätter dunkelgrün. Der Aufguss ist bernsteinfarben, der Geschmack zunächst bitter, dann süß. Berühmt sind die Tees aus dem Wuyishan-Gebirge in der Provinz Fujian, wie der so genannte »Eiserne Göttin der Barmherzigkeit«, *Tie Guanyin*, oder »Großes rotes Gewand«, *Dahongpao*.

Schwarzer Tee, in China Roter Tee genannt, ist fermentierter Tee. Er hat bei den Chinesen nicht annähernd die Bedeutung, die ihm in westlichen Ländern zuteil wird. Einer der bekanntesten kommt aus der Provinz Anhui, der Keemun, *Chimen*. Manchen Tees werden besondere Aromen wie etwa Rauchgeschmack beigefügt, ätherische Pflanzenöle (Bergamottöl), getrocknete Blüten (Rosen) und Schalen- oder Fruchtstücke (Zimt, Zitronenschale).

Es gibt noch verschiedene andere Tees, die nicht in diese drei Kategorien passen, wie etwa der besonders in Nordchina geschätzte Jasmintee, auch Blütentee, *Huacha* oder *Changpian* genannt. Er kann von jeder beliebigen Blattsorte hergestellt werden, besteht jedoch meist aus halb fermentierten oder ganz fermentierten Blättern, denen Jasminblüten beigemischt werden.

Auch der vor allem im Shanghaier Raum überaus beliebte Chrysanthementee, *Juhuacha*, der gern im heißen Sommer getrunken wird, passt in keine dieser Gruppen. Häufig nimmt man nur die getrockneten Chrysanthemenblüten und übergießt sie mit heißem Wasser. Ihnen wird eine kühlende Wirkung zugesprochen. Manchmal gibt man auch ein paar Blätter Grünen Tee hinzu.

Im Norden trinkt man den Tee gern aus Deckelbechern, im Osten dagegen aus Gläsern. In beiden Fällen belässt man die Teeblätter im Gefäß und gießt sie immer wieder mit heißem Wasser auf. So auch im Westen, wo man ihn gern aus Schalen mit Deckel und Untertasse trinkt. Im Süden und Südosten trinkt man den Wulong gern als Gongfutee, das heißt in konzentrierter Form. Dazu füllt man eine winzige irdene Teekanne, meist aus Yixing, zur Hälfte mit Teeblättern. Der so entstehende Tee ist erheblich stärker als der auf übliche Weise gebrühte. Er verbleibt deswegen nur kurz in der Kanne und wird aus ebenso winzigen Teebechern getrunken. Wegen der nur geringen Wassermenge, die in die kleine Kanne passt, müssen die Teeblätter in zügiger Folge immer wieder neu aufgegossen werden, damit sie nicht trocken werden.

Im Laufe der vielen Jahrhunderte haben sich eine Teekultur und regionale Eigenheiten hinsichtlich der Bräuche rund um den Tee entwickelt, nicht nur was das Teegeschirr sowie die Art der Zubereitung betrifft, sondern auch, wo man den Tee trinkt. Es entstanden Teehäuser, Teegärten, Teepavillons und Teelokale. Berühmt sind die Teehäuser von Chengdu in der südwestchinesischen Provinz Sichuan, die zu Treffpunkten für jedermann wurden. Dort wurden Geschäfte abgeschlossen, Informationen ausgetauscht, Streitfälle gelöst, philosophische Diskussionen geführt, Ehen angebahnt, Singspiele aufgeführt und der neueste Klatsch weitergegeben. Viele dieser alten Teehäuser sind inzwischen leider verschwunden.

Feiertage und Feste

> »Wir sind ganz aufgeregt«, ruft der Freund aus Sichuan ins Telefon, als er uns am Heiligen Abend anruft, um uns fröhliche Weihnachten zu wünschen. »Wir wissen zwar nicht so genau, was es eigentlich mit Weihnachten auf sich hat, aber wir feiern alle kräftig mit.«

Chinesen feiern gern, und jeder Anlass ist ihnen recht, egal ob ein Fest auf traditionellen Wurzeln basiert, modernen Ursprungs ist oder einfach aus dem Westen importiert wurde, wie etwa der Valentinstag, den die Chinesen noch gar nicht lange kennen und der auch in China hauptsächlich ein Tag ist, über den sich die Geschäftswelt freut.

Die meisten chinesischen Feste basieren auf dem chinesischen Mondkalender und sind bewegliche Feste. Anders die Nationalfeiertage, die nach westlichem Kalender festgelegt wurden, wie zum Beispiel der Gründungstag der Volksrepublik China am 1. Oktober oder der Tag der Arbeit am 1. Mai. Auch christliche Feiertage wie das eingangs erwähnte Weihnachtsfest werden gefeiert, und zwar nicht nur von den Christen, sondern aus Spaß an der Sache auch von vielen anderen. Ein Feiertag ist es allerdings nicht, und auch die Feierlichkeiten sind nicht mit den westlichen vergleichbar. Ein Fest, das in seiner Bedeutung als Familienfest dem westlichen Weihnachten gleichkommt und das Hauptereignis eines Jahres ist, ist das Neujahrsfest. Zwei weitere bedeutende traditionelle Feste sind das Doppelfünffest und das Mittherbstfest. Unter den Nationalfeiertagen ist der 1. Oktober der wichtigste.

Das Neujahrsfest, *Guonian*, auch Frühlingsfest, *Chunjie*, genannt

Das Neujahrsfest fällt nach dem westlichen Kalender in die Zeit zwischen dem 21. Januar und dem 20. Februar. Es markiert das Ende des alten und den Beginn des neuen Mondjahres. Es sind uralte Bräuche, die mit diesem Fest lebendig geblieben sind. Sie erinnern an die Anfänge der bäuerlichen Gesellschaft, wie sie sich einstmals an den Ufern des Gelben Flusses entwickelt hat. Wenn das Jahr zu Ende geht und mit dem Winter die Kälte kommt, wenn die Böden gefrieren und sich die Erde verschließt, dann kommen die Bauern zur Ruhe und müssen warten, bis mit dem nächsten Frühling die Wärme kommt, die die Natur zu neuem Leben erweckt. Es ist die Zeit der Geselligkeit, Vergnügungen und Festivitäten. So karg das Leben für viele Bauern auch sein mag, zum wohlverdienten Neujahrsfest wird immer nach besten Kräften aufgetischt.

Schon immer feierte man mit dem Neujahrsfest die Vereinigung der Familie. Gemeinsam wird das alte Jahr beendet und das neue begrüßt. Zum Neujahrsfest wollen alle nach Hause, sei es auch noch so fern, und deshalb herrscht zu dieser Zeit immer Hochbetrieb im Reisegewerbe. Schon Wochen vorher sind Flüge, Züge, Busse und Schiffe ausgebucht. Städte wie Shanghai wirken plötzlich leer, weil die meisten Zugezogenen heimgekehrt sind und nur noch die Shanghaier die Straßen bevölkern. Auch in China lebende Ausländer spüren sehr deutlich die Hektik, die das nahende Fest unter den Menschen verbreitet. Bei Terminabsprachen gibt es nur noch ein »vor« und »nach« dem Fest. Kann man Handwerker noch zwei Wochen vorher engagieren? Unmöglich, sagen die Städter. Entweder sind sie nicht bei der Sache oder schon abgereist. Denn die meisten Handwerker stammen heute nicht mehr aus den großen Städten, sondern genau wie die vielen Wanderarbeiter, die die neuen Wohntürme bauen, aus kleineren Städten oder vom Land. Auch sie kehren für zwei bis vier Wochen in ihre Heimat zurück. Für ausländische Geschäftsleute ist es besser, die Tage um das Neujahrsfest zu meiden. Das Geschäftsleben kommt zum Stillstand, die Büros schließen mindestens eine Woche, meistens länger.

Schon Wochen vor dem Fest beginnen die Vorbereitungen. Sie lassen sich grob in zwei Bereiche teilen, den privaten und den gesellschaftlichen. Vor allem in den Städten spielt der gesellschaftliche eine immer größere Rolle. Es gilt, Beziehungen zu pflegen, Personen, die privat oder geschäftlich wichtig sind, mit einem Geschenk zu bedenken oder zum Essen einzuladen. Verdiente Mitarbeiter erhalten einen Jahresbonus oder werden auf andere Art beschenkt. Bekannten und Freunden wünscht man schon im Voraus ein erfolgreiches neues Jahr, und auch an sie verteilen manche ein Geschenk. Selbstverständlich werden solche Geschenke immer aufwendig verpackt, und entpuppen sich manchmal als erstaunliche Präsente. So bekamen Petra und Yu-Chien einmal einen großen luftgetrockneten Schinken geschenkt. Wach-, Haus- und sonstiges Dienstpersonal erwartet zum Neujahrsfest ein Dankeschön in Form eines roten Tütchens, das ein großzügiges Geldgeschenk enthält.

Im privaten Bereich steht zu Neujahr der Hausputz und die festliche Dekoration an. Fenster und Türen werden mit Scherenschnitten und Glückszeichen geschmückt, zu beiden Seiten der Haustür hängen Segenssprüche auf rotem Papier, die den Bewohnern Frieden, Gesundheit und Reichtum verheißen. Überall und in den verschiedensten Darstellungen taucht das neue Jahrestier auf (siehe auch »Tierkreiszeichen«, S. 185), denn mit jedem Neujahrsfest beginnt ja auch das Jahr eines bestimmten Tieres. Blumen und Topfpflanzen werden dekorativ platziert, besonders beliebt sind Früchte tragende Apfelsinenbäumchen und Narzissen; wenn Letztere zum Neujahrsfest in voller Blüte stehen, dann ist das ein gutes Omen für das neue Jahr. Glückwunschkarten müssen geschrieben und manch neues Kleidungsstück muss gekauft werden. Speisen und Getränke sind für mehrere Tage zu besorgen, denn um Neujahr herum gibt es immer viel Besuch, der bewirtet werden muss.

Manche Chinesen beginnen schon am achten Tag des zwölften Mondmonats mit einer ersten Feier. Dann wird die berühmte *Labazhou* gegessen, die süße »Suppe der acht Kostbarkeiten«, in der sich unter anderem Lotoskerne und Datteln befinden. Manche setzen jetzt den *Labacu* an, einen Essig, der mit Knoblauch und anderen Gewürzen angereichert wird und den man zum Neujahrsfest zu verschiedenen Teigspeisen reicht. Am 29. Tag des letzten Mondmonats feiern einige Familien das so genannte kleine Silvester, so zum Beispiel junge Familien, die an dem einen Tag zu den Eltern der Frau und am nächsten zu denen des Mannes gehen.

Am letzten Abend des Mondjahres sitzt die Familie vereint beim Essen. In den nördlichen Regionen gibt es als traditionelles Hauptgericht *Jiaozi*, das sind gekochte, mit einer Mischung aus Fleisch und Gemüse gefüllte Teigtaschen. Im Süden bevorzugt man den Feuertopf. Viele Familien gehen heute allerdings lieber in ein Restaurant und lassen sich dort verwöhnen. Vor Mitternacht muss man aber wieder zu Hause sein, um unter sich den Jahreswechsel zu begehen. Es wird weiter gegessen, geknabbert, getrunken und gespielt und natürlich auch ferngesehen, denn die Neujahrsshows, die ab acht Uhr abends auf allen Kanälen laufen, erfreuen sich großer Beliebtheit. Nicht immer schenkt man dem Programm die volle Aufmerksamkeit, Hauptsache, der Fernseher läuft und macht Krach. Das erhöht die Stimmung. Bis in die frühen Morgenstunden hinein wird gefeiert. Manchmal schaut schon der erste Neujahrsgast vorbei, da hat die Familie kaum ein Auge zugetan.

Ohne Feuerwerk kommt auch in China keine Silvesternacht aus. Mit ohrenbetäubendem Krachen werden Geister und Dämonen vertrieben und das neue Jahr begrüßt. In manchen Stadtteilen großer Städte ist es aus Sicherheitsgründen zwar verboten, geknallt wird trotzdem und nicht nur am letzten Abend des Jahres, sondern viele Tage vorher und nachher. So auch am vierten Neujahrstag in Shanghai, wo mit einem gewaltigen Feuerwerk der Gott des Reichtums begrüßt wird. In Sanya, auf der Insel Hainan, erlebten wir, dass sogar noch nach zwei Wochen direkt am Strand Feuerwerkskörper verkauft und nachts abgebrannt wurden.

Schon früh am Morgen des ersten Neujahrstages beginnen die gegenseitigen Besuche und Telefonate. Verwandte, Freunde,

Nachbarn und Bekannte – jeder wünscht dem anderen ein frohes neues Jahr. Natürlich müssen Besucher großzügig verköstigt werden. Die Jüngeren gehen zu den Älteren und überbringen ihre Neujahrswünsche. Kinder erhalten Geldgeschenke.

> »Bei den vielen Besuchern, die deine Eltern immer zu Neujahr empfangen, musst du als Kind ja unglaublich viel Geld geschenkt bekommen haben«, fragte Petra den Studenten Yu aus Hangzhou. »Das stimmt«, meinte dieser. »Aber was ich an Geld bekam, gab ich meinen Eltern, die es gleich in neue rote Tütchen steckten und an die Kinder der anderen weiterverschenkten. Im Grunde genommen ist es nichts anderes als ein ständiges Nehmen und Weitergeben.«

Die Neujahrsbräuche variieren zwischen Stadt und Land und den Regionen. In Tianjin zum Beispiel ist es üblich, dass junge Frauen mit ihren Kindern am zweiten Neujahrstag zu ihren Müttern heimkehren, und zwar in Rot gekleidet. In manchen Städten und Regionen begleiten Tempelfeste die Neujahrsfeierlichkeiten, bei denen viele alte Traditionen wieder aufleben, so auch der Drachen- und Löwentanz.

Das Neujahrsfest nimmt am 15. Tag des ersten Mondmonats sein Ende. Es klingt mit dem Laternenfest aus.

Laternenfest, *Yuanxiaojie*

Das Laternenfest am Tag des ersten Vollmonds (am 15. Tag des ersten Mondmonats) beendet die Neujahrsfeierlichkeiten. Die Zeit der Besuche ist vorbei. Die Menschen kehren an ihre Arbeit zurück. Es ist eins der farbenprächtigsten Feste, und auch eins der ältesten. In Park- und Tempelanlagen, in malerischen Altstädten, in modernen Stadtzentren, überall werden Ausstellungen organisiert, sodass die Menschen in Massen herbeiströmen und stundenlang den Anblick der vielen bunten Laternen genießen.

In den Familien isst man Klöße aus Klebreis mit süßer, seltener auch salziger Füllung *(Yuanxiao)*, ein Symbol für Harmonie und Glück in der Familie.

Das Fest des klaren Lichts, *Qingmingjie*

Das Fest des klaren Lichts (auch Fest der Toten genannt, 106 Tage nach Winteranfang, am 12. Tag des dritten Mondmonats) war ursprünglich ein Frühlings- und Fruchtbarkeitsfest, das den Zeitpunkt zum rituellen Entzünden des neuen Feuers bezeichnete. Zu dieser Zeit erwacht die Natur zu neuem Leben, der Frühling naht, die Menschen genießen die wärmenden Sonnenstrahlen, die Kinder lassen im Frühlingswind die Drachen steigen. Früher sollen die Kaiser um diese Zeit eigenhändig Bäume im kaiserlichen Garten gepflanzt haben. Wieso aus dem einstigen Frühlingsfest schließlich ein Fest der Toten wurde, mag mit dem Ahnenkult zusammenhängen. Wenn es Frühling wird, kehrt man an die Gräber der Ahnen zurück, um sie um Beistand, Schutz und eine gute Ernte zu bitten.

Da die Friedhöfe meist außerhalb der Stadt liegen, machen viele Familien einen vergnüglichen Ausflug daraus, denn dieser Tag gibt keinen Anlass zur Trauer. Vielmehr ist das Wiedersehen mit den verstorbenen Angehörigen ein Grund zur Freude. Die Gräber werden gereinigt, Opferspeisen dargebracht, Räucherstäbchen entzündet und papiernes Opfergeld verbrannt.

Das Fest des klaren Lichts ist ein wichtiges Datum in der Teeproduktion. Der feinste Tee stammt aus der Ernte, die vor dem Fest gepflückt wurde.

Das Doppelfünffest, *Duanwujie*, auch Drachenbootfest, *Longchuanjie*, genannt

> In der Küche eines Hamburger Studentenheimes saßen mehrere junge Chinesen zusammen und aßen merkwürdige Klebreisklöße, die sie vorher in lange schmale Blätter gewickelt und gedämpft hatten. »Hat jemand Geburtstag?«, fragte ein deutscher Mitbewohner. »Nein, wir feiern das Doppelfünffest«, entgegnete einer der chinesischen Studenten und bot dem Deutschen einen Kloß an.

Anlässlich des Doppelfünffests (am fünften Tag des fünften Mondmonats) gedenkt China eines berühmten Dichters und hohen Beamten aus dem 3. Jahrhundert v. Chr.

> Qu Yuan hatte als Minister im Staate Chu seinem Herrscher Reformen vorgeschlagen, die sich gegen Korruption und Misswirtschaft wandten und das Land stärken sollten, um dem Expansionsdrang des mächtigen Qin-Königreiches Einhalt zu gebieten. Doch er fiel einer Intrige zum Opfer und wurde in den Süden verbannt, wo er sich nur noch der Dichtung widmen konnte. Er schrieb unter anderem das *Li Sao*, eine politische Rede, in der er das Schicksal des Landes beklagte und die noch heute zu den berühmtesten Stücken chinesischer Literatur gehört. Im Jahre 278 v. Chr. eroberten die Truppen der Qin die Hauptstadt des Staates Chu. Daraufhin ertränkte sich Qu Yuan im Xiang-Fluss. Die Bevölkerung war tief getroffen, als sie von seinem Selbstmord erfuhr. Qu Yuan hatte hohes Ansehen genossen. Der Legende nach stürzten die Menschen in ihre Boote, um wenigstens seinen Leichnam zu retten. Gleich vielen kleinen Drachen durchkreuzten sie den Fluss, doch sie fanden ihn nicht. Alsbald erschien Qu Yuan einem Dorfbewohner im Traum und klagte über Hunger. Daraufhin brachten ihm die Menschen Reis und warfen ihn in den Fluss. Doch Qu Yuan

> erschien erneut in einem Traum und klagte, dass ihm die Fische den Reis weggeschnappt hätten. Da wickelten sie den Reis in Schilfblätter, verschnürten diese zu dreieckigen Päckchen und warfen sie in den Fluss.

Noch heute isst man zum Gedenken an Qu Yuan die so genannten *Zongzi*, in Bambus- oder Schilfblätter gehüllte Klebreisklöße, die gefüllt sind mit Gemüse und Fleisch oder süßer Bohnenpaste. Sie werden gedämpft und bei Tisch ausgewickelt.

Die Drachenbootrennen, die heute noch vielerorts stattfinden, mögen ihren Ursprung in einem anderen bäuerlichen Ritual haben, das die Fruchtbarkeit der Felder betrifft. Der Drache gilt als ein heiliges Wesen in der chinesischen Mythologie. Er ist gutartig und zugleich Sinnbild des Yang, der männlichen Naturkraft. Da das Doppelfünffest mit dem Umsetzen der Reispflanzen zusammenfällt, symbolisiert der Wettkampf der Drachenboote den Wunsch nach Regen. Gleich den Drachen, die zwischen den Wolken einen Regen bringenden Kampf führen, schießen die Bauern mit ihren Drachenbooten durch die Fluten. 40 Meter lang können diese Boote sein und mit 80 Ruderern besetzt werden. Am Bug haben die Boote einen Drachenkopf. Dort sitzt der Trommler, der mit seinen Trommelschlägen und Rufen das Tempo vorgibt. Am Heck befindet sich der Drachenschwanz mit dem Steuermann.

Fest der Liebenden, *Qiqiaojie*

> Niemand konnte schönere Stoffe anfertigen als die himmlische Weberin. Doch die Arbeit langweilte sie. Deshalb kam sie eines Tages mit ihren Schwestern vom Himmel herab auf die Erde, wo sie dem gut aussehenden Kuhhirten begegnete. Ein Blick genügte, und die beiden waren ineinander verliebt. Während ihre Schwestern in den Himmel zurückkehrten, blieb sie bei dem jungen Mann und bekam mit ihm zwei Kinder. So groß

war ihre Liebe, dass sie beide ihre Arbeit vergaßen. So gab es weder schöne Stoffe noch Milch. Das erzürnte die himmlische Mutter der Weberin, und deshalb kam sie, um die Tochter zurück in den Himmel zu holen. Doch der Kuhhirte folgte ihnen auf einem fliegenden Rinderfell. Fast hätte er sie eingeholt, da nahm die Mutter eine Jadenadel aus ihrem Haar und zog hinter sich und der Weberin eine Linie, aus der die Milchstraße entstand. Nur einmal im Jahr, in der Nacht zum siebten Tag des siebten Monats darf der Kuhhirte an diese Linie kommen und die Weberin treffen. In jener Nacht fliegen alle Elstern der Welt zum Himmel empor und bilden für die beiden Liebenden eine Brücke über die Milchstraße.

Es ist ein Fest, das man vor allem in Südchina feiert. In der Nacht zum 7. Juli bitten die jungen Mädchen um einen netten Bräutigam, indem sie dem Himmel kleine Leckerbissen und Geschenke darbringen. Die Weberin galt den Mädchen immer als ein Vorbild in Geschicklichkeit hinsichtlich weiblicher Handarbeit.

Das Fest der Hungergeister, *Yuelanjie*

Auch das Fest der Hungergeister wird vornehmlich im Süden gefeiert. Nach alten Vorstellungen leben die Seelen der Verstorbenen weiter und wachen über das Schicksal ihrer Familien. Damit es ihnen im Jenseits an nichts mangelt, bringen ihnen die Nachfahren Opfer dar. Essen und Getränke werden später selbst verspeist oder gespendet. Die Papiersachen verbrennt man vor den Gräbern. Das Opferritual liegt in den Händen des ältesten Sohnes. Ist kein Sohn vorhanden oder kümmert sich aus einem anderen Grunde niemand um die Seele des Verstorbenen, wird sie zum Hungergeist, der Unruhe und Unheil über die Familie bringen kann. Am 15. Tag des siebten Mondmonats öffnen sich die Tore zum Jenseits, und die Hungergeister kehren für kurze Zeit in die Welt der Lebenden zurück. Manch einer der Lebenden ist vorsichtig und verbrennt sicherheitshalber Opfergeld vor seinem Haus, damit die vorbeikommenden Seelen nicht bei ihm eindringen. Besonders in Hongkong ist dieser Brauch noch sehr lebendig. Stapelweise verbrennen Geschäftsleute Papiergeld vor ihren Läden, um die hungrigen Geister zu beruhigen und Unglück abzuwehren. In manchen Tempeln hängt man Laternen auf, die die Geister anlocken sollen. Man hält für sie feierliche Zeremonien ab, sodass sie zufrieden ins Jenseits zurückkehren mögen.

Mittherbstfest, *Zhongqiujie*, auch Mondfest genannt

Auf dem Land markiert das Fest das Ende der Erntezeit, und so kommt ihm dort die Bedeutung eines Erntedankfestes zu. Das Nahen des Mondfestes kündigt sich durch die kleinen Mondkuchen, *Yuebing*, an, die überall in den Läden angeboten und in Papp- und Metallschachteln verschenkt werden. Sie sind rund oder viereckig, aus Weizenmehl gebacken und süß oder salzig, oft auch mit einem Ei gefüllt. Die Oberseite ist mit einem Glückszeichen versehen. Man halbiert oder viertelt sie und verzehrt sie gemeinsam.

Am 15. Tag des achten Mondmonats ist der hellste und klarste Vollmond des Herbstes zu sehen. Die Menschen gehen in die Parkanlagen, viele Kinder bringen Laternen mit. In manchen Regionen steigen die jungen Leute auf die Berge und verbringen die halbe Nacht im Mondschein. Das tun sie nicht nur, um den schönen Herbstmond zu bewundern. Eine Legende erzählt von einem alten Mann, der auf dem Mond lebt und in einem dicken Buch alle Neugeborenen und deren künftige Ehepartner verzeichnet hat. Wenn man ihm am Tag des Mondfestes Räucherwerk opfert und dabei einen Wunsch hinsichtlich der Partnersuche äußert, könnte es sein, dass man noch in dieser Nacht dem ersehnten Menschen begegnet.

Eine andere Legende handelt von der schönen Chang-E, die mit dem berühmten Bogenschützen Hou Yi verheiratet war. Als eines Tages zehn Sonnen am Himmel erschienen, die die Erde zu versengen drohten, nahm Hou Yi Pfeil und Bogen und schoss neun Sonnen ab. Die Himmelskönigin dankte es ihm und schenkte ihm das Unsterblichkeitselixier, auf dass er auf ewig die Menschen beschützen könne. Doch Chang-E war neugierig und naschte von dem Elixier. Daraufhin fuhr sie gen Himmel und lebt seitdem zusammen mit einigen Feen in einem Jadepalast auf dem Mond.

Das Mondfest erinnert auch an die Aufstände gegen die Mongolen. Diese hatten im 13. Jahrhundert China erobert und die Yuan-Dynastie gegründet, die nach 100 Jahren ihrem Ende zuging. Zhu Yuanzhang, der Begründer der folgenden Ming-Dynastie, belagerte mit seinen Truppen eine von den Mongolen gehaltene Stadt. Als daoistischer Mönch verkleidet, schmuggelte sich sein Stellvertreter in die Stadt und verteilte unter der Han-chinesischen Bevölkerung Mondkuchen. Am Tag des Mondfestes aßen die Menschen die Kuchen und fanden darin eingebacken den Aufruf zum Aufstand, dem sie folgten, sodass gemeinsam mit den Truppen Zhus die Stadt befreit werden konnte.

1. Mai, *Wu Yi*, Tag der Arbeit, und 1. Oktober, *Shi Yi*, Gründungstag der Volksrepublik China

> Es war Ende April, und wir wollten von Shanghai aus für zwei, drei Tage nach Hongkong fliegen. »Alles ausgebucht«, sagte der Mann im Reisebüro, bei dem Yu-Chien ein Hotelzimmer für uns reservieren wollte. Ganz Hongkong sei voll mit chinesischen Touristen, die für eine Woche aus dem Norden in die alte britische Kolonie gekommen wären.

Vor dem 1. Mai werden Überstunden gemacht, und dann bekommt ganz China eine Woche frei. Viele nutzen diese Zeit für einen Urlaub und überschwemmen in Gruppen alle Ziele des aufblühenden chinesischen Tourismus. Wer es vermeiden kann, sollte sich um diese Zeit nicht auf Sightseeingtour begeben. Ähnlich ist es am 1. Oktober. Auch dann macht man in China eine

Woche Urlaub mit der üblichen Folge: Alle Sehenswürdigkeiten sind mit chinesischen Touristen überfüllt.

Geburtstage

> Für einen berühmten Maler wurde in Shanghai eine Feier zu seinem hundertsten Geburtstag ausgerichtet. Da war der Mann aber erst 97 Jahre alt. Auch aus Deutschland reisten Gäste an. Ein Jahr später starb der Maler. Man darf eben keine Geburtstage im Voraus feiern, meinte Petra. Für die Chinesen war das eine ganz neue Erkenntnis.

Den Geburtstag im Voraus zu feiern ist in China nichts Ungewöhnliches. Westler mögen damit Probleme haben.

Die jungen Leute feiern heute jedes Jahr ihren Geburtstag. Das haben sie vom Westen übernommen, ebenso die großen süßen Sahnetorten, die sie dazu verputzen. Der Geburtstag hatte in China nie die Bedeutung, die ihm im Westen beigemessen wird. Man feierte ihn normalerweise erst ab 50, und dann auch nur die runden Geburtstage. Da das Leben für die Chinesen mit der Zeugung zu rechnen beginnt, zählen auch die neun Monate im Mutterleib dazu. Folglich feiert man nach westlicher Rechnung schon zum 59. Geburtstag den 60. und den 70. zum 69. Geburtstag. Wenn man Chinesen nach ihrem Alter fragt, unterscheiden sie ihre Angabe immer nach westlicher oder chinesischer Rechnung.

Was bei einem Geburtstag unbedingt gegessen werden muss, sind lange Nudeln, symbolisieren sie doch ein langes Leben. Bei älteren Menschen tischt man auch Pfirsiche auf, nicht unbedingt als ganze Frucht, sondern als Süßspeise in Form von Pfirsichen. Sie sind ebenfalls ein Symbol für Langlebigkeit.

Aspekte des modernen Lebens

Guanxi – das Netzwerk persönlicher Beziehungen

> Der wohlhabende Geschäftsmann wollte seinen Sohn in eine Elite-Mittelschule schicken, doch leider konnte der Spross nicht gerade mit guten Noten beeindrucken. Der Direktor lehnte ihn deshalb ab.
> »Aber der Sohn von Maler Chen geht doch auch in diese Schule«, begehrte der Vater auf.
> »Sie kennen den Kunstmaler Chen?«, fragte der Direktor und war plötzlich interessiert.
> »Natürlich! Er ist der Bruder meines Freundes.«
> »Seine Bilder sind ganz ausgezeichnet«, bemerkte der Direktor versonnen und fügte gleich darauf geschäftsmäßig hinzu: »Ich werde sehen, was sich machen lässt.«
> Der Geschäftsmann ging nach Hause und rief seinen Freund an, der wiederum seinen Bruder, jenen Maler Chen, informierte. Chen malte daraufhin ein Bild, das der Geschäftsmann ihm abkaufte und kurz darauf dem Direktor brachte. »Aber das hätte doch nicht nötig getan«, lehnte dieser ab, behielt es aber nach längerem Hin und Her. Die Aufnahme des Schülers war nun kein Problem mehr.

Zwei Phänomene, die im heutigen China eine große Rolle spielen, werden mit dieser Episode deutlich: persönliche Beziehungen, *Guanxi*, und Korruption, *Tanwu*.

In China ist man nur erfolgreich, wenn man über ein Netzwerk persönlicher *Guanxi* verfügt. Auch Geschäftsbeziehungen sind immer persönliche Beziehungen.

Das *Guanxi*-System basiert auf einem Geflecht persönlicher Bindungen und Kontakte. Man kennt sich und hilft einander in

Form von Gefälligkeiten. Die Annahme einer Gefälligkeit verpflichtet zu einer Gegengefälligkeit, die jedoch nicht sofort geleistet werden muss. Vielmehr erwartet der Gebende, dass sich der Nehmende bereithält, bei geeigneter Gelegenheit ebenfalls einmal für ihn aktiv zu werden. Oder wie man auch im Deutschen sagt: Man hat bei jemandem etwas gut. Diese Gegenleistung muss nicht unbedingt einem selbst zugute kommen. Sie kann auch zugunsten eines Freundes, Verwandten oder Geschäftspartners benutzt werden. Japanische Geschäftsleute verstanden sich sehr gut auf dieses Spiel. In den 80er Jahren, als es noch schwierig war, einen Studienplatz im Ausland zu bekommen, besorgten sie den Kindern von Vertretern chinesischer Staatsbetriebe die begehrten Plätze an japanischen Universitäten und auch gleich ein Stipendium dazu. Danach liefen die anstehenden Vertragsverhandlungen gleich viel besser.

Das System der persönlichen Beziehungen ist so alt wie China selbst und ist deshalb nicht nur auf die Volksrepublik beschränkt, sondern auch in Taiwan, Hongkong, Singapur und unter Auslandschinesen anzutreffen. Die Chinesen haben sich in ihrer jahrtausendealten Geschichte nur selten auf den Schutz staatlicher Organe und auf eine gültige Gesetzgebung verlassen können. Nur durch die guten Beziehungen zu höher gestellten und einflussreichen Persönlichkeiten ließ sich Unangenehmes abwenden und Sicherheit erreichen. In Zeiten politischer Kampagnen gab es kein Gesetz, das den Einzelnen schützte, aber es gab die guten Kontakte, die aus einer 20-jährigen Verbannungszeit vielleicht eine vierjährige machten. In Zeiten der Planwirtschaft und des allgemeinen Mangels verhalfen gute Beziehungen zu einem Platz im Sanatorium, zu einem neuen Wohnzimmeranstrich oder zur Genehmigung zu einem Heimatbesuch. In den letzten Jahren erlebten wir den Übergang von der Plan- zur freien Marktwirtschaft. Staatsbetriebe wurden privatisiert und staatliche Institutionen aufgelöst. Die neue Gesetzgebung konnte mit dem Wandel der Zeit nicht Schritt halten. Kein Wunder also, dass sich das alte System der *Guanxi* wieder zu neuer Blüte entfaltet hat. Nur persönliche Beziehungen ermöglichen stabile Geschäftsbeziehungen.

Der Aufbau eines persönlichen Netzwerks beginnt im persönlichen Umfeld unter Verwandten, Freunden, Freunden von Freunden, ehemaligen Klassenkameraden, Studienkollegen, Arbeitskollegen, Nachbarn, Leuten aus derselben Region und so weiter. Beziehungen lassen sich auch aufbauen durch kleine oder große Aufmerksamkeiten, Geschenke, die Gewährung von Vorteilen oder durch Bestechung, vor allem aber durch die Vermittlung Dritter. Wer an Personen herankommen will, die außerhalb jedweder Reichweite liegen, wendet sich an Mitglieder seines Netzwerkes und versucht, über sie ans Ziel zu kommen.

Wenn sich Chinesen kennen lernen, suchen sie nach Gemeinsamkeiten, um festzustellen, welchen Kreisen sie angehören. Das kann dieselbe Universität sein, an der sie studiert haben, derselbe Beruf, den ihre Väter ausgeübt haben, und vieles andere mehr. Es gilt herauszufinden, über welche Beziehungen der andere möglicherweise verfügt, denn nur wenn beide etwas zu bieten haben, ist eine Beziehung interessant. Manche bedienen sich bei solcher Gelegenheit des *name dropping*, um ihren eigenen Wert zu steigern. Den Fremden mag es stören, wenn er von chinesischen Gesprächspartnern hinsichtlich eines späteren Vorteils kritisch taxiert wird. Für Chinesen ist das normal.

Das System der persönlichen Beziehungen durchzieht das gesamte Gesellschaftsgefüge und betrifft alle Bereiche des politischen, wirtschaftlichen und alltäglichen Lebens. *Guanxi* öffnet Türen und verkürzt mühselige Umwege, sei es bei der Suche oder dem Wechsel eines Arbeitsplatzes, bei dem Kauf einer Wohnung, beim Anschluss ans Strom-, Gas- oder Telefonnetz, bei medizinischer Behandlung oder bei der Suche nach einem neuen Lebenspartner. Ohne gute Beziehungen läuft nicht viel. Ein Arbeitsloser bittet Familie und Freunde, alle Kontakte zu nutzen, um ihn wieder in Lohn und Brot zu bringen. Ein Unternehmer fragt bei der Suche nach neuen Mitarbeitern vorher im Betrieb und Bekanntenkreis, ob nicht jemand einen fähigen Kandidaten empfehlen könnte. Es herrscht großes Misstrauen unter den Menschen. Man verlässt sich nicht gern auf Papiere, denn die könnten gefälscht sein, man vertraut eher der Empfehlung eines Bekannten.

Muss jemand ins Krankenhaus, bemühen sich die Verwandten, durch Kontakte über Dritte oder mit Hilfe von Geschenken eine persönliche Beziehung zum behandelnden Arzt herzustellen, damit dieser dem Patienten größere Aufmerksamkeit schenkt.

> Die Cousine rief Yu-Chien an und bat um ein Exemplar seiner Autobiographie. »Ich habe dir doch schon ein Buch gegeben«, sagte Yu-Chien verwundert.
> »Das ist doch mein persönliches«, entschuldigte sich die Cousine. »Ich brauche eins zum Verschenken. Mein Mann ist gestern ins Krankenhaus eingeliefert worden. Ich möchte das Buch dem behandelnden Professor schenken. Ich habe ihm erzählt, dass du im Ausland lebst und ein Buch geschrieben hast. Da war er sehr interessiert, denn er hat schon von deinem Buch gehört und möchte es gerne lesen.«

Der Aufbau von persönlichen Beziehungen fängt im Kleinen an. Dem Wachpersonal im Eingangsbereich der Siedlung werden Geschenke gemacht. Als Gegenleistung erwartet man Gefälligkeiten, etwa dass Besucher freundlich empfangen werden und ihnen sofort ein Parkplatz zugewiesen wird, wenn sie mit dem Auto kommen.

> Yu-Chiens Cousine konnte es einfach nicht begreifen. »Du hast als Mitarbeiter der Universität Hamburg doch erstklassige Beziehungen zur Verwaltung. Wieso kannst du meinem Sohn dann keinen Studienplatz mit entsprechendem Stipendium vermitteln?«

Am gefragtesten sind Kontakte zu hochrangigen Personen und deren Umfeld. Da man mit der deutschen Einstellung, per Gesetz sein Recht einklagen zu können, in China kaum weiterkommt, kann es ungemein wichtig sein, an die richtigen Leute auf möglichst einflussreichen Positionen heranzukommen. Oft genügt es, nur einen Verwandten von ihnen in das persönliche Netzwerk einzubinden. Manche Leute, so uninteressant und dumm sie auch sein mögen, werden aufgrund ihres familiären Hintergrundes zu stürmisch umworbenen Geschöpfen. Die meisten solcher heiß begehrten Persönlichkeiten tragen kaum noch einen eigenen Namen, sondern existieren für ihre Umwelt nur als Sohn, Enkel, Schwiegersohn, Onkel oder Cousin vom Minister, Bürgermeister oder Bankdirektor XYZ. Gerade im Geschäftsleben spielen die Beziehungen zur politischen Führung eine ganz entscheidende Rolle. Nicht umsonst sind Angehörige von unzähligen Politikern und ranghohen Verwaltungsbeamten an lukrativen Wirtschaftsprojekten beteiligt. Ohne solche Kontakte kommt man nicht an die entscheidenden Informationen, Genehmigungen und Kredite.

Der Aufbau eines solchen Netzes erfordert Zeit und Geduld. Ist es endlich vorhanden, genügt es nicht, sich ab und zu bei den Leuten in Erinnerung zu bringen. Beziehungen müssen gepflegt werden, was sich je nach Stellung und Ansehen der betreffenden Personen recht kostspielig gestalten kann. Nicht umsonst versteht man das *Guanxi*-System als eine Art Investition. Vor Feiertagen überreicht man Präsente, lädt zum Essen und zu Partys ein. Heiraten Sohn oder Tochter, sendet man ein großzügiges Geschenk. Manche laden zu Golfwochenenden oder mehrtägigen Ausflügen ein. An Möglichkeiten mangelt es nicht.

Bei interessanten Konzerten kauft der Direktor eines Fünf-Sterne-Hotels häufig ein ganzes Kontingent an Karten, um sie an seine VIP-Dauergäste und an einflussreiche, für ihn wichtige Vertreter der Stadtverwaltung zu verschenken. Konzerte und ähnliche Veranstaltungen haben oft Schwindel erregend hohe Eintrittspreise. Da zeugt es von Wertschätzung, wenn man solche Karten erhält. Der materielle Wert einer Gefälligkeit wird genau registriert und wird zum Maßstab der Gegenleistung. Wer etwas annimmt, übernimmt immer auch eine Verpflichtung.

Danwei, die Einheit, im Wandel der Zeit

Danwei heißt zunächst einmal Einheit, Organisationseinheit. Dies kann eine Fabrik, eine Universität, eine Firma, ein Krankenhaus, ein Ministerium oder Ähnliches sein. Die *Danweis* bildeten das Fundament der städtischen Gesellschaft, waren Basisorganisationen, denen die Mitglieder ein Leben lang angehörten und durch die sie rundum versorgt waren, denn diese kümmerten sich um alle Belange ihrer Mitglieder, um betriebliche ebenso wie um private. Sie standen für die so genannte »eiserne Reisschale«, für die Garantie von Arbeit und Unterhalt. *Danweis* schufen und verteilten Wohnraum, achteten auf die Einhaltung der Geburtenregelung, richteten Kindergärten und Schulen ein, gewährten Familienkredite, versorgten die Mitarbeiter mit preisgünstigen Lebensmitteln und Gebrauchsartikeln, schickten Kranke in für sie zuständige Krankenhäuser und richteten Begräbnisfeierlichkeiten aus. In allem mischten sie mit, denn sie konnten auch darüber bestimmen, ob jemand seine Arbeit wechseln durfte, die Genehmigung zur Hochzeit oder einen Pass zur Ausreise ins Ausland bekam. Sie waren der verlängerte Arm der Partei, hatten Kontrollfunktionen und konnten politische Vorgaben durchsetzen.

Mit den Wirtschaftsreformen veränderten sich auch die *Danweis*. Staatsbetriebe, einstmals das Fundament der Planwirtschaft, wurden aufgelöst. Nicht länger konnten sich die Menschen darauf verlassen, ein Leben lang einer *Danwei* anzugehören und versorgt zu sein. Privatfirmen, ebenfalls als *Danweis* bezeichnet, schließen mit ihren Mitarbeitern zeitlich begrenzte Verträge. Sie fühlen sich nicht länger verantwortlich für die außerbetrieblichen Belange ihrer Mitarbeiter. Ob jemand heiratet oder sich scheiden lässt, ist heute Privatsache. Will jemand ins Ausland gehen, muss er sehen, dass er von dem entsprechenden Land ein Visum bekommt. Ist er kein Geheimnisträger, hält ihn keine *Danwei* auf.

Große Betriebe kümmern sich, soweit sie dazu finanziell in der Lage sind, noch immer um ihre Mitarbeiter. Sie organisieren Freizeitveranstaltungen, unterstützen bei der Partnersuche, laden ihre

Pensionäre zu Veranstaltungen ein, helfen den Alten bei der Bewältigung von Problemen. Der feste Griff, den sie früher auf ihre Mitglieder ausübten, ist heute jedoch nicht mehr vorhanden.

Chai na! Reißt alles ab! Chinas Städte im Wandel

Chinesen lieben Wortspiele. Worte können gleich klingen, aber eine unterschiedliche Bedeutung haben. Ein Beispiel ist das englisch gesprochene »China«. Es klingt wie *Chai na!*, und das bedeutet »Reißt alles ab!«.

Restaurants, Häuser, Märkte, ganze Straßenzüge, die gestern noch standen, sind plötzlich wie vom Erdboden verschwunden. Das Tempo, mit dem in China abgerissen und wieder aufgebaut wird, ist atemberaubend. Werden die Städte dadurch schöner? Nicht unbedingt, meint Petra. Sie trauert den alten Hofhäusern und den engen Gassen in Beijing nach. Doch mancher ihrer jungen chinesischen Verwandten sieht das anders. Das wären primitive Viertel mit katastrophalen sanitären Anlagen gewesen und völlig ungeeignet für moderne Verkehrsmittel. Aber wo ist der Charme der einstmals so einzigartigen Kaiserstadt geblieben, fragt sie weiter. »Als Europäerin magst du über Beijing anders denken. Uns Chinesen gefällt es«, bekommt sie zur Antwort. Doch auch unter vielen Chinesen wächst der Unmut über die Geschwindigkeit, mit der sich Städte wie Beijing verändern, weil es häufig nur die Profitgier von Boden- und Immobilienspekulanten ist, die die Entwicklung antreibt.

Beijing ist nicht mehr die alte Kaiserstadt, die Yu-Chien noch in den 50er Jahren mit Stadtmauer, riesigen Stadttoren und Portalen kennen gelernt hat. Auch von den vielen Gassen, *hutongs*, durch die Petra in den 70er und 80er Jahren so gern schlenderte, sind nur noch wenige übrig geblieben. Beijing stellt heute eine Ansammlung von Hochhäusern dar, teilweise bestückt mit seltsamen Dächern, die sich wie »Mützen« ausnehmen. Sie sollen den westlichen Wolkenkratzern einen chinesischen Touch geben. Auf viele Europäer wirkt die inzwischen moderne Stadt planlos angelegt, zusammengehalten von mehreren Ringstraßen, über die sich mehr als zwei Millionen Pkws und Lastwagen pro Tag quälen.

Nicht nur Beijing verändert sich rasant. Wer längere Zeit nicht mehr in China war, erkennt früher besuchte Orte kaum wieder. 1981 lernte Petra Nanjing kennen. Als sie zu Beginn der 90er Jahre wiederkam, hatte sich nicht viel verändert. 2002 besuchte sie erneut die Stadt und hatte das Gefühl, nie zuvor dort gewesen zu sein. Als Yu-Chien 1981 nach Shanghai zurückkehrte, war alles noch so, wie er es aus seiner Schulzeit in den 40er Jahren erinnerte. Alles war lediglich älter, schmutziger und ärmlicher geworden. Heute muss er sich immer wieder an aktuellen Stadtplänen orientierten, wenn er sich zurechtfinden will.

Jahrzehntelang hatte in China in städtebaulicher Hinsicht Stillstand geherrscht. Alles war wie eingefroren. Erst mit den Wirtschaftsreformen erwachte das Land aus seiner Erstarrung, und man holte nach, was man verpasst zu haben glaubte, und dies in einer rasanten Geschwindigkeit. Wohin das Auge blickt, sprießen Hochhäuser aus Glas, Stahl und Beton wie frischer Bambus aus dem Boden: Büro- und Wohntürme, Hotels, Verwaltungsgebäude. Nicht nur in den Stadtzentren, auch in Vorstädten und ländlichen Regionen ist diese Entwicklung zu beobachten. Heruntergekommene Wohnviertel werden nicht saniert, sondern müssen modernen Straßen mit mehrspurigen Fahrbahnen, akkurat angelegten Grünanlagen oder modernen, ummauerten Wohnsiedlungen weichen. Wo einst quirlige Märkte die Menschen anzogen, stehen heute sterile Einkaufszentren und Supermärkte. Chinesische Städte spiegeln den gegenwärtigen Wirtschaftsboom wider. Man hält mit der Entwicklung kaum Schritt. Begrünte Autobahnen verbinden die einzelnen Städte. Man fährt über das flache Land und entdeckt plötzlich neu entstandene Städte, die unter Umständen im fernen Europa geplant wurden, und die dem westlichen Auge vertrauter scheinen als manchem chinesischen.

Europäische Städte nahmen in ihrer Geschichte eine andere Entwicklung als die chinesischen. Rathaus, Marktplatz und Kirchen prägten das europäische Stadtbild. Anders in China, dessen ummauerte Städte meist viereckig mit einem rechtwinkligen Straßensystem angelegt und Zentren der staatlichen Herrschaft, Verwaltung und Gelehrsamkeit waren. Dort lebten die Mitglieder der kaiserlichen Sippe, die Beamten und Militärs in Palast- und Hofanlagen, die von hohen Mauern umgeben waren. Auch Gerichts- und Verwaltungsgebäude sowie Tempel wurden ummauert. In Europa machte ein zunehmend selbstbewusstes Bürgertum die Städte zu Zentren von Handel, Handwerk und industrieller Produktion und leitete damit den Modernisierungs- und Industrialisierungsprozess ein. Zwar ließen sich auch in chinesischen Städten Handwerk und Handel nieder, doch standen im hierarchischen Gefüge der konfuzianisch geprägten Gesellschaft Handwerker und Kaufleute ganz unten auf der sozialen Rangliste. Sie unterstanden der Überwachung und der Willkür der herrschenden Beamtenschaft.

Ab 1842 nahmen die Städte in den Küstenregionen eine eigene Entwicklung, ausgelöst durch die Einrichtung der so genannten Vertragshäfen. Vorwiegend Europäer und Amerikaner ließen sich daraufhin in Städten wie Shanghai, Tianjin und Ningbo nieder und bauten ihre Wohn- und Lagerhäuser, Kontore, Werkstätten und Kirchen. Viele neue Stadtteile erhielten dadurch ein westliches Aussehen, und bald entstand in diesen Städten eine bürgerlich-städtische Klasse mit einer westlich beeinflussten Bildungselite.

Nach dem Sieg der Kommunisten erfolgte eine tief greifende Veränderung der chinesischen Städte. Die sozialistische Gesellschaftsordnung wurde eingeführt und zugleich ein intensiver industrieller Aufbau betrieben. Die Städte verwandelten sich in Industriezentren. Große Plätze und weite Straßenachsen wurden als Symbole und im Dienste der neuen Ideologie angelegt. Ein Umdenken setzte erst mit den Wirtschaftsreformen der 80er Jahre ein. Man siedelte die Fabriken in Randregionen um, wo neue Industriegebiete entstanden, und machte aus den Innenstädten Handelszentren mit einem reichen Konsum- und Dienstleistungsangebot.

Die Einwohnerzahlen chinesischer Städte klingen Furcht erregend: Chongqing 30 Millionen, Shanghai 16 Millionen, Beijing 13 Millionen. Man fragt sich, wie man in solchen Megastädten leben kann. Doch ganz so erschreckend sind die Zahlen nicht, wenn man sie ins Verhältnis zur Fläche setzt, denn das Hyperwachstum der chinesischen Städte hat zum Teil administrative Ursachen. So umfasst die aufstrebende südwestchinesische Stadt Chongqing eine Fläche von 82 400 Quadratkilometern, ist damit doppelt so groß wie die Niederlande und hat dementsprechend auch doppelt so viele Einwohner. Die Niederlande haben eine Fläche von 41 526 Quadratkilometern mit 15,8 Millionen Einwohnern und damit eine höhere Bevölkerungsdichte als Chongqing. Beijing ist von der Fläche her größer als Thüringen, Shanghai ist etwa achtmal so groß wie seine Partnerstadt Hamburg.

2010 sollen etwa 45 Prozent der Bevölkerung in Städten leben; langfristig ins Auge gefasst und unterstützt durch das neue Städtebauprogramm sind jedoch 55 Prozent. Vor etwa 20 Jahren waren es noch 20 Prozent, 2005 etwa 36 Prozent.

Wohnungswesen

Nach der Revolution von 1949 wurde das Wohnungswesen und damit etwa 95 Prozent der städtischen Immobilien verstaatlicht. Fortan waren es die staatlichen Unternehmen und Einheiten, die den Wohnraum an ihre Mitarbeiter und Mitglieder vergaben. Die Mieten waren niedrig, Subventionen entsprechend hoch, weshalb es auch wenig Anreiz zu großen Investitionen gab. In Zeiten politischer Bewegungen wurde der gesamte Bereich des Wohnungsbaus weitgehend vernachlässigt, ebenso die Instandhaltung. Die Folge waren Wohnungsknappheit und ein Verfall des vorhandenen Bestands. Die Wohnungsnot brachte es mit sich, dass häufig mehrere Generationen in extrem beengten Verhältnissen unter einem Dach lebten. Jungvermählte Paare fanden nur selten eine eigene Wohnung, meist mussten sie sich mit einem Zimmer bei den Eltern bescheiden. Während neu gebaute Wohnungen aus den 50er und 60er Jahren mit einer Küche und einem Badezimmer noch über etwas Komfort verfügten, waren die der 70er und 80er Jahre meist nur noch mit engen Toiletten und kleinen Kochnischen ausgestattet. Durch den Verzicht auf

Badezimmer und Küche glaubte man, Platz für weitere Wohnungen zu gewinnen. Duschen konnte man nur in den Arbeitseinheiten, die in der Regel mit entsprechenden Einrichtungen ausgerüstet waren, oder in öffentlichen Badehäusern.

> Ein altes vierstöckiges europäisches Haus im französischen Viertel von Shanghai: Ursprünglich war es als Einfamilienhaus gebaut worden, doch seit Jahrzehnten leben dort sieben Parteien auf engstem Raum. Gekocht wird auf primitiven Gasbrennern im Treppenhaus, wo auch die Wäsche zum Trocknen hängt. Das Haus verfügt über ein Bad und zwei Toiletten, die sich wie das ganze übrige Gebäude in einem miserablen Zustand befinden. Seit dreißig Jahren wurde kaum etwas in Pflege und Instandsetzung investiert. Der Garten ist verwahrlost. Er gehört zur Wohnung im Erdgeschoss. Keins der Kinder aus den übrigen Stockwerken darf dort spielen, weil es die ältere Frau im Erdgeschoss stört. Zufrieden ist niemand in diesem Haus, doch weil keiner genügend Geld hat, um sich eine Wohnung in vergleichbar zentraler Lage zu kaufen, bleiben sie alle dort wohnen. Zu ungünstig ist die Verkehrslage in den Trabantenstädten, wo die Wohnungspreise erschwinglich sind. Der ursprüngliche Eigentümer dieses Hauses ist 1949 nach Taiwan geflohen. Die einzelnen Mieter haben zwar ein Wohnrecht, das sie an Nachmieter weiterverkaufen können, doch wenn die Erben des Eigentümers irgendwann eine andere Nutzung des Hauses ankündigen, müssen sie ausziehen und können nur mit einer finanziellen Abfindung rechnen.

Die Wohnungsnot zählte zu den größten Problemen in den chinesischen Großstädten. Anders war die Situation auf dem Land, wo die Bauern schon seit den 70er Jahren eigene Häuser bauen durften. Im Rahmen der Wirtschaftsreformen erfolgte schließlich ein Programm zur Kommerzialisierung des Wohnungswesens. Der Staat wollte nicht länger verantwortlich für den Wohnungsbau sein. Das Verfahren der Wohnungszuteilung wurde abgeschafft, öffentliche Wohnungen privatisiert, indem sie zu niedrigen Preisen an die Mieter verkauft wurden, die bei Bedarf einen Kredit aufnehmen konnten.

> Die Arbeitseinheit hatte Herrn Dong einst die Wohnung zugeteilt. Jetzt kaufte er sie ihr ab. Sie befindet sich in einem Wohnblock aus den achtziger Jahren und damit, wie man in China sagt, in einem alten Haus. Das Gebäude ist sechs Stockwerke hoch, die Wohnung liegt im fünften Stock, Fahrstühle gibt es nicht. Im Treppenhaus sind alle Lampen defekt. Wer abends nach Hause kommt, muss sich mit Hilfe einer Taschenlampe in die oberen Stockwerke hochtasten. Durch die Fenster im Treppenhaus fällt ein wenig Licht auf die Stufen.
> »Kann die Hausgemeinschaft nicht zusammenlegen und ein paar neue Glühbirnen kaufen?«, fragt Yu-Chien.
> »Die Leute aus dem Erdgeschoss meinen, sie brauchten keine Lampen, denn sie könnten genug sehen und wollen sich deshalb nicht an den Kosten beteiligen. Und die anderen wollen nicht für die Leute im Erdgeschoss mitbezahlen«, erklärt der Freund.
> Die Wohnung war in einem völlig heruntergekommenen Zustand. Davon ist heute nichts mehr zu sehen. Seit sie ihm selbst gehört, hat Herr Dong ordentlich investiert. Die Wohnung ist nett geschnitten, hat zwei große Zimmer, eine klitzekleine Küche und ein noch kleineres Bad. Die Decken wurden mit einer Stuckleiste verziert, die Wände im Wohnzimmer grau, im Schlafzimmer apricotfarben angestrichen und die Fußböden mit Laminat ausgelegt.

Der moderne Wohnungsbau wurde zu einem wichtigen Faktor im städtischen Wirtschaftswachstum. Inländische und ausländische Immobilien- und Wohnungsbaugesellschaften haben mit ihren Investitionen die gesamte chinesische Städtelandschaft verändert. Was alt ist, wird abgerissen und durch Neues ersetzt. Die funktionale Moderne hat überall Einzug gehalten. Innerhalb von 15 Jahren sind allein in Shanghai dreitausend Hochhäuser gebaut worden. Ständig heißt es, nun sei es genug, doch der Bau weiterer zweitausend wurde schon bewilligt, die sicherlich nicht die letzten sein werden.

Wohnungen und Häuser sind zu Objekten der Altersvorsorge und Spekulation geworden. In den Innenstädten der Großstädte sind die Preise in den letzten Jahren explosionsartig gestiegen. Viele Leute sehen in Immobilien eine sichere Geldanlage. So mancher besitzt heute drei, vier und mehr Wohnungen. Wie hoch der Leerstand in den Hochhäusern ist, sieht man am Abend an den dunklen Fassaden.

Seit man in die Höhe baut, werden die Wohnungen größer und damit einhergehend auch die Ansprüche. Unvorstellbar ist heute für viele, nur mit wenigen Quadratmetern auskommen zu müssen. Gerade an den Wohnbedingungen erkennt man, wie weit die Schere zwischen Arm und Reich bereits auseinander klafft. Wer viel verdient, gibt sich nicht mit »kleinen« Wohnungen von 150 Quadratmeter zufrieden. 300 Quadratmeter und mehr müssen es schon sein. Schlafzimmer werden mit Bädern ausgestattet, die nichts zu wünschen übrig lassen. Das Angebot in den Sanitärmärkten ist überwältigend. China ist auch auf diesem Gebiet der Markt der Zukunft.

Überall in den städtischen Randgebieten entstehen neue Viertel mit Einfamilienhäusern. Der Trend zum Haus mit Garten ist in vollem Gange. Vielfach sind es aufwendig geplante, luxuriöse Villen, deren einziger Makel die meist zu kleinen Grundstücke sind, die ihnen die Wirkung nehmen.

Anonymes Wohnen

In den neuen Wohntürmen ist das Leben anonym. Die Nachbarn pflegen kaum noch Kontakt, ein Ausweichen auf Hof und Straße, wie in den alten Wohnvierteln im Sommer üblich, ist hier nicht mehr Brauch. Geht man jemanden besuchen, sollte man das Handy nicht vergessen, damit man anrufen kann, wenn man die Adresse nicht findet. Die Straßen sind oft kilometerlang und die Hausnummern bis hoch in den Tausendern. Moderne Wohnsiedlungen tragen eigene Namen und sind abgeriegelt. Innerhalb ihres Geländes gilt eine andere Nummerierung, unterteilt nach Häusern, Stockwerken und Wohnungseinheiten. Also muss man den Namen der Siedlung wissen, ferner die Nummer des Blocks, das Stockwerk und die Wohnungsnummer. An keinem Briefkasten und an keiner Tür steht der Name des Bewohners. Vor vielen Siedlungen gibt es Sicherheitsschranken mit Wachpersonal, dem man den Namen des Bewohners und die Nummer der Wohnung angeben muss. Meist wird man nur durchgelassen, nachdem der betreffende Bewohner per telefonischer Nachfrage seine Einwilligung gegeben hat.

So mancher, der aus beengten Verhältnissen in eine aufwendig ausgestattete Anlage zieht, muss sich erst langsam an das neue Leben gewöhnen.

Zu Besuch in einer Beijinger Wohnanlage: Drei zwanzigstöckige Hochhäuser gehören zur Anlage, die ausschließlich aus Eigentumswohnungen besteht. Auf dem Gelände befindet sich auch ein Clubhaus mit Swimmingpool, Fitnessstudio, Restaurant, Laden, Bibliothek und Tischtennisraum. Eine Bewohnerin erzählt: »Anfangs sah man jeden Abend ab 19 Uhr die Leute mit Waschsachen ins Clubhaus gehen. Ich dachte, die gehen alle schwimmen. Bis ich einmal auch zum Swimmingpool ging und feststellte, dass dort niemand schwamm. Ich fragte eine Aufsicht, wo denn die ganzen Leute hingehen. Zum Duschen, erwiderte dieser. Wenn die Leute im Clubhaus duschen, sparen sie zu Hause den Strom, denn so würden die Kosten auf die Gemeinschaft umgerechnet werden. Das käme sie billiger. Später brachte man Aushänge neben den Fahrstühlen mit der Aufforderung an, doch lieber zu Hause und nicht ewig auf Gemeinschaftskosten zu duschen. Tatsächlich halten sich jetzt die meisten Leute daran.«

Das tägliche Chaos auf den Straßen

> Petra war gerade in Shanghai eingetroffen, in Gedanken aber noch immer auf den Hamburger Verkehr eingestellt. Als sie am Morgen des nächsten Tages Frühstück kaufen und bei Grün eine Kreuzung überqueren wollte, wurde sie beinahe von einem Rechtsabbieger über den Haufen gefahren. Vor Schreck schlug sie dem nagelneuen Mercedes auf die Motorhaube. Daraufhin zeigte ihr der blutjunge Fahrer den Stinkefinger.

Die Zeiten, in denen ganz China Fahrrad fuhr, gehören der Vergangenheit an. Was heute auf chinesischen Straßen los ist, kann man sich in Deutschland nicht vorstellen, wenn man es nicht selbst erlebt hat. Nicht das hohe Verkehrsaufkommen auf den vielen acht- und zehnspurigen Straßen, auf Unter- und Überführungen, in Tunneln und auf Hochstraßen ist gewöhnungsbedürftig, sondern der allgemeine Umgang der Verkehrsteilnehmer miteinander. Jeder verachtet jeden, Lastwagen und Bus den Pkw, der Pkw das Motorrad, das Motorrad das Fahrrad und alle zusammen den Fußgänger. In dieser Reihenfolge hat der Stärkere immer Vorfahrt. Rücksicht wird nicht genommen. Jeder Verkehrsteilnehmer, ganz gleich in welcher Rolle er sich befindet, ob als Fußgänger oder Autofahrer, sollte immer alles um sich herum im Auge behalten. Die deutsche Einstellung – ich bin im Recht, das ist meine Spur, die anderen haben Rot und so weiter – muss man zu Hause lassen, denn auf Chinas Straßen sind alle Verrücktheiten möglich. Manchmal fragt man sich, wann und wo die Leute ihren Führerschein gemacht haben. Eines ist klar, Fahrunterricht wird nur auf speziellen Übungsplätzen gegeben.

> Als wir uns in das nagelneue Auto der Frau setzten, waren wir noch in bester Stimmung. Doch kaum war sie wenige Meter gefahren, bereuten wir unseren Entschluss, mit ihr einen Ausflug

ins Grüne zu machen. Mit dreißig Stundenkilometern »rasten« wir durch die Gegend, und sie war völlig damit beschäftigt, das Auto unter Kontrolle zu halten. Für die Beachtung jeglicher Verkehrsregeln blieb keine Zeit. Yu-Chien saß die meiste Zeit mit geschlossenen Augen auf dem Beifahrersitz. Petra fragte schließlich, wie lange sie schon den Führerschein hätte. »Seit acht Jahren«, erwiderte die Frau. Ein Verwandter hätte ihr den mal besorgt, weil er in dem entsprechenden Verkehrsamt arbeitete. Eine Fahrschule hat sie nie besucht. Erst als sie sich jetzt ein Auto kaufte, hat ihr ein Freund zumindest die Bedienung erklärt.

Auf Chinas Straßen sollte man darauf gefasst sein, jederzeit in letzter Sekunde ausweichen zu müssen. Fußgänger schauen weder nach links noch nach rechts, sondern rennen – nach der Devise Augen zu und durch – bei Rot quer über die Straße. Radfahrer kommen aus irgendwelchen Seitenstraßen angeschossen und sausen in einem Tempo über die Kreuzungen hinweg, dass man sie schon fast für Selbstmordkandidaten halten könnte. In ländlichen Gebieten kann auf Schnellstraßen gelegentlich ein Bäuerlein mit einem Minitraktor in entgegengesetzter Fahrtrichtung, also als Geisterfahrer, auftauchen, oder es passiert auch schon mal, dass einem auf der Autobahn ein Fahrrad gemächlich entgegenkommt.

Ein Lastwagen raste aus einer Seitenstraße auf die Hauptstraße. Unser Fahrer machte eine Vollbremsung, ohne sich aufzuregen. »Das ist normal bei uns«, meinte er. »Auf so etwas muss man immer vorbereitet sein.«

Kreuzungen auf Überlandstraßen können ein Horror sein, da manche Verkehrsteilnehmer noch nie etwas von Vorfahrtbeachtung gehört haben. Mit riesigen Lastwagen donnern manche Fahrer einfach über sie hinweg, auch wenn es die anderen sind, die eigentlich Vorfahrt haben. Sie sind die Stärksten. Ihnen kann ja nicht viel passieren, scheinen sie zu denken.

Autofahrer sind prinzipiell schuld, wenn ein Fußgänger angefahren wird, dennoch sollte man als Fußgänger nie mit der Rücksicht der Autofahrer rechnen.

> Wir waren mit einem Taxi in Beijing unterwegs. Der Taxifahrer raste über eine Kreuzung und fuhr dabei fast einen Fußgänger um, der blindlings über die Straße rannte. »Passen Sie doch auf!«, schrie Yu-Chien. »Warum bremsen Sie nicht?« Doch der Fahrer lachte nur. »Der beachtet einfach die Regeln nicht.«

Niemand kann unbekümmert über die Straße spazieren, auch nicht bei Grün. Man muss sich immer nach allen Seiten umsehen, ob nicht ein Lastwagen, ein Auto, ein Radfahrer oder wer sonst noch unterwegs ist von links, rechts oder um irgendeine Ecke geschossen kommt. Rechtsabbieger haben generell Vorfahrt, und Zebrastreifen wurden nur zur Verzierung der Straßen angelegt. Kein Auto hält an, erst recht kein Polizeiwagen.

Nicht nur beim Überqueren von Straßen und Kreuzungen droht Gefahr. Fußwege können gewaltige Unebenheiten aufweisen. Irgendwelche Metallhaken, Schlaufen oder sonst etwas ragen aus dem Pflaster und lassen einen wunderbar stolpern. Löcher gibt es und auch defekte oder sogar fehlende Gullideckel. Doch sollte der Fußgänger nicht immer nur auf den Boden schauen, denn sonst verfängt er sich in herabbaumelnden Stromkabeln, Wäscheleinen und Drähten oder stößt gegen tief hängende Klimaanlagen und Schilder. Tückisch sind auch Obergeschosse, die das Erdgeschoss weit überragen können und nicht auf europäisches Körpermaß ausgerichtet sind. Unbedingte Vorsicht ist vor allen Ein- und Ausfahrten geboten, aus denen jederzeit Autos, Motor- und Fahrräder rausgeschossen kommen können. Die Fahrer werden sehr ungnädig, wenn man sich erdreistet, denen einfach als Fußgänger in die Quere zu kommen. Vor allem vor Hotelausfahrten heißt es: Aufgepasst! Von dort biegen die Autos, ohne zu bremsen oder auf den fließenden Verkehr zu achten, rechts oder links in die Straße ein. Alles, was geradeaus unterwegs ist, tritt auf die Bremse, vor allem die Radfahrer.

Wer in China Auto fährt, muss sich anschnallen, auch der Beifahrer, so will es das Gesetz. Doch die wenigsten befolgen es, sei es aus Bequemlichkeit oder ganz einfach, weil der Gurt defekt ist. In manchen Taxen ist das Anschnallen schon deshalb nicht möglich, weil sperrige Plastikverschalungen den Fahrer von den Fahrgästen abgrenzen und dem Beifahrer ein gutes Stück seines Platzes und auch den Verschluss des Sicherheitsgurtes wegnehmen. Bei alten Taxen kann es vorkommen, dass ein Sicherheitsgurt, der nie benutzt wurde, so schmutzig ist, dass er nach dem Anschnallen einen breiten dunklen Streifen auf der Kleidung hinterlässt.

Doch nach all diesen Warnungen die gute Nachricht: Die Chinesen leiden selbst am meisten unter ihren Straßenverhältnissen und sind unermüdlich bestrebt, Ordnung in das Chaos zu bringen, sei es durch Verkehrslotsen, die an wichtigen Kreuzungen den Fußgängern beistehen, durch neu erlassene Vorschriften, Überwachung oder durch Aufklärung. Noch in den 70er und 80er Jahren fuhren die Autos auch bei Dunkelheit ohne Licht. Sie blendeten nur gelegentlich auf und warnten damit den Gegenverkehr, nahmen ihm aber auch die Sicht. Heute fahren sie alle mit Licht. Auch die Lastwagen, allerdings meist nur vorne und hinten nicht, aber immerhin ist das schon besser als früher, als sie weder vorn noch hinten leuchteten. Nur die Radfahrer fahren noch immer ganz ohne Licht, weil ihre Räder noch nie über Lampen verfügten.

Als wir früher so manche Tour durch China machten und mit teils abenteuerlichen Fahrzeugen über schlaglochübersäte Pisten rumpelten, träumten wir von den modernen deutschen Autobahnen. 20 Jahre später sind sie da. 1988 wurde die erste Strecke von Shanghai in den Vorort Jiading fertig gestellt, 1990 folgte die Strecke Shenyang–Dalian, inzwischen umfasst das Autobahnnetz mehr als 30 000 Kilometer. Jedes Jahr kommen 4000 Kilometer hinzu. 2010 sollen es 55 000 Kilometer sein, doch angepeilt werden insgesamt 85 000 Kilometer, die Beijing mit allen Landesteilen und die Regionen untereinander verbinden sollen.

Zhen – Jia, von Original und Fälschung

> Zwei Hongkonger Freunde gingen in Frankfurt in einen exklusiven Uhrenladen und kauften dort Uhren von Lange & Söhne. Sie selbst trugen Uhren von Tiffany's, die eine war echt, die andere eine Kopie. Das sagten sie dem Verkäufer und legten ihm beide Uhren vor, damit er zwischen Original und Fälschung unterscheiden solle. Nach langer Prüfung wählte der Verkäufer eine aus. »Das ist die echte«, sagte er. Doch hatte er sich damit geirrt. Die Qualität der Kopie verblüffte ihn.

Ein Regisseur dreht keine Kinofilme mehr, sondern nur noch Fernsehserien. Der Grund dafür ist einfach. Die Produzenten kommen nicht mehr auf ihre Kosten, wenn sie einen anderthalbstündigen Film drehen. Noch vor dem offiziellen Filmstart kommt er schon als Raubkopie auf den Schwarzmarkt. Falls es nicht geschafft wurde, während der Fertigstellung eine Kopie zu machen, entsteht spätestens beim Anlauf in den Kinos ein Mitschnitt. Es gibt keinen erfolgreichen Film, der nicht auch als Kopie zu haben ist. Manche Mitschnitte sind derart schlecht, dass man sogar noch die Köpfe des Publikums in den vorderen Reihen sieht. Andere sind von so guter Qualität, dass auch Gegner solcher Raubkopien zwei- oder dreimal überlegen, warum sie das Original kaufen sollen, wenn sie für denselben Preis gleich mehrere Kopien bekannter Filme bekommen. Es sind nicht nur die neuesten Filme aus Hollywood und aus chinesischen oder indischen Studios, die man kaufen kann. Ebenso werden berühmte Klassiker aus Europa, Amerika oder Japan angeboten sowie Aufzeichnungen von Konzerten internationaler Interpreten und namhafter Orchester oder Chöre. Da kommt es vor, dass einem die Obstfrau von nebenan eine DVD mit Karajan und den Berliner Symphonikern anbietet. Viele Chinesen kennen sich dank der Raubkopien inzwischen hervorragend in der Welt des westlichen Films und der Musik aus.

Imitationen hat es immer gegeben, und das nicht nur in China, sondern in allen Teilen der Welt. Doch das Ausmaß, das der Handel mit gefälschter Ware in China annimmt, ist erschreckend. Es ist ein Riesengeschäft, von dem viele Menschen leben.

Alles, was seinen Preis hat und wo die Produktion einer Kopie guten Gewinn verspricht, läuft Gefahr, kopiert zu werden. Meist sieht man es den Waren nicht an, und selbst für Experten ist es schwer, zwischen Original und Fälschung zu unterscheiden. Das Ausland protestiert. Von Diebstahl geistigen Eigentums ist die Rede, wenn den Unternehmen allein durch Kopien von Software jährlich viele Millionen Dollar Gewinn entgeht. Von der chinesischen Regierung wird drakonisches Vorgehen gegen die Fälscher verlangt, und doch beteiligen sich gerade auch Ausländer gern an diesem Handel. Alle Sprachen der Welt sind zu hören, wenn man über die gängigen Märkte Beijings und Shanghais schlendert, wo man eine »echte« Rolex oder eine Tasche von Louis Vuitton für ein paar Euro erstehen kann. Auch Textilien sind heiß begehrt. Wer trägt nicht gern ein Teil von Gucci oder Timberland, wenn es nur den Bruchteil des normalen Preises kostet? Oft hofft man ja auch, dass es sich nicht um Imitate, sondern um Überschussproduktionen handelt.

Dass mehr als 90 Prozent der Antiquitäten, die heute auf Märkten und in Geschäften angeboten werden, Fälschungen sind, weiß jeder. Inzwischen sind die Sachen so gut nachgemacht, dass kaum noch zwischen Original und Fälschung unterschieden werden kann, zumal sich die Fälscher immer neue Tricks ausdenken. So kann es zum Beispiel passieren, dass der Sockel einer alten Schale auf eine neue gedrückt wird, die im selben Stil produziert wurde. Dann ist zwar der Sockel echt, aber alles andere eine Fälschung. In der Malerei ist es nicht anders. Auch dort gibt es phantasievolle Experten. Gemälde zu fälschen ist ein alter Hut, und deshalb sind viele Käufer skeptisch und verzichten im Zweifel lieber. Ein Kunstsammler erzählte von Gemälden, die »lange in privater Hand waren und erst jetzt auf dem Markt auftauchten«. Dabei handelt es sich um Bilder, die im Stil bekannter Maler gemalt und dann in Büchern abgedruckt werden, in denen das Werk dieser Maler vorgestellt wird. Nach einiger Zeit bietet man diese »bisher verschollenen« Bilder an, und da sogar schon über sie publiziert wurde, schöpfen nur wenige Verdacht.

Was aber passiert mit echten Antiquitäten? Bei dem gegenwärtigen Bauboom kommt es häufig vor, dass die Arbeiter bei Erdarbeiten kostbare Funde machen.

> Ein junger Fabrikant in einer relativ kleinen Stadt in der Provinz Zhejiang sammelt lokale Keramik aus dem 1. Jahrtausend v. Chr. Unter Bauarbeitern hat es sich herumgesprochen, dass es diesen Sammler gibt, und wer immer etwas findet, bringt es ihm und wird gut belohnt.

Weniger Glück hatte ein Bauer in Nordchina: Er entdeckte bei Erdarbeiten zwei Vasen und brachte sie dem Palastmuseum in Beijing, um sie ihm zu verkaufen. Das Erste, was er hörte, war, dass sein Handeln strafbar sei. Als Nächstes bot man ihm als Belohnung ein paar Yuan an, die noch nicht einmal für das Fahrgeld reichten. Mitnehmen durfte er die Vasen auch nicht mehr. Da griff er sich alle beide und zerschmetterte sie auf dem Boden.

Es heißt, dass ein ehrlicher Finder von den staatlichen Stellen nicht belohnt wird. Deshalb verkaufen die Leute die Sachen lieber unter der Hand. So ging es einem deutschen Touristen, dem eine schmächtige Gestalt auf der Großen Mauer einen vermeintlichen Edelstein anbot. Er war mit einer dicken Schmutzschicht überzogen und in uraltes Zeitungspapier eingewickelt. Der Tourist verstand ein wenig von Steinen und kaufte ihn für 60 Yuan, ca. sechs Euro. Zurück in Hamburg bot ihm ein Juwelier 7000 Euro.

Die gnadenlose Produktion von Fälschungen hört nicht bei Markenprodukten, Kunst und Antiquitäten auf. Auch Diplome und Urkunden werden gefälscht. Mit gefälschten Nachweisen über Abitur und Studium geht mancher auf die Jagd nach einem

Studienplatz im Ausland. Selbst die Antragsformulare der ausländischen Universitäten können Made in China sein. Nicht nur im Ausland, auch im Inland sind die Leute mit gefälschten Papieren unterwegs. Schaden an dieser Art Fälschungen nimmt vor allem der Ruf chinesischer Papiere. Doch auch Leib und Seele werden nicht verschont, denn das Geschäft mit Plagiaten macht auch vor Lebensmitteln, Arzneien und medizinischem Gerät nicht Halt. Nicht in jeder Schnapsflasche ist drin, was das Label verspricht. Das erfuhren Petra und Yu-Chien, als sie von einem Universitätspräsidenten eine Flasche teuren Maotai geschenkt bekamen und ihnen ein ungewöhnlich stechender Geruch entgegenschlug, als sie die Flasche öffneten. Eine Fälschung! Denn da war alles Mögliche drin, nur kein Maotai.

Korruption – *Fubai* und *Tanwu*

Die Korruption gilt als ein altes chinesisches Übel. Es gab sie früher, und es gibt sie heute, obwohl sie in der 1949 gegründeten Volksrepublik mit Stumpf und Stiel ausgerottet werden sollte. Schon die Geschichtsschreiber längst vergangener Dynastien wussten von korrupten Beamten zu berichten. Verboten war sie allemal, doch wenn die politische Führung schwach war, wenn Kontrollmechanismen versagten, griff sie verstärkt um sich. Nahm sie überhand, führte dies zu Unruhen und Aufständen. Die grassierende Korruption während der 30er und 40er Jahre war einer der Gründe, warum Chiang Kai-shek mit seiner Regierung scheiterte. Auch heute können Journalisten und Schriftsteller seitenweise über Korruption berichten. Mit Beginn der Wirtschaftsreformen ist sie zu einem schwer wiegenden Problem geworden, das in verschiedensten Kampagnen bekämpft, aber nicht gelöst wurde.

Man unterscheidet im Chinesischen mehrere Begriffe, deren Übersetzung Aufschluss über die jeweilige Form der Korruption gibt. *Fubai* steht zugleich für Fäulnis. Diese Art der Korruption schließt den Verfall moralischer und sittlicher Werte ein. Früher war es der Verfall konfuzianischer Moralvorstellungen, heute ist es der Verrat an den Idealen der kommunistischen Ideologie. *Chi, He, Piao, Du* – Drogen, Alkohol, Prostitution und Glücksspiel – hieß es früher, wenn von den vier Übeln die Rede war, von denen sich die Beamten fern halten sollten. Für manche dieser Übel sind auch heute noch Funktionäre anfällig. Ämterkauf gehört ebenfalls in diese Kategorie. Vor allem auf regionaler Ebene kann man sich zum entsprechenden Preis ein öffentliches Amt kaufen.

Ein zweiter Begriff, *Tanwu*, steht für Unterschlagung. Partei- und Staatsfunktionäre nutzen ihr Amt zur persönlichen Bereicherung. Im konfuzianischen Beamtenstaat hieß es: Wenn einer in der Familie ein Amt ergattert, profitiert der gesamte Clan. Oft sind es nicht die Funktionäre selbst, die sich bereichern, sondern ihre Kinder und sonstige Angehörige. Sie erhalten jede Art von Vorteilen, Informationen und behördlicher Unterstützung. Von vielen erfolgreichen Geschäftsleuten weiß man, dass sie zum Beispiel Sohn, Tochter, Ehefrau oder Schwiegersohn führender Politiker und hoher, einflussreicher Parteifunktionäre sind.

Lokale Parteibosse, städtische Verwaltungsmitarbeiter, Steuerbeamte – wer immer ein wenig Macht in seinen Händen hält, kann nach Belieben Schwierigkeiten machen und Projekte verzögern oder sabotieren, wenn nichts für ihn herausspringt. Bestechung ist zum alltäglichen Geschäft geworden und betrifft längst nicht mehr nur die Partei- und Staatsfunktionäre, sondern hat alle Ebenen des öffentlichen Lebens erreicht. In Schulen, in Krankenhäusern, bei Hausreparaturen oder bei der Führerscheinvergabe, überall, wenn auch nicht immer, gibt es Menschen, die ihre Hand aufhalten oder die sich gern mal zu einem Festschmaus einladen lassen.

Kriminalität

Auch die wachsende Kriminalität stellt ein Problem dar, allerdings mit der Einschränkung, dass man sich in China als Ausländer noch immer ungleich sicherer fühlen kann als in manchen westlichen Ländern. Straftaten gegen Ausländer werden meist härter bestraft als solche gegen Einheimische. Die häufigsten

Delikte sind Diebstahl und Raub. Vorsehen müssen sich Ausländer hauptsächlich vor Taschendieben, die speziell in den von Touristen frequentierten Zentren ihrem Geschäft nachgehen, beispielsweise auf Märkten oder bei Sehenswürdigkeiten, also überall dort, wo die Taschen häufig unbeachtet bleiben.

Noch in den 70er Jahren wurden den Touristen sämtliche »Hinterlassenschaften« nachgeschickt, selbst wenn es sich um ein paar löchrige Socken handelte, die man in den Papierkorb geworfen hatte. Diese Zeiten sind vorbei. Bargeld und Wertgegenstände dürfen heute in den Hotelzimmern nicht unverschlossen herumliegen.

Wer in China kriminell handelt und gefasst wird, muss sich auf Drastisches gefasst machen. Verstöße gegen die öffentliche Ordnung werden nicht gerade zimperlich geahndet. Doch auch hier lässt sich einiges mit der nötigen Summe oder mit guten Beziehungen zu den richtigen Leuten machen.

Die Strafen können sehr hart ausfallen. Die Behandlung der Gefangenen und die Haftbedingungen sind streng. Als Petra einem chinesischen Journalisten von Hafturlaub und offenem Strafvollzug erzählte, traute dieser seinen Ohren und ihrem chinesischen Wortschatz nicht mehr. Es gibt verschiedenste Delikte, wie Vergewaltigung und schwerer Raub, die mit der Todesstrafe geahndet werden.

Teilnahmslosigkeit und Aggressivität

So engagiert und hilfsbereit sich Chinesen in ihrem persönlichen Umfeld geben, so gleichgültig können sie sich Fremden gegenüber in der Öffentlichkeit verhalten. Da passieren Unfälle, ohne dass die Passanten den Opfern Hilfe leisten, geraten Menschen in Streit und niemand greift schlichtend ein. Überbevölkerung, drangvolle Enge und die entfesselte Gewalt während der Kulturrevolution mögen Gründe dafür sein, aber auch vage Gesetze zum Schutz der persönlichen Rechte und Freiheit. Vor allem die Älteren, die die Schrecken der Kulturrevolution erlebt haben, wissen, dass das Nichteinmischen zum Überlebenskampf gehört.

Das Ideal hingegen sieht völlig anders aus. Zu den Bestsellern der chinesischen Literatur gehören seit jeher Romane über mutige Helden, die sich von dieser Gleichgültigkeit befreien und für die gerechte Sache kämpfen.

Im persönlichen Umgang gehen Chinesen offenen Konflikten lieber aus dem Weg. Sie drücken sich eher in Andeutungen aus, als lautstark auf ihr Recht zu pochen. Anders im öffentlichen Leben. Da liegt die Reizschwelle bei vielen Menschen erstaunlich niedrig. Unzufriedenheit mit den gesellschaftlichen Veränderungen, das Gefühl, zu kurz gekommen zu sein, ungerecht behandelt, missachtet oder betrogen zu werden, kann selbst bei geringem Anlass zu lautstarken Gefühlsausbrüchen führen.

> In einem kleinen staatlichen Laden wurde aus dem Schaufenster heraus Mehl verkauft. Ein altes Ehepaar aus der Nachbarschaft kam vorbei und wollte ein halbes Pfund haben. Die Verkäuferin bedauerte und sagte, sie würde das Mehl nur kiloweise verkaufen. Es sei entsprechend abgepackt. Darüber geriet die alte Dame so in Zorn, dass sie die Verkäuferin minutenlang lautstark beschimpfte. Erst als ein weiterer Kunde Kontra gab, zog sie laut lamentierend von dannen, während ihr Mann ganz unbeteiligt neben ihr her trabte.

Einkaufen in China

> Petra ging 1975 in Qingdao in ein Kaufhaus. Sie war nicht allein, fünf weitere Langnasen waren mit von der Partie. Das hatte es in Qingdao schon lange nicht mehr gegeben, dass »ausländische Teufel« auf Shoppingtour gingen. In null Komma nichts bildete sich ein Riesenpulk um die Fremden, der die Einkäufe lebhaft kommentierend und staunend beobachtete. Wie reich diese jungen deutschen Studenten auf die ärmlich gekleideten Chinesen wirken mussten, gaben sie doch Summen aus – etwa

> zwanzig Euro – für die man damals in China mehrere Monate arbeiten musste. Das Angebot in solchen staatlichen Kaufhäusern war auf das heimische Publikum ausgerichtet und entsprechend kümmerlich. Anders das Angebot in den Freundschaftsläden. Doch diese waren nur ausländischen und privilegierten chinesischen Kunden vorbehalten.

Ging man in den 70er und frühen 80er Jahren in die staatlichen Läden oder Restaurants, bekam man häufig ein schlecht gelauntes *meiyou*, »gibt's nicht«, zu hören. Desinteressiertes Servicepersonal rührte nur ungern einen Finger. Warum auch? Die Leute bekamen ohnehin nicht mehr als einen Hungerlohn gezahlt, und es war egal, wie gut oder schlecht die Arbeit geleistet wurde. Doch die Zeiten der Planwirtschaft sind längst passé. Heute wird auf eigene Rechnung gewirtschaftet, und das Personal bekommt Prozente auf getätigte Verkäufe. In Kaufhäusern, Einkaufszentren und auf Märkten werden die Flächen an selbständige Unternehmen vermietet, Angebot und Vielfalt sind manchmal schier unglaublich, die Freundlichkeit und der Ehrgeiz der Verkäufer mehr als vorbildlich. Verkehrte Welt denkt man manchmal, weil sich heute der Kunde im »Sozialismus chinesischer Prägung« als König fühlt. Und wie ist es in Deutschland? Schon häufiger haben sich Chinesen über die langen Gesichter und die Ungeduld deutscher Verkäufer gewundert. Auch wartete so mancher, bis das Personal seine Unterhaltung beendet hatte. Ein chinesischer Geschäftsmann hatte sogar das Gefühl, sich beim Betreten von manchen deutschen Geschäften für die Störung entschuldigen zu müssen. In China dagegen wird einem schon an der Eingangstür ein fröhliches »Willkommen zum Umschauen« entgegengeschmettert.

Ganz unverständlich sind chinesischen Besuchern die deutschen Geschäftszeiten. »Wenn die Leute Zeit haben, sind eure Geschäfte geschlossen«, klagen sie, wenn sie an Sonn- und Feiertagen durch deutsche Einkaufsstraßen ziehen. Gerade an solchen Tagen sind die chinesischen Innenstädte voll, denn dann begeben sich ganze Familien auf gemütlichen Einkaufsbummel. An sieben Tagen die Woche kann eingekauft werden, ebenfalls an Feiertagen. Die Kaufhäuser sind meist bis 20 Uhr geöffnet, die kleineren Geschäfte bis 22 Uhr, manche auch rund um die Uhr.

Als wir in den 80er Jahren Verwandte in China besuchten, schleppten wir jedes Mal schwere Koffer und Taschen mit. Alles war willkommen. Schon mit einem Kugelschreiber oder einer Flasche Shampoo konnte man eine große Freude bereiten. Heute grübeln wir vor jeder Reise, was wir an Geschenken mitnehmen sollen. Es gibt inzwischen alles in chinesischen Läden zu kaufen. Meist fahren wir mit leichtem Handgepäck los, kommen aber mit schweren Koffern zurück, denn inzwischen ist es sehr verlockend geworden, in China einzukaufen. Nicht nur, weil die Sachen dort vielfach billiger sind, sondern weil auch Vielfalt und Auswahl, Präsentation und Service beeindruckend sind.

Längst haben sich auch die internationalen Nobelmarken in Chinas großen Städten niedergelassen. Viele zahlungskräftige Chinesen kaufen aber lieber in Paris, London oder New York ein, weil sie sich dort sicher sind, dass sie echte Ware und keine Plagiate bekommen und obendrein noch zu einem günstigeren Preis.

Nachdem im Zuge der Reformpolitik die Festpreise aufgehoben wurden, entwickelten sich die Chinesen zu wahren Weltmeistern im Feilschen. »Was hast du dafür bezahlt?«, ist die übliche Frage, wenn man chinesischen Freunden eine Neuanschaffung zeigt, und meist erfährt man dann, dass man zu viel bezahlt hat. Chinesen lieben den Vergleich und die Auswahl, deshalb gibt es überall Einkaufszentren und Märkte, die die gleichen Artikel verkaufen. Die Chinesen schätzen das und scheuen auch lange Anfahrten nicht, um sich dort umzusehen. So gibt es Ladenzentren, in denen alles rund um den Tee verkauft wird, Zentren für künstliche Blumen, Märkte für Meeresfrüchte, Straßen nur für Autoteile, Hallen für Stoffe, Lederwaren, Antiquitäten und vieles mehr.

Wer Antiquitäten kaufen will, sollte wissen, dass weit über 90 Prozent des Angebots Imitationen sind (siehe auch »*Zhen – Jia*, von Original und Fälschung, S. 274). Ganz gleich, ob die Waren auf einem Markt, in einem Antiquitätengeschäft oder in einem Museumsshop angeboten werden, nirgends ist man vor Fälschungen sicher. Auch die roten Gütesiegel, die die Echtheit garantieren, lassen sich wunderbar nachmachen. Die Kunstfertigkeit der Fälscher ist heute so groß, dass auch gewiefte chinesische Sammler getäuscht werden können. Obwohl manche Europäer behaupten, in China hätte man insgesamt ein anderes Verhältnis zum Imitieren von Kunstwerken, zieht jeder Chinese ein Original vor, wenn er dafür bezahlt hat.

Angenehm macht das Einkaufen in China auch das Angebot kostenloser Serviceleistungen. Selbstverständlich werden telefonisch bestellte Flugtickets umgehend ins Haus geliefert. Handwerker und Techniker kommen zur Beratung ins Haus, ohne dass man gleich dafür zahlen muss. Kauft man im Kaufhaus eine Hose, die zu lang ist, wird sie unentgeltlich innerhalb von zehn Minuten gekürzt. Von solchen Dienstleistungen kann man in Deutschland nur träumen.

Freizeit

Kamen wir in den 80er Jahren nach Beijing, hatten alle Verwandten stets Zeit für uns. Wir waren für sie die beste Abwechslung, brachten wir doch frischen Wind in Form vieler neuer Nachrichten und Ideen mit, zumindest aber waren wir besser als das langweilige Fernsehprogramm. Heute ist das anders. Noch bevor wir in Beijing ankommen, fragen wir telefonisch nach, ob die Verwandten überhaupt im Lande sind. Die Senioren verreisen gern, überwintern im warmen Süden oder flüchten im Sommer vor der Hitze in die Berge. Die Jüngeren haben viel zu tun. Der Stress im Beruf ist groß und der Freizeitstress manchmal auch. Freizeit? Es ist noch nicht lange her, dass dieses Wort kaum verstanden wurde. Der einzige freie Tag in der Woche galt der Hausarbeit, den Einkäufen oder der Betreuung der Kinder. Doch seit die meisten Städter zwei Tage in der Woche freihaben und sich viele eine Putzfrau oder Küchenhilfe leisten können, werden ganz neue Wünsche und Ansprüche geweckt.

Was machen die Chinesen am liebsten in ihrer Freizeit? Natürlich essen gehen, und das möglichst mit der ganzen Familie oder dem halben Freundeskreis. Je mehr Leute, desto lustiger wird es.

Die Restaurants sind voll, denn sie sind nicht teuer. Sicher, es gibt auch die superteuren Gourmettempel, doch in die verirrt sich der chinesische Otto Normalverbraucher kaum. Es herrscht kein Mangel an preisgünstigen Restaurants, manche sind so billig, dass es egal ist, ob man zu Hause oder außerhalb isst.

Früher, als es noch keine Privattelefone gab, und das ist noch gar nicht lange her, da besuchte man sich spontan, ohne Voranmeldung, und wurde selbstverständlich beköstigt. Chinesisches Essen ist unkompliziert. Einer mehr oder weniger am Tisch spielt keine Rolle. Man kann sich zu den Mahlzeiten jederzeit auf einen unangemeldeten Gast einstellen. Heute verabredet man sich spontan per Handy und geht gemeinsam aus. Ein chinesischer Student in Hamburg langweilt sich schon seit langem in seiner Freizeit. An chinesischen Universitäten gebe es den Campus, auf dem man wohnt und wo immer etwas los ist. Kein Abend, an dem er sich nicht mit Freunden, Kommilitonen und manchmal auch mit Verwandten zum Essen trifft. Man treibt zusammen Sport, spielt Schach oder trifft sich zu Partys. »Wir mögen es *renao*, lebendig. In Deutschland ist es furchtbar still.«

Als Freizeitvergnügen steht auch das Fernsehen hoch im Kurs, vor allem seit das Programmangebot so vielfältig geworden ist. Dutzende von Kanälen stehen zur Auswahl, mehrere von dem zentralen Fernsehsender in Beijing, dann die vielen aus den Provinzen und Großstädten, in Hochchinesisch oder auch in Dialekten. Es gibt spannende Serien, die über viele Wochen laufen und die Zuschauer an die Bildschirme fesseln, Geschichten über Liebe, Leid und Eifersucht, über Verrat, Verbrechen und Spionage, was immer man will, und das vor historischem oder aktuellem Hintergrund, als Spiegelbild der Gesellschaft oder auch nur Phantasie. Wer keine Serien mag, kann einen Sportkanal wählen, wo von Golf, Formel 1 bis Badminton alles zu sehen ist, selbst deutsche Bundesligaspiele. Es gibt auch Musik-, Opern- und Spielfilmkanäle. Mancher kommt gar nicht mehr weg vom Fernseher.

Das Nichtwegkommen vom Bildschirm ist ein Problem, das viele junge Chinesen betrifft. China hat nach den USA die zweitgrößte Internetpopulation der Welt, und es ist nur eine Frage der Zeit, wann Amerika überrundet wird. Stundenlang sitzen die jungen Leute in Chatrooms oder sind mit Online-Spielen beschäftigt. Nicht wenige entwickeln ein regelrechtes Suchtverhalten und bekommen zunehmend Probleme in der Schule oder am Arbeitsplatz. Exzessives Spielen ist kein unbekanntes Problem. Chinesen sind leidenschaftliche Spieler, und richtig Spaß macht es vielen erst, wenn es um hohe Einsätze geht. Da hört jedoch bei vielen der Spaß auf. Mit der Revolution von 1949 wurde das Glücksspiel verboten. Zu viel Unheil hatte es angerichtet, wenn die Leute Haus und Hof verspielten. Inzwischen denkt man allerdings wieder über die offizielle Zulassung von Spielkasinos nach, denn immerhin lässt sich auch von staatlicher Seite einiges damit verdienen. Mancher Funktionär meint, mit einem Spielkasino in wirtschaftlich unterentwickelten Regionen einen Aufschwung auslösen zu können. Das leuchtende Vorbild ist Macao, wohin die Hongkonger jahrzehntelang fahren mussten, weil in ihrer eigenen Stadt das Glücksspiel verboten war.

Lange Zeit als Glücksspiel verpönt, ist Majiang (Mah-Jongg) inzwischen wieder sehr verbreitet. Den Senioren wird es sogar als bestes Gedächtnistraining empfohlen. Doch nicht nur Pensionäre spielen es, sondern auch die Jüngeren. Weil vier Spieler dazugehören, trifft man sich in festen Gruppen und das regelmäßig, manche sogar täglich, die Hausfrauen am Nachmittag, die Männer nach Feierabend. Dabei kann es um hohe Einsätze gehen, die meisten spielen jedoch um kleinere Summen, manche auch nur mit Spielgeld.

> Ein unvergesslicher Silvesterabend wurde uns die Feier bei Shanghaier Freunden, während der die Gastgeberin nur um 24 Uhr kurz Zeit fand, mit uns auf das neue Jahr anzustoßen. Die übrige Zeit spielte sie Majiang, und das bis in die frühen Morgenstunden. Jedes Wochenende sei das so, sagte ihr Mann. »Und das hältst du aus?«, fragte Yu-Chien. »Wieso?«, erwiderte der Freund. »Normalerweise habe ich meinen eigenen Kreis, mit dem ich spiele. Nur heute hatten die anderen keine Zeit.«

Was im Allgemeinen als geselliges, harmloses Vergnügen gepflegt wird, nimmt in manchen privaten Zirkeln bedenkliche Ausmaße an. Dort trifft man sich und spielt um wirklich hohe Einsätze. So genannte »Gastgeber« stellen ihre Räumlichkeiten zur Verfügung und kassieren pro Tisch.

Majiang wird häufig in atemberaubender Geschwindigkeit gespielt. Dabei knallt man die Steinchen auf die Tischplatte, als würde Skat gekloppt. Andere lassen es gemütlicher zugehen und tauschen sämtliche Neuigkeiten, und was es sonst noch an Klatsch gibt, aus. Am schönsten ist das »Waschen«, wenn acht Hände die Steine hin und her schieben und kräftig mischen, um sie anschließend wieder in vier Mauern à 17 oder 19 Paare aufzubauen. Natürlich gehört das Majiang-Spiel auch ins Reisegepäck, wenn man mit mehreren Personen in Urlaub fährt. Auf Kreuzfahrtschiffen zum Beispiel lässt es sich hervorragend spielen: den Yangzi entlang und durch die Schluchten, ein kurzer Blick, und dann gleich wieder aufs Majiang-Spiel konzentriert. Einmal fuhren wir in ein einsames Kloster im Qingchen-Gebirge in Sichuan. Nach dem Abendessen erfreuten wir uns gerade an der beschaulichen Atmosphäre, als wir das Geklapper des »Waschvorgangs« hörten. Nicht die Mönche waren es, die in den benachbarten Klosterzellen Majiang spielten, sondern nordchinesische Touristen, die wie wir die Ruhe suchten.

Besonders beliebt ist in der Volksrepublik das chinesische Schach, *Xiangqi*. Vor allem Männer spielen es, und überall dort, wo immer man das kleine Spielfeld aus Papier oder Stoff aufschlagen kann. In Parks, in Innenhöfen, am Straßenrand, in Fabriken oder Büros, überall sitzen sie und spielen, häufig umringt von Zuschauern, die fachmännisch Rat geben. Inhaltlich ähneln sich europäisches und chinesisches Schach, nur geht es beim chinesischen um einen General, der matt gesetzt werden muss.

Chinesen singen gern. Darum haben sie das japanische Karaoke auch mit Begeisterung aufgenommen. Auf dem Land wie in den Städten, überall entstanden Karaokebars. Inzwischen nimmt der Karaokeboom wieder ab. Dafür hat sich die Chormusik voll entwickelt. Keiner wird die Chöre wirklich zählen können, die in den letzten Jahren entstanden sind. Manche Leute sind nicht nur in einem engagiert, sondern gleich in zwei oder drei. Natürlich gehören auch Auftritte zum Leben der Chorsänger, vor Freunden und Verwandten treten sie auf, in Schulen, manche gehen auf Tournee und das nicht nur im In-, sondern auch im Ausland.

Freizeit ohne Geselligkeit ist für die meisten Chinesen kaum vorstellbar. Man will sich vergnügen, das Beisammensein genießen oder, wie man auf Chinesisch sagt, *wan*, spielen. Dieser Begriff kann alles enthalten, was aus Vergnügen gemacht wird, die Zusammenkunft Gleichgesinnter zu einer Dichterlesung genauso wie der Besuch bei einem leichten Mädchen. Auch ein mit uns befreundeter Kunstmaler geht diesem *Wan* nach. Er verbringt seine Freizeit am liebsten gemeinsam mit Kollegen beim Töpfern und anschließendem Essen. Sich allein irgendwohin in die Einsamkeit zurückzuziehen liegt nur wenigen, auch dann nicht, wenn es zum Angeln geht.

Petra hatte keine rechte Lust, als uns ein Freund einlud, mit ihm zum Angeln zu fahren. Stundenlang an einem Bach sitzen und darauf zu warten, dass ein Fisch anbeißt, dazu bin ich nicht nach China gekommen, maulte sie, und die Vorstellung, einen wider Erwarten geangelten Fisch auch noch totschlagen zu müssen, missfiel ihr ebenfalls. Wir fuhren trotzdem mit, in mehreren Autos, denn Frau und Tochter sowie zwei weitere Freunde mit ihren Familien wollten ebenfalls mitkommen. Nach einer längeren Fahrt übers flache Land erreichten wir eine gepflegte Clubanlage mit mehreren künstlich angelegten Fischteichen. Breite Holzstege waren an dem etwas abschüssigen Ufer angelegt, wo Mitarbeiter des Angelclubs in schwarzweißen, militärisch anmutenden Anzügen schon auf uns warteten. Diese übernahmen bei Bedarf die ganze Arbeit: Sie brachten den Köder an, warfen die Angel aus und drückten sie jedem Sportsfreund schließlich in die Hand, der dann auf einem bequemen Hocker Platz nehmen konnte. Allerdings versank man anschließend nicht in meditatives Schweigen, sondern unterhielt sich vergnügt. Manchmal schrie auch jemand den anderen etwas zu, denn die kleine Gesellschaft hatte sich rund um den Teich verteilt. Die Kinder hüpften vergnügt herum, ihnen war das Angeln schnell langweilig geworden. Kaum zappelte ein Fisch an der Leine, was in null Komma nichts der Fall war, denn in dem Teich wimmelte es nur so von gezüchteten Fischen, übernahmen die Mitarbeiter wieder die Angel, zogen den Fisch heraus und nahmen ihn vom Haken. Nach zweistündigem erfolgreichem Angelvergnügen ging es ins Clubrestaurant, wo die Küche den frisch geangelten Fisch zubereitete, der dann von der froh gelaunten Gesellschaft mit großem Vergnügen verspeist wurde.

Freizeitzentren sind auch die vielen Parkanlagen, die jetzt vermehrt in den Städten angelegt werden. Schon früh am Morgen trifft man sich dort zum Training, das nicht nur Gymnastik und Schattenboxen (Taiqiquan) einschließt, sondern auch vergnüglichen Gesellschaftstanz. Rumba, Samba, Cha-Cha-Cha werden mit heißer Sohle auf manch unebenem Boden hingelegt. Wenn eine Tanzpartnerin fehlt, kein Problem, dann tanzen eben zwei Männer miteinander. Frauen halten es ebenso. Disco-Rhythmen sind ebenfalls beliebt. Sie werden den älteren Herrschaften als ideale gymnastische Lockerungsübung empfohlen. Auch die Jugend tanzt mit Begeisterung. Universitäten, Fabriken und andere Institutionen veranstalten für ihre jungen Leute am Wochenende Tanzpartys. Häufig werden solche Veranstaltungen als Gelegenheit für die Partnersuche organisiert. Natürlich gibt es in den großen Städten auch Discotheken und jede Menge Bars, exclusiv oder einfach, wie immer man es haben will, für jeden ist etwas dabei. Anders in den ländlichen Gebieten, wo das Freizeitangebot insgesamt sehr eingeschränkt ist. Dort geht man noch immer mit dem Sonnenaufgang hinaus aufs Feld und mit dem Sonnenuntergang zurück nach Hause. Die Dämmerung währt nur kurz; lange, helle Sommerabende kennt man in China nicht. Meist wird es um 6 Uhr hell und gegen 18 Uhr dunkel. Ein wenig Schwung bringt das Fernsehen in den Feierabend der Bauern, weshalb gerade auf dem Lande das dankbarste Publikum sitzt. Für die ländliche Bevölkerung sind die traditionellen Feste mit ihren vielfältigen Veranstaltungen noch immer die schönste Abwechslung.

Viele Chinesen sind leidenschaftliche Sammler und scheuen keine Mühe, um an die Objekte ihrer Begierde heranzukommen. Briefmarken liegen nicht mehr im Trend, stattdessen sind bei denen, die über das nötige Kleingeld verfügen, Antiquitäten beliebt, auch moderne oder klassische Kunst, Porzellan, Tonwaren und vieles andere.

China macht Urlaub

> »Urlaub? Das kann sich unser Land nicht leisten«, hörte man noch vor nicht allzu langer Zeit, als die Menschen nur einen Tag in der Woche frei bekamen.

Urlaub war jahrzehntelang schlichtweg ein Fremdwort, und dennoch träumten viele Chinesen davon, einmal ins Ausland zu fahren. Inzwischen sind chinesische Geschäftsleute und Pauschaltouristen zu einer wichtigen Zielgruppe der weltweiten Tourismusindustrie geworden. Wenn der Trend in dieser Weise anhält, werden die Chinesen 2020 die stärkste Gruppe unter den internationalen Touristen bilden.

Zuerst kamen sie als Delegationen, Mitglieder von Betrieben und Verwaltungseinheiten, die auf Erkundungs- und Besichtigungstour gingen. So mancher deutsche Betrieb konnte sich vor chinesischen Delegationen kaum retten, und häufig bemerkten die deutschen Gastgeber verwundert, dass mit den großen Gruppen kaum Experten angereist kamen. Vielmehr hatten die chinesischen Staatsbetriebe verdiente Mitarbeiter mit einer Auslandsreise belohnen wollen. Heute braucht man nicht mehr auf wohl gesonnene Vorgesetzte zu hoffen, die einen bei langjähriger Loyalität mit einer solchen Zuwendung beglücken. Man bucht sich einfach selbst eine Reise ins Ausland. Das Geld dazu haben die Leute.

Wenn die Ausbildung der Kinder gesichert, die Wohnung gekauft und eingerichtet ist, geht China auf Reisen. Am liebsten in Gruppen und durch ein möglichst großes Gebiet. Reiseunternehmen haben sich speziell auf diese Kundschaft eingestellt, die sie auf festgelegten Routen durchs Land schleusen, zum Beispiel in sieben Tagen durch sieben Städte Europas. Es sind immer wieder dieselben Ziele, die angesteuert werden. Große Experimente will niemand machen. Dort, wo die einen waren, wollen die anderen auch hin. Deutsche mögen darüber lächeln. Was kann man in so kurzer Zeit schon sehen! Doch sie selbst reisen nicht viel anders, wenn sie auf den touristischen Trampelpfaden in China unterwegs sind. Auch sie wollen alle einmal auf der Chinesischen Mauer stehen, die Tonsoldatenarmee in Xi'an sehen und die Karstberge von Guilin bewundern. Auch bei ihnen kommen nur selten Gruppenreisen zustande, die sich auf eine einzelne Region konzentrieren, beispielsweise eine Reise durch die Provinz Sichuan, die immerhin größer ist als Frankreich und hundert Millionen Einwohner zählt.

Der Pauschaltourismus boomt. Als Hongkong 1997 an China zurückging, blieben die westlichen Touristen weg, weil sie meinten, die ehemalige britische Kronkolonie sei nun nicht mehr interessant. Dem Tourismusgeschäft Hongkongs drohte der Kollaps. Doch da kamen die Landsleute aus dem Norden und überfluteten die Stadt. Jeder wollte einmal in Hongkong gewesen sein. In der Hochsaison, etwa um den 1. Mai herum, ist dort kein Zimmer mehr zu bekommen. Andere asiatische Länder öffneten ebenfalls ihre Tore: Thailand, Burma und Laos gehörten zu den Ersten, die die Kaufkraft der chinesischen Touristen entdeckten und sie willkommen hießen. Andere Länder zogen nach. Inzwischen touren chinesische Reisegruppen jeder Größenordnung durch die ganze Welt. Hier ist eine Hundertschaft unterwegs, dort sind es vielleicht nur zwei, drei Dutzend, und manche reisen auch auf eigene Faust zu zweit oder als Familie. Wie im Westen legen auch immer mehr Chinesen Wert auf ein individuelles Erleben. So geht der Shanghaier Designer mit seiner Frau einmal im Jahr auf Europareise, genau wie die Journalistin mit ihrer Schwester. Einmal ist Italien dran, nächstes Mal Frankreich.

Wer als Ausländer China bereisen möchte, sollte sich vor drei Terminen hüten: dem Neujahrs- bzw. Frühlingsfest, dem 1. Mai und 1. Oktober, denn das ist die Zeit, in der ganz China Urlaub macht. Zum Tag der Arbeit und zum Nationalfeiertag bekommen viele drei Tage frei, manche auch eine ganze Woche. Zum Neujahrsfest können es zwei bis drei Wochen sein. Eine allgemeine Urlaubsregelung steckt noch in den Anfängen. Mancher Privatunternehmer, wie ein junger Ingenieur aus Zhejiang, gibt seinen hundert Arbeitern zum Neujahrsfest nur eine Woche frei. »Jahrzehntelang haben wir nur über Politik geredet, da wird es Zeit, dass wir endlich einmal richtig arbeiten.«

Obwohl also nicht jeder der 1,3 Milliarden Chinesen genügend Urlaub bekommt und auch vielen das nötige Geld für eine Reise fehlt, brauchen es nur zehn Prozent zu sein, die sich aufmachen: Schon wären dann immerhin 130 Millionen Menschen unterwegs. Entsprechend ausgebucht sind an den Fest- und Feiertagen Verkehrsmittel und Hotels, und an allen touristischen Sehenswürdigkeiten herrscht heilloses, oft beängstigendes Gedränge.

Die wichtigste Urlaubszeit ist die Zeit um Neujahr. Handwerker und Mitarbeiter sind schon vier Wochen vorher in Gedanken im Urlaub, und eine Woche vorher reist alles ab. Die Arbeiter, die in Chinas Städten die Häuser bauen und die Wohnungen streichen, die Friseure und die Schneider, sie alle machen Urlaub, und den verbringen sie am liebsten zu Hause. Niedere Arbeiten in den Städten werden von Bauern gemacht, für die es auf dem Land nichts mehr zu tun gibt. Drei, vier Wochen bleiben sie zu Hause. Natürlich kehren auch alle Dienst- und Kindermädchen heim, weshalb ihre Arbeitgeber ebenfalls auf Urlaub gehen müssen, weil sie ohne Personal nicht mehr auskommen. Der Geschäftsmann trifft sich mit seinen Verwandten zum Skifahren in Japan, Kanada oder in der Schweiz. Weihnachten war man vielleicht schon auf Bali. Ein Geschäftsfreund erzählt von einer Kreuzfahrt im Mittelmeer. Da wollen die Zuhörer dann nächstes Jahr hin. Wo man sonst noch hinfahren könnte, darüber liest man in den vielen neuen Reisemagazinen. Eine Kreuzfahrt auf dem Nil gefiel auch den Dozenten einer Universität.

Statt ihnen mehr Gehalt zu zahlen, finanzieren manche der meist staatlichen Organisationen einmal im Jahr für ihre Mitarbeiter eine Auslandsreise. Im Jahr zuvor waren sie in Deutschland. Wo sie nächstes Jahr hinfahren, wissen sie noch nicht.

Chinesen sind autobegeistert. Auf diesem Gebiet haben sie einen riesigen Nachholbedarf. Doch leider sind schon jetzt alle Straßen in den Städten verstopft, und die Geschwindigkeit auf den Autobahnen ist auf 130 km/h begrenzt. Natürlich haben sie von dem gelobten Land der Autofahrer gehört, von Deutschland, wo man ohne Geschwindigkeitsbeschränkung über die Autobahnen preschen kann. So werden jetzt schon die ersten Reisen angeboten, bei denen man im geliehenen Porsche oder Mercedes dem Geschwindigkeitsrausch frönen kann.

Musste man in den 80er Jahren chinesischen Reisenden noch finanziell unter die Arme greifen, sind sie heute kaufkräftige und darüber hinaus wählerische, markenfixierte Konsumenten. Sie kaufen Uhren in der Schweiz, Stahlwaren und Bekleidung in Deutschland, Parfüm in Paris. Die Läden stellen sich auf die neue Kundschaft ein, und manche beschäftigen inzwischen Chinesisch sprechendes Personal. Chinesen beklagen sich häufig über unfreundliche deutsche Verkäufer, die die lebhaften, oftmals lauten Asiaten als unangenehm empfinden. Häufig geht es bei den Einkäufen hin und her. Kaufentscheidungen werden zurückgenommen, etwas anderes verlangt. Wenn einer eine Uhr kauft und dem anderen fünf Minuten später einfällt, auch so eine zu kaufen, obwohl der Verkäufer schon alles weggeräumt hat, ist man vielleicht noch geduldig. Meldet sich aber später noch ein Dritter, der auch wieder nach den bereits verstauten Uhren fragt, gibt es von Seiten der Verkäufer nur noch verärgerte Gesichter.

Die anspruchsvolle chinesische Kundschaft ist in China Service gewohnt. Das betrifft auch die Hotels. Fünf-Sterne-Hotels in Europa bieten nicht unbedingt denselben Service wie jene in China. Bei Vier-Sterne-Hotels ist der Unterschied noch größer. In Rom zog eine Gruppe chinesischer Gäste an einem Tag dreimal um, bis sie unter den Vier-Sterne-Hotels eins erwischt hatte, das einigermaßen akzeptabel war. Doch auch dieses hielt weder in puncto Service noch Ausstattung einem Vergleich mit chinesischen Vier-Sterne-Hotels stand.

Viele Chinesen tragen Bargeld mit sich herum, weil ihnen Kreditkarten noch fremd sind. Deshalb sind sie beliebte Ziele von Taschendieben in Städten wie Paris und Rom. Es gibt kaum eine Gruppe, die nicht mindestens von einem Diebstahl zu berichten weiß. Manchmal werden auch ganze Gepäckladungen gestohlen, denn das Geld, das man nicht bei sich trägt, steckt man natürlich in den sicheren Koffer.

Bleiben sie im eigenen Land, dann sind die heiligen Berge ein beliebtes Reiseziel, von denen es insgesamt neun gibt, darunter buddhistische, daoistische und mythische. Schon die ersten Kaiser ließen sich auf die heiligen Gipfel tragen, um sich dort mit den Göttern zu beraten. Heute tun es ihnen Pilger und Touristen gleich. Endlose in Stein gehauene Treppenstufen führen die Berge hinauf zu Klöstern, Tempeln und Aussichtspunkten. Seit neuester Zeit erleichtern Seilbahnen den häufig sehr anstrengenden Aufstieg.

Das Verhältnis zu Tieren

Tiere hatten in China in erster Linie immer nur einen Nutzwert. Man isst sie oder man lässt sie für sich arbeiten: Pferde und Esel als Lasttiere, Rinder als Zugtiere in der Landwirtschaft, Schweine und Geflügel als Nahrungsmittel. Tiere muss man füttern, und da es in China häufig einen großen Nahrungsmittelmangel gab, war die Haltung von Haustieren zeitweise unmöglich.

> Die chinesische Besucherin stand schon vor unserer Haustür, als Yu-Chien ihr erzählte, dass wir einen kleinen Hund hätten. Da machte sie auf dem Absatz kehrt und ward nicht mehr gesehen.

Viele Chinesen haben Angst vor Hunden. Sie wissen nicht mit ihnen umzugehen, weil sie jahrzehntelang aus dem Stadtbild verschwunden waren. Nur auf dem Land kannte man Wach- und streunende Hunde. Doch das ändert sich jetzt. Hundehaltung liegt im Trend, obwohl die Hundesteuer sehr hoch ist. In manchen Städten gibt es riesige Tiermärkte, auf denen Hunde, darunter die seltensten und edelsten Rassen, verkauft werden sowie alles, was zur Hundehaltung dazugehört oder auch nicht. Vom Körbchen übers Futter bis zur Baseballmütze gibt es für den »Wauwi«, für Katzen, Vögel und Fische alles zu kaufen. Tierarztpraxen sind im Kommen und verdienen hervorragend. Schon beschweren sich die ersten Leute, dass sie immer häufiger Hunde ihre Notdurft auf Fußwegen und in Grünanlagen verrichten sehen. Bei der Überbevölkerung in Chinas Großstädten ist die Vorstellung einer dramatisch ansteigenden Hundepopulation für viele ein Albtraum. Schon häufiger hat es deswegen in den letzten Jahren Kampagnen gegen die Hundehaltung gegeben. Weniger Ärger verursachen Katzen, weshalb sie nach den Vögeln auch immer die beliebtesten Hausgenossen waren. Alle verschiedenen Rassen sind in China bekannt. Der Standardname für Katzen lautet »Mimi«.

Singvögel sind bei den Chinesen besonders beliebt. Sie werden in hübschen Rohrkäfigen gehalten, die bei Bedarf mit einem passenden dunkelblauen Tuchfutteral abgedeckt werden. Vor allem in Beijing sieht man in den frühen Morgenstunden die Vogelliebhaber, meist ältere Herren, mit ihren Lieblingen in den Grünanlagen herumspazieren. Sie schaukeln die Käfige fröhlich hin und her, weil das die Muskulatur der Vögel stärken soll, und streben festen Treffpunkten zu, wo sie die Käfige in Bäume hängen und dann gespannt dem Piepen und Zwitschern lauschen. In südlichen Regionen gibt es spezielle Teehäuser für Vogelfreunde. Dort können die Käfige an eigens installierten Stangen an die Decke gehängt werden, während die »Herrchen« unten stundenlang ihren Tee schlürfen. Solche Teehäuser, aber auch die Vogelmärkte, die es in vielen Städten gibt, sind immer einen Besuch wert.

Typisch für Beijing sind die Tauben, wenn sie in kleinen

Schwärmen über die wenigen verbliebenen Altstadtviertel ziehen und aus ihren Pfeifen, die ihnen die Züchter an die Beinchen gebunden haben, das wohlklingende Tönen zu hören ist. In südlichen Gebieten sind dagegen die Zikaden typisch, die man im Sommer in kleinen Käfigen hält.

Deutsch-chinesisches Miteinander

Chinesen über Deutsche

Wenn ein Deutscher Gefühle zeigt, er sich um seinen chinesischen Nachbarn kümmert, ihn vielleicht sogar mal ganz spontan zum Essen in die Wohnung einlädt, dann sagen die Chinesen von ihm: »Der ist schon wie ein Chinese.«

Für die Chinesen ist im Allgemeinen ihre eigene Kultur Maß aller Dinge. »Man merkt gar nicht, dass er ein Ausländer ist«, ist denn auch das höchste Lob, das ein Ausländer in China hören kann.

Was sie verwundert:

Eine Fußgängerampel ist rot. Die Deutschen bleiben stehen, auch wenn kein Auto kommt. Die Chinesen überqueren die Straße und wundern sich über die Deutschen. Wieso bleibt ihr stehen, obwohl kein Auto kommt?

Herr Wang, der seit über 20 Jahren in Deutschland lebt, meint, dass die Chinesen sehr gut ohne Regeln leben könnten, während die Deutschen ihre feste Ordnung brauchten. Sie wären deshalb auch weniger flexibel als die Chinesen. »Wir Chinesen sind Meister der Anpassung«, sagt er. »Es ist wie bei einer Tür: Ist sie zu schmal, bleibt der Deutsche stehen und sagt: Da komme ich nicht durch. Der Chinese dreht sich um neunzig Grad, und schon klappt es.«

Besuchen sich Chinesen untereinander und sind zehn Minuten zu früh, macht das nichts. Sie klingeln und sind selbstverständlich willkommen. Die Deutschen laufen draußen so lange auf und ab, bis es Zeit ist, um pünktlich zum verabredeten Termin einzutreffen. So sind die Deutschen, immer korrekt, eins ist eins und zwei ist zwei, das gilt auch unter Freunden.

Was ihnen missfällt:

> »Wie gefallen euch die Deutschen?«, fragte Petra zwei junge Chinesinnen, die seit drei Jahren in Deutschland lebten.
> »Die Deutschen sind kalt«, kam es wie aus einem Mund, eine Antwort, die Petra nicht zum ersten Mal hörte.
> »Falsch!«, korrigierte Yu-Chien die beiden. »Die Deutschen sind wie Thermosflaschen: außen kühl und innen warm.«

Viele Deutsche wären überzeugt von ihrem Können, weshalb sie sich den Chinesen überlegen fühlten. Dabei finden die Chinesen, dass die Deutschen durch ihren Hang zur Perfektion unflexibel werden und sich selbst lähmen.

Einsam sei man, wenn man als Chinese in Deutschland lebt, weil man keine Freunde finde. Niemand nehme Anteil, niemand zeige freundliches Interesse. Für die meisten Chinesen ist die Vorstellung ein Horror, in Deutschland ohne Kinder alt zu werden und irgendwann in einem deutschen Altersheim zu landen.

> Herr Wang mähte an einem Sonntagnachmittag den Rasen. Der sonst so nette Nachbar von gegenüber kam schreiend herübergerannt. Herr Wang hörte etwas von Gesetzen und Vorschriften und dass der Nachbar die Polizei rufen würde, wenn er nicht sofort mit dem Mähen aufhöre. Die Frau des Nachbarn versuchte am nächsten Tag mit dem beleidigten Herrn Wang wieder ins Reine zu kommen. »Nehmen Sie es bitte nicht persönlich, was mein Mann da gesagt hat, aber so sind nun mal unsere Gesetze. Rasenmähen am Sonntag ist verboten.«

Hätte dieser Nachbar Herrn Wang nicht auch freundlicher darauf hinweisen können? Ein Satz wie »Nehmen Sie es nicht persönlich« half da auch nichts mehr. Chinesen nehmen alles persönlich, und für die Wangs waren diese Nachbarn gestorben.

Was ihnen gefällt:

Es sind die deutschen Frauen, die den chinesischen Männern gefallen.
»Deutsche Mädchen sind viel hübscher als chinesische, außerdem haben sie eine bessere Figur«, betont Herr Dong.
Auch von Chinesinnen hört man viel Lob über deutsche Frauen. Sie wären freundlicher als die deutschen Männer, hilfsbereiter und auch ehrlicher.
Wenn man die Deutschen auf der Straße nach dem Weg fragt, helfen sie einem weiter, und die meisten sind sogar recht freundlich dabei. Ganz begeistert war ein Herr Sun, der in Hamburg den Weg zur Autobahn suchte. An einer Ampel ließ er das Fenster herunter und fragte den Fahrer des Nachbarfahrzeuges nach dem Weg. Dieser versuchte es zuerst mit einer Erklärung. Doch das wurde zu kompliziert. Da winkte er ab und rief: »Folgen Sie mir. Ich bringe Sie hin und wenn ich blinke, biegen Sie ab. Ich selbst muss nämlich woanders hin.« Tatsächlich brachte er ihn bis zu dem Kreisel, von dem die Autobahn abging. Von solchen Erlebnissen hört man immer wieder, denn sie beeindrucken die Chinesen, die im eigenen Land in dieser Hinsicht eher Teilnahmslosigkeit erleben.

> Frau Ma wurde nach ihrem Deutschstudium in einem Beijinger Reisebüro tätig. Sie erinnert sich: »Ich kam frisch von der Uni und war ziemlich aufgeregt. Ich sollte eine deutsche Reisegruppe vom Flughafen abholen. Als alle im Bus Platz genommen hatten, nahm ich das Mikrophon und begrüßte sie. Sie wären meine ersten Gäste, sagte ich, und dass sie meine Unsicherheit bitte entschuldigen mögen. Sie antworteten mir mit fröhlichem Applaus und aufmunternden Worten. Es war eine unglaublich schöne Erfahrung. Ganz anders erging es mir in Deutschland. Ich sollte eine Gruppe chinesischer Touristen durch einige europäische Länder begleiten. Zwar war ich bestens vorbereitet, hatte einzelne Ziele schon selbst besucht, dennoch war es meine erste chinesische Gruppenbegleitung.

> Ich sagte einen ähnlichen Satz wie damals vor den Deutschen. Doch diesmal erntete ich nur lange Gesichter, hinter denen sich die Frage verbarg: Sind wir es nicht wert, eine bessere Begleitung zu bekommen?«

Deutsch-chinesische Freundschaften und Ehen

Deutsche in China klagen, dass es schwer sei, mit Chinesen Freundschaften zu schließen. Häufig wären es nur oberflächliche Bekanntschaften. Man lädt sich gegenseitig zum Essen ein, nimmt ein wenig am Leben des anderen teil, doch im Grunde genommen bleiben die Deutschen unter sich, sind Gäste in einem fremden Land und kehren irgendwann einmal in ihre Heimat zurück.

Chinesen in Deutschland äußern sich ähnlich. Auch sie finden nur schwer Anschluss unter den Deutschen. Die besten Chancen haben jene, die an einer deutschen Universität studieren und während ihres mehrjährigen Studiums mit Kommilitonen Freundschaften schließen können. Wer erst einmal im Berufsleben steht, findet nur selten Anschluss.

Anders verhält es sich bei den gemischten Paaren. Durch den Partner gewinnt man tiefe Einblicke in dessen Kultur und wird Teil seiner Familie. Wir geben einer deutsch-chinesischen Partnerschaft dieselbe Chance, die wir auch einer deutsch-deutschen geben würden. Den Bund fürs Leben zu schließen und dafür den richtigen Partner zu finden ist ein schwieriges Unterfangen. Wie viele Menschen daran scheitern, zeigen die hohen Trennungsraten in allen europäischen Ländern. Möglicherweise hat eine deutsch-chinesische Beziehung sogar eine größere Chance auf Bestand, weil die Partner häufig auf mehr oder minder starke Widerstände innerhalb ihrer Familien und auf diverse bürokratische Hürden stoßen. Bis man sich da durchgesetzt hat, sind erste Bewährungsproben überstanden.

Die Mutter weinte am Telefon, als Lin ihr erzählte, dass sie einen Deutschen heiraten wolle. Lin arbeitete seit zwei Jahren in Deutschland. »Wer hilft dir, wenn er dich schlecht behandelt«, rief die Mutter traurig. Lin bot an, mit ihm zusammen im nächsten Urlaub nach Hause zu kommen, damit ihn die Eltern kennen lernten. »Bloß nicht«, rief die Mutter entsetzt. »Was sollen die Nachbarn denken!« In ihrer Umgebung sah man nur selten Fremde.

Aus eigener, mehr als 30 Jahre währender Erfahrung eines deutsch-chinesischen Miteinanders wissen wir, dass die Basis einer guten Beziehung Aufgeschlossenheit und Verständnis für den kulturellen Hintergrund des Partners ist. Eine nicht zu unterschätzende Schwierigkeit sind die engen Familienbande.

Lin heiratete ihren Deutschen. Sie fuhren sogar nach China und besuchten die Eltern. Da Hans kein Chinesisch sprach, musste Lin jedes Gespräch, das er mit den Eltern führte, dolmetschen, bis man schließlich nur noch wenig miteinander sprach, weil es zu mühsam war. Nach drei Jahren wollte Lin ihre Eltern nach Deutschland einladen, um ihnen ihr schönes neues Heim zu zeigen, und da chinesische Eltern nicht mal eben für zwei, drei Wochen um die halbe Welt fliegen, sprach Lin von einem halbjährigen Aufenthalt. Ihr deutscher Mann lehnte entsetzt ab: »Nur über meine Leiche!« Seine eigenen Eltern würden ja auch nur gelegentlich auf einen, höchstens zwei Tage vorbeikommen. »Maximal zwei Wochen«, sagte er, und seine deutschen Freunde, denen er davon erzählte, fanden das sehr großzügig und bedauerten ihn schon im Voraus. Nach längerem Streit war das Thema erledigt. Die Eltern blieben in China. Dies war der Auftakt zu vielen neuen Missstimmigkeiten. Inzwischen sind die beiden getrennt.

Eine andere Geschichte:

> Als Anna ihr Baby bekam, kündigte die chinesische Schwiegermutter ihren Besuch an. Ein Jahr lang wollte sie der jungen Mutter zur Seite stehen. Die alte Dame sah das als ihre Pflicht an, schließlich hatte sie ihren zwei anderen Schwiegertöchtern in China denselben Dienst erwiesen. »Nur weil Anna eine Deutsche ist und im fernen Deutschland lebt, darf ich sie doch nicht schlechter behandeln.« Annas deutsche Freundinnen fielen fast in Ohnmacht: Mit der Schwiegermutter unter einem Dach, und das für ein Jahr! Annas chinesischer Ehemann wies seine Mutter vorsichtig darauf hin, dass dies wirklich nicht nötig sei. Die weite Reise, der Klimawechsel, die andere Ernährung, das alles würde ihr sicherlich zu schaffen machen. Doch sie bestand darauf, weil sie, wie sie meinte, des Familienfriedens wegen allen drei Söhnen dieselbe Zuneigung schenken wollte. So kam sie, und Anna war klug genug, sich mit ihr harmonisch zu arrangieren. In vielen Dingen war sie ihr sogar eine große Hilfe, die sie dankbar annahm. Nach einem Jahr reiste die Schwiegermutter hochzufrieden wieder ab. Auf ihre deutsche Schwiegertochter lässt sie nichts kommen.

Chinesische Eltern wollen im Haus ihrer Kinder nicht als Gäste behandelt werden. Sie möchten dazugehören, in den Alltag ihrer Kinder eingebunden werden. Sie übernehmen Aufgaben wie Kinderbetreuung, Einkaufen oder Kochen. Viele berufstätige Elternpaare sind in China auf die Hilfe der Alten angewiesen. Das Zusammenleben mit ein oder zwei Elternteilen ist deshalb noch sehr verbreitet (siehe auch »Alter«, S. 149).

Eurozentristische Arroganz

> Ein chinesischer Wissenschaftler und Mitarbeiter an einer ostdeutschen Universität war bei einem deutschen Kollegen zu Gast. Mit eingeladen waren einige Kollegen aus anderen Fachbereichen, die den Chinesen nicht kannten. Es wurde ein netter Abend mit anregenden Gesprächen. Vor allem der Chinese tat sich durch Humor und Witz hervor, bis eine der eingeladenen Damen euphorisch feststellte: »Ach, das hätte ich aber nicht gedacht. Die Chinesen sind ja auch ganz normale Menschen.«

Sicher, solche Sprüche sind selten und haben ihre Ursache in Unkenntnis, Vorurteilen und Fehlinformationen.

In China bringt man Menschen aus dem Westen schon aufgrund ihrer Herkunft mehr Respekt entgegen, als es in umgekehrtem Falle geschieht. Man bewundert am Westen den technologischen Vorsprung und den allgemeinen Wohlstand. Wie lange das noch anhält, ist sicherlich nur eine Frage der Zeit, denn die Aufholjagd hat längst begonnen.

Dass sich manche Leute im Ausland anders verhalten als zu Hause, wissen alle, die viel herumkommen. Mit einem deutschen Gehalt lässt es sich in China ausgezeichnet leben, und so kann sich mancher Deutsche, der von seinem Unternehmen dorthin geschickt wurde, einen höheren Lebensstandard erlauben als in der Heimat. Die Löhne für Dienstpersonal sind niedrig. Wer sich in Deutschland einmal die Woche eine Putzfrau für vier Stunden leisten kann, zahlt dasselbe in China für ein Dienstmädchen, das sechs Tage die Woche zehn Stunden für einen arbeitet. Das steigt manchem zu Kopf. Deutsche Maßstäbe werden auch gern bei der Beurteilung chinesischer Verhältnisse angelegt. So lässt sich immer wieder beobachten, mit welcher unterschwelligen Aggressivität manche Westler auf Chinesen reagieren, die anders agieren, als sie es für richtig halten.

Ist jeder Chinese ein Vertreter seiner Regierung?

Das zumindest scheinen einige im Westen zu glauben. Es ist erstaunlich, mit welchen Fragen und Kommentaren manche Chinesen im Ausland konfrontiert werden. Je nach politischer Wetterlage klingen die Fragen mehr oder minder freundlich, und immer sind es dieselben Themen: Tibet, Taiwan, Ein-Kind-Politik, Menschenrechte oder Ähnliches.

> Eine chinesische Schriftstellerin saß beim Deutschunterricht in einer Hamburger Sprachenschule. »Was sollte sich ein Tourist in Ihrem Land anschauen«, fragte die Lehrerin ihre ausländischen Schüler. Als die Chinesin an der Reihe war, nannte sie die Chinesische Mauer, den Beijinger Kaiserpalast, die Schluchten des Yangzi-Flusses und den Potala-Palast in Lhasa ... »Aber Frau Zhang«, unterbrach die Lehrerin sie scharf. »Tibet gehört doch gar nicht zu China.« Die Chinesin hielt verblüfft inne. Dass Tibet zu China gehört, hatte sie schon als kleines Kind in der Schule gelernt. Gerade wollte sie das offensichtliche Missverständnis richtig stellen, da schnitt ihr die Lehrerin das Wort ab. »Ach, lassen wir das!«, sagte sie und wandte sich mit verächtlichem Lächeln dem nächsten Schüler zu. Am liebsten wäre Frau Zhang nach Hause gegangen. Woher kommt diese Feindseligkeit?, fragte sie sich. Was kann ich dafür, dass es zu diesem Thema unterschiedliche Meinungen gibt?

Wenn es um die Belange Chinas und anderer Länder geht, attestieren viele Westler den Chinesen mangelnden Durchblick. Doch sollten sie nicht vergessen: China ist eine Kulturnation mit mehreren Tausend Jahren Geschichte, und als Nachkomme dieser alten Kulturnation fühlt sich jeder Chinese.

Allerdings ist Arroganz nicht nur auf deutscher Seite zu spüren. Sie ist auch den Chinesen nicht fremd. Deutschland sei langweilig und hielte nicht im Mindesten einem Vergleich mit einer so aufregenden Stadt wie Shanghai stand, befand eine junge Shanghaierin, Ehefrau eines Kulturbeauftragten. In Petra flammte sofort Nationalstolz auf, und sie fragte, wie lange sich die Dame denn in Deutschland aufgehalten hätte. »Nur kurz«, meinte diese. »Eine Woche lang.« »Und welche Städte haben Sie besucht?«, fragte Petra weiter. »Wien, Linz und Innsbruck«, erwiderte die Frau.

China, so groß und vielfältig wie ein Kontinent

> In Shanghai war es kalt. Nachts lagen die Temperaturen um den Gefrierpunkt und tagsüber, wenn wir Glück hatten und die Sonne schien, bei sieben bis acht Grad. Verwandte aus der nordostchinesischen Stadt Harbin reisten an. Bei ihnen zu Hause feierte man gerade bei minus fünfundzwanzig Grad das Fest der Eisskulpturen. Zwei Tage später flogen wir gemeinsam auf die südchinesische Insel Hainan. Der Flug dauerte zweieinhalb Stunden. Als wir dort aus dem Flugzeug stiegen, empfingen uns achtundzwanzig Grad Wärme.

Ein Temperaturunterschied von 50 Grad zwischen Norden und Süden im Winter ist bei den riesigen Ausmaßen Chinas nichts Ungewöhnliches.

Lage und Topographie

Die Zahlen sind schnell genannt: Die Fläche beträgt rund 9,5 Millionen Quadratkilometer, die äußerste Nordsüdausdehnung etwa 5500 Kilometer, die Ostwestausdehnung etwa 4500 Kilometer, die Grenze zu Lande misst rund 28 000 Kilometer und die Küstenlinie etwa 18 000 Kilometer. Über solche Zahlen liest man schnell hinweg. Man erfasst sie erst im Vergleich zu vertrauten Größen. So ist China rund 28-mal so groß wie die Bundesrepublik Deutschland und weit mehr als doppelt so groß wie die Europäische Union, die mit ihren 25 Mitgliedsländern etwa 3,9 Millionen Quadratkilometer misst. Nach Russland und Kanada ist China das drittgrößte Land der Erde, gemessen am Anteil fester Erdoberfläche. Vier Flugstunden liegt Beijing von Urumqi, der Hauptstadt der nordwestchinesischen autonomen Region

Xinjiang entfernt. Wer mit der Bahn vom südwestchinesischen Kunming ins nordöstlich gelegene Beijing reisen will, sitzt fast zwei Tage im Zug.

Chinas nördlichster Punkt liegt etwa auf demselben Breitengrad wie London, die Hauptstadt Beijing etwa auf der Höhe von Lissabon. Mit 14 Ländern gibt es gemeinsame Grenzen, im Norden mit Nordkorea, Russland und der Äußeren Mongolei, im Westen mit Kasachstan, Kirgisistan, Tadschikistan, Afghanistan, Pakistan, Indien, Nepal und Bhutan und im Süden mit Myanmar, Laos und Vietnam. Im Osten reicht das Land bis an das Gelbe, Ostchinesische und Südchinesische Meer.

China ist ein Land der Superlative. Es ist mit 1,3 Milliarden Menschen nicht nur das volkreichste der Welt, es hat auch von seiner Topographie einige Spitzenwerte zu bieten. Mit den Achttausendern im Grenzgebiet zu Nepal verfügt es über die höchsten Berge der Erde und mit dem Turfanbecken im Nordwesten, das bis zu 154 Meter unter den Meeresspiegel reicht, über die zweittiefste Senke. Die weltgrößte Hochlandfläche, das »Dach der Welt«, mit einer Durchschnittshöhe von etwa 5400 Metern, zählt ebenso zu China wie das Tarimbecken, eine der größten Wüstenlandschaften. Auch zwei der längsten Flusssysteme befinden sich in China: der Yangzi (5983 Kilometer) und der Gelbe Fluss (4848 Kilometer).

Etwa 60 Prozent des Landes sind gebirgig, 14 Prozent bewaldet und nur zehn Prozent der gesamten Fläche als Ackerland nutzbar. China lässt sich grob in zwei Hälften teilen: Die westliche ist mit den hohen Gebirgen, Hochplateaus, Wüsten und Senken durch extreme natürliche Bedingungen gekennzeichnet. Die östliche Hälfte grenzt an den Pazifik, wodurch Natur und Klima gemäßigter ausfallen. Hier entstand die chinesische Kultur, befindet sich der traditionelle Wirtschaftsraum und liegen heute die modernen Ballungsgebiete. Etwa 90 Prozent der Bevölkerung leben auf nur 15 Prozent der gesamten Landesfläche. Tibet, Xinjiang und die Innere Mongolei machen die Hälfte von Chinas Territorium aus, werden jedoch von weniger als fünf Prozent der Bevölkerung bewohnt.

Klima

In der westlichen Hälfte Chinas herrscht kontinentales Klima mit kalten Wintern und warmen bis heißen Sommern. Der Wind kommt überwiegend aus dem Westen, die Niederschläge sind gering. In der östlichen Hälfte bestimmen die jahreszeitlich wechselnden Monsune das Klima. Von Oktober bis April ziehen von Sibirien und dem Nordwestpazifik kalte und trockene Luftmassen über Nordchina in Richtung Südosten; von Mai bis September strömen aus entgegengesetzter Richtung, vom Pazifik und dem indischen Subkontinent kommend, warme und feuchte über die östliche Hälfte.

Während sich im Sommer die Temperaturen angleichen, herrschen im Winter starke Unterschiede zwischen den Landesteilen. In der nordöstlichen Provinz Heilongjiang können die Temperaturen im Winter unter minus 30 Grad Celsius fallen, während zur selben Zeit auf der tropischen Insel Hainan 25 Grad Celsius gemessen werden. In Beijing liegen die Durchschnittstemperaturen von Dezember bis Februar knapp unter dem Gefrierpunkt. Die dort herrschende trockene Kälte lässt sich allerdings besser ertragen als die feuchte Kälte in den südchinesischen Städten, zumal die Wohnungen im Norden mit Heizungen ausgestattet sind. Der Yangzi, auf Chinesisch Changjiang, »langer Fluss«, genannt, teilt das Land in eine nördliche und eine südliche Hälfte und bildet so auf natürliche Weise die Heizgrenze. Im Süden gelten die Winter als zu kurz, als dass man in die Wohnungen Heizungen einbauen müsste. Sie verfügen bestenfalls über Klimaanlagen, die sich auf »Heizen« umschalten lassen.

Im Norden fällt von Juni bis August der meiste Niederschlag, im Süden von März bis September. Frühling und Herbst währen nur kurz, sind dafür aber wegen ihrer milden Temperaturen die angenehmste Reisezeit.

Wetterphänomene

Der Norden wird in den Monaten März und April von den gefürchteten Sandstürmen heimgesucht. Der Sand stammt aus den westlich gelegenen Wüsten. Er ist fein wie Staub und dringt durch alle Ritzen. Man muss Fenster und Türen verkleben, will man verhindern, dass er in die Häuser eindringt. In Nase, Mund und Ohren, Kleidern und Schuhen setzt er sich ab, sobald man nur das Haus verlässt. Die Menschen binden sich Schutzmasken vor Mund und Nase, die Frauen schützen Gesicht und Haare häufig noch mit Chiffontüchern.

Im Süden sind es die Nebeltage, die für Beeinträchtigungen, insbesondere des Flugverkehrs sorgen. In manchen Regionen, vor allem im südwestlichen Yunnan, treten sie besonders häufig auf.

In den südöstlichen Küstenregionen fürchtet man die Taifune. Sie suchen das Gebiet meist zwischen Juni und Oktober heim. Bedrohliche Ausmaße können auch die alljährlichen sintflutartigen Regenfälle annehmen, die in der östlichen Landeshälfte oft zu verheerenden Überschwemmungen führen. Ein anderes Extrem sind monatelange Trockenperioden.

Bevölkerung

Ein Fünftel der Weltbevölkerung lebt in China, und das ist mehr als das, was die USA, die EU, Russland und Japan zusammen an Einwohnern zählen. Um auf eine ähnlich große Bevölkerungszahl wie die Chinesen zu kommen, müsste man zu den Amerikanern, EU-Bürgern, Russen und Japanern noch die Indonesier hinzuzählen, die mit 200 Millionen Menschen immerhin an vierter Stelle stehen.

China ist ein Vielvölkerstaat. 56 Nationalitäten zählt das Land. Die Han bilden mit rund 92 Prozent die größte Gruppe. Der Begriff *Han* geht auf die berühmte Han-Dynastie (206 v. bis 220 n. Chr.) zurück, als die Nachbarvölker die Bewohner des chinesischen Reiches nach ihrem regierenden Kaiserhaus benannten.

Neben den Han gibt es weitere 55 Nationalitäten, auch »nationale Minderheiten« genannt. Die Zhuang, Man, Hui und Miao stellen die größten Gruppen dar. Es ist nicht immer die ethnische Abstammung, die die Gemeinsamkeit einer solchen Gruppe ausmacht. Das verbindende Element kann auch die Sprache, der Siedlungsraum oder die Religion sein, wie etwa bei den moslemischen Hui. Die Minderheiten leben überwiegend in den Steppen- und Gebirgslandschaften im Nordosten, Nordwesten und Südwesten, also in jenen Gebieten, die über die Mehrheit der unentbehrlichen Rohstoffe verfügen und deshalb von großer wirtschaftlicher Bedeutung sind. Ist der Minderheitenanteil einer Region besonders hoch, verfügt sie über einen autonomen Status. Neben den insgesamt 56 offiziell anerkannten Nationalitäten gibt es noch etliche zahlenmäßig kleinere Volksgruppen und Stämme.

Sprache

Die Han-Chinesen sprechen *Hanyu*, die Sprache der Han, auch *Zhongwen*, die Sprache des Reichs der Mitte, genannt. Acht Hauptdialekte gibt es im Hanyu, darunter den Shanghai- und den Kantondialekt und Tausende von Unterdialekten und Mundarten. Die Hauptdialekte weisen in ihrer Aussprache so große Unterschiede auf, dass eine mündliche Verständigung unmöglich ist. Der Kantonese versteht den Shanghaier nicht, wenn er dessen Dialekt nicht gelernt hat, und der Beijinger den Shanghaier nicht. Es ist, als würde der eine englisch und der andere französisch sprechen. Das verbindende Element zwischen den Dialekt sprechenden Menschen ist die gemeinsame Schrift, die sich aus Symbolen entwickelt hat.

Neben dem *Hanyu* gibt es noch die mehr als 80 Sprachen der nationalen Minderheiten, wie etwa Mongolisch oder Tibetisch. Einige Minderheiten wie die Hui sprechen seit jeher die Sprache der Han, so inzwischen auch die Man, deren eigene mandschurische Sprache bereits untergegangen ist.

Die Amtssprache ist *Putonghua*, »allgemeine Sprache«, der

nördliche Dialekt des *Hanyu*, auch Mandarin oder Hochchinesisch genannt. Da Hochchinesisch Unterrichtssprache ist und über Radio und Fernsehen ausgestrahlt wird, versteht man es in ganz China. Der Beijinger kann sich folglich überall verständlich machen, während er seine Dialekt sprechenden Landsleute kaum versteht.

Von Mandschuren und Kantonesen

> Der Qigong-Meister in Sichuan betrachtete seine beiden neuen Schülerinnen. Sie waren gerade aus dem fernen Deutschland eingetroffen: Anke, klein und blond, Petra, groß und braun. Er war verwirrt und schüttelte schließlich den Kopf: »Man kann euch kaum auseinander halten. Ihr Europäer seht alle gleich aus.«

Für viele Chinesen sehen alle Europäer gleich aus. Anfangs können sie nur schwer irgendwelche Unterschiede ausmachen. Den Europäern geht es ähnlich. Allein von der Haarfarbe her, dunkelbraun bis tiefschwarz, gibt es tatsächlich wenig Kontraste, wenn man einmal von den blond gefärbten Haaren einiger Jugendlicher absieht. Was aber Körperbau, Physiognomie, Temperament und Mentalität betrifft, zeigen sich zwischen den Menschen der einzelnen Regionen deutliche Unterschiede, ähnlich wie in Europa zwischen Finnen und Italienern oder Iren und Griechen. Im Folgenden führen wir ein paar »typische« Merkmale auf, die – nicht immer ganz ernst gemeint – unter Chinesen häufig zu hören sind.

Die Menschen im Nordosten, unter ihnen Mandschuren, Mongolen und Koreaner: Bei einigen fließt noch das Blut der Reitervölker aus den Steppen Asiens in den Adern. Kräftige Gesellen sind sie, mutig, kämpferisch, geradeheraus, treue Freunde, mit denen man durch dick und dünn gehen kann, wahre Helden, hart im Nehmen und herzlich. Eine alte Redensart sagt:

Wenn diese Leute aneinander geraten, werden nicht viele Worte gemacht. Im Nu sprechen die Fäuste. Ganz im Nordosten, in Harbin, wo die Winter besonders kalt sind, haut man Eisblöcke aus den gefrorenen Flüssen und formt Eisskulpturen. Gegen die Kälte hilft Hochprozentiges. Die Mongolen stammen von zentralasiatischen Nomaden ab, von Schafzüchtern und feurigen Reitern. Im Laufe der Jahrhunderte fielen sie mehrmals ins Reich der Ackerbau treibenden Han-Chinesen ein, um sich mit Getreide und Gemüse einzudecken. Unter der Führung von Dschingis Khan und später unter dessen Sohn und Enkel überrannten sie zu Beginn des 13. Jahrhunderts fast den gesamten eurasischen Kontinent. Im Westen kamen sie bis nach Deutschland und Ungarn, im Osten bis nach Südchina, Indochina und Kambodscha. Sie gründeten in China die Yuan-Dynastie und herrschten von 1271 bis 1368. Auch die Mandschuren eroberten einst ganz China und gründeten eine Dynastie. Sie nannten sie *Qing* und herrschten von 1644 bis 1911 über das chinesische Reich. Den Mandschuren sagt man nach, dass ihnen noch heute ein wenig kaiserliches Gehabe anhaftet, denn sie sind konservativ und halten an vielen alten Sitten und Traditionen fest.

Ähnlich wie die Mongolen und Mandschuren sind auch andere Nordchinesen als Draufgänger bekannt, zurückhaltend zwar und wortkarg, aber dennoch energisch und voller Kampfeslust. Karge Böden und harte Klimabedingungen haben die Menschen im Nordwesten geprägt. Ein altes Sprichwort beschreibt die Provinz Gansu: Die Berge so karg, dass kein Grashalm auf ihnen wächst; die Dächer so flach, dass man auf den Häusern um die Wette rennen kann; die Wege bei Regen so schlammig, dass alles versinkt; die Menschen so arm, dass sie ewig hungrig sind.

Ebenfalls zu Nordchina gehört Shaanxi mit der alten Kaiserstadt Xi'an, deren Bewohner noch immer stolz auf ihre einstige Hochkultur sind. Über viele Jahrhunderte kontrollierten sie den Nordwesten Chinas, weshalb sie von den Menschen dort auch verächtlich die »Shaanxi-Bande« genannt werden. Im fernen nordwestlichen Xinjiang leben die Oasenvölker, ein Gemisch aus Han, Uiguren, Tadschiken, Kasachen, Usbeken und Kirgisen. Ihnen allen wird ein angeborenes Talent zum Handel nachgesagt.

Sie sind heißblütig, singen und tanzen gern, und nichts ist schöner, als an ihren traditionellen Festen teilzunehmen.

Die Beijinger finden, dass sie wesentlich zivilisierter sind als ihre Landsleute in den anderen Regionen. Sie haben eine gute Ausbildung und wissen sich zu benehmen, denn sie standen viele Jahrhunderte unter direkter kaiserlicher Kontrolle. Beijing war die Hauptstadt mehrerer Dynastien. Ming- und Qing-Dynastie sind die bekanntesten. Die Beijinger fühlen sich der kaiserlichen Tradition und der klassischen Kultur verbunden. Viele alte Sitten und Gebräuche blieben in den Familien erhalten. Natürlich können sich auch die Beijinger ordentlich aufregen und stundenlang streiten, aber sie scheuen sich, handgreiflich zu werden. Beijing ist heute politisches und kulturelles Zentrum des Landes. Entsprechend aufgeschlossen geben sich seine Bewohner. Manche Ausländer sind der Meinung, dass einem die Beijinger viel mehr Interesse und Freundlichkeit entgegenbringen als beispielsweise die als eingebildet geltenden Shanghaier. Selbst die Beijinger Taxifahrer sind freundlich und philosophieren über die großen Fragen dieser Welt, während ihre Shanghaier Kollegen nur mürrisch vor sich hin brummeln.

Südöstlich von Beijing liegt die Hafenstadt Tianjin. Dort sind die Leute zwar auch direkt und offen, aber ein wenig aufbrausender als die Beijinger und darüber hinaus noch ziemlich laut. Sie haben eine scharfe Zunge, und merkwürdigerweise kommen sie mit den vier Tonhöhen der modernen Hochsprache nicht zurecht, weshalb sie das Mandarin mit einem seltsamen Singsang sprechen.

Vor den Leuten aus der Küstenprovinz Shandong hat jeder Respekt. Hier prägten Kriege, Naturkatastrophen und Armut die Menschen. Dennoch war Shandong immer auch ein kulturelles Zentrum. Noch heute sind die Leute stolz darauf, dass Konfuzius einer der Ihren war. Er kam aus Qufu. Die Shandonger sind ähnlich wie die Mandschuren: Tapfer und stur stehen sie für Werte wie Freundschaft, Treue und Bruderschaft. Vor allem aber sind die Shandonger trinkfest. Bei ihnen kippt man alles auf ex, egal ob edlen französischen Rotwein oder chinesischen Schnaps. Nur nippen zählt nicht.

So rau wie die Nordchinesen im Umgang sind, so deftig ist auch ihre Küche, sagen die Südchinesen und rümpfen die Nase, denn sie können Menschen, die aus allen Poren nach Knoblauch riechen, einfach nicht ertragen. In dieser Hinsicht kennen die Nordchinesen kein Pardon. Sie lieben Knoblauch, essen ihn am liebsten roh und reichen ihn zehenweise zu gefüllten Teigtaschen, den beliebten *Jiaozi*. Ohne Mehlspeisen können die Menschen im Norden nicht leben. Es gibt Nudeln, Dampfbrötchen und Teigfladen in allen Variationen und möglichst hausgemacht. Südlich des Yangzi isst man lieber Reis. Dort sind die Menschen schmalgliedriger und kleiner und – wie sie von sich selbst sagen – auch zarter besaitet. Das könne man schon an ihren klassischen Opern sehen, in denen es um Liebe, und nicht wie im Norden um Kriegshelden und Schlachten geht. So wortkarg sich manche Nordchinesen geben, so lebenslustig und gesprächig sind die Südchinesen.

Im ganzen Land unbeliebt sind die Shanghaier. Kompliziert im Umgang wären sie, heißt es, oberflächlich und geschwätzig. Nur die Shanghaier selbst halten große Stücke auf sich, weil sie schon immer den anderen um eine Nasenlänge voraus waren. In Shanghai ist alles moderner und westlicher. Deshalb hört man auch häufig die Behauptung, Shanghai sei nicht mit dem übrigen China vergleichbar. Tatsächlich sind die Shanghaier nicht annähernd so offen und direkt wie die Nordchinesen. Auch werden sie nicht wie diese handgreiflich, und wenn doch, dann handelt es sich um Zugereiste. Die echten Shanghaier schimpfen nur lautstark und gehen dann nach Hause, als sei nichts gewesen. Doch sollte man aufpassen, dass nicht in derselben Nacht zu Hause ein Fenster eingeschlagen wird. Ausländische Geschäftsleute loben indessen die Shanghaier. Sie schätzen sie als kompetente Partner und bescheinigen ihnen hohe Professionalität. Von den Shanghaier Frauen heißt es, sie wären *lihai*, rigoros, und hätten Haare auf den Zähnen. Nur auf ihren persönlichen Profit käme es ihnen an. Selbst einen 80-Jährigen würde eine junge Shanghaierin heiraten, wenn er nur reich genug ist. Etwas ganz anderes sagt man den Frauen aus der südostchinesischen Provinz Fujian nach, die berühmt für ihre Tugend und Anmut sind und deshalb ideal zum Heiraten wären.

Die Kantonesen, von den Nordchinesen »südliche Barbaren« genannt, wissen genau, was sie wollen. So klein und schmal sie manchmal auch gebaut sind, so zäh und ausdauernd zeigen sie sich. Und sie sind stolz. Es waren die Kantonesen, die als Erste von britischen Kanonenbooten beschossen wurden. Die Opiumkriege nahmen in ihrem Gebiet den Anfang. Deshalb begegnen sie auch heute noch Ausländern mit einer gewissen Skepsis. Sun Yatsen, der als Gründer des republikanischen China verehrt wird, kam aus Kanton. Er führte die Bewegung an, die zum Sturz des Kaiserreiches führte. Kantonesen sind tüchtig, einfallsreich und haben einen ausgeprägten Geschäftssinn. Nicht weit von Kanton, in Shenzhen, entstand die erste Sonderwirtschaftszone, in der in den 80er Jahren mit den Gesetzen der Marktwirtschaft experimentiert wurde. Die Kantonesen können wegen kleinster Kleinigkeiten in hellste Aufregung geraten und dabei vor Wut die Kontrolle verlieren. Weil sie in einer subtropischen Region leben, halten sie sich gern im Freien auf, spazieren mit nackten Füßen in Plastiklatschen und in Schlafanzügen herum, was die Shanghaier übrigens im Sommer auch gern tun und was für die förmlichen und Kälte gewohnten Nordchinesen fast undenkbar ist. Kantonesen sind neugierig und experimentierfreudig. Sie gelten als genusssüchtige Feinschmecker, die alles essen, was vier Beine hat, ausgenommen Möbelstücke, und alles, was am Himmel fliegt, außer Flugzeuge. Sie sind gute Köche, gehen aber noch lieber essen, am liebsten schon zum Frühstück zum *Yam Cha*, »Tee trinken«. Die kleinen Leckerbissen, die man zum Frühstückstee isst, sind als *Dim Sum* im ganzen Land berühmt. Und sie lieben Meeresfrüchte. Wohl keine andere Region Chinas verspeist so viel davon wie die Menschen in dieser südchinesischen Provinz.

Im benachbarten südostchinesischen Fujian hat man schon immer den direkten Zugang zum Meer genutzt, um in andere Länder zu gelangen. Die meisten Chinesen, die seit mehreren Generationen in Malaysia, Singapur, auf den Philippinen und in anderen südostasiatischen Ländern leben, stammen ursprünglich aus Fujian. Bis heute sprechen sie ihren heimischen Dialekt *Minnanhua*, die »Südfujian-Sprache«. Auch auf Taiwan ist dieser

Dialekt sehr verbreitet, weil der überwiegende Teil der dortigen Bevölkerung vom Kontinent stammt.

Von den Menschen in der Landesmitte sagt man, dass sie hartnäckig und redselig wären. Ein altes Sprichwort lautet: Am Himmel schreien die Vögel, auf Erden die Leute aus Hubei. Niemand kann so laut fluchen wie sie, was an ihrem scharfen Essen liegen mag. Manche von ihnen sind recht kräftig gebaut, genau wie die Leute aus Hunan, die die Politik, aber auch die Intrige lieben. Viele führende Politiker des letzten Jahrhunderts kamen aus Hunan, wie Mao Zedong, Liu Shaoqi und Peng Dehuai.

Der Himmel ist hoch und der Kaiser weit, sagt ein altes Sprichwort. Auf weite Distanz zollt man dem Kaiser Respekt und macht ansonsten, was man will. Das gilt für die Menschen aus Sichuan, Yunnan und Guizhou, denn diese nehmen es mit den Weisungen aus Beijing nie so genau. In Sichuan liebt man das scharfe Essen und die Freundschaft. Von Guizhou heißt es in einem Sprichwort: Am Himmel keine drei Tage Sonnenschein, auf Erden keine drei Fuß ebenen Boden, in den Taschen der Menschen keine drei Cents.

Nachbemerkung

Wir möchten mit diesem Buch China den deutschen Lesern näher bringen. Als deutsch-chinesisches Ehepaar sind wir in beiden Ländern zu Hause und mit beiden Kulturen vertraut. Wir wollen einen Einblick geben in die Sitten und Gebräuche der Chinesen, in ihre Mentalität und Gewohnheiten. Doch China ist groß. Das Land hat die Ausmaße eines Kontinents, und deshalb können wir bei unseren Beschreibungen nur verallgemeinern, wohl wissend, dass es große Unterschiede zwischen den einzelnen Regionen gibt. Wir hoffen, dass es uns aufgrund unserer Erfahrungen trotzdem gelungen ist, einen hilfreichen Eindruck vom chinesischen Leben zu vermitteln.

Yu Chien Kuan
Mein Leben unter zwei Himmeln
Eine Lebensgeschichte
zwischen Shanghai und Hamburg
Band 17921

In »Mein Leben unter zwei Himmeln« erzählt Yu Chien Kuan seine aufregende Lebensgeschichte. 1931 in Kanton geboren, erlebt er als kleiner Junge in Shanghai die japanische Invasion, als Heranwachsender die chinesische Revolution. Nach dramatischer Flucht über Ägypten kommt er in das Deutschland der siebziger Jahre. Ein unglaublicher Lebensbericht, spannend, lebensbejahend und humorvoll.

»Eine faszinierende Geschichte,
die ich nicht beiseite legen konnte.«
Hans-Jürgen Massaquoi

Fischer Taschenbuch Verlag

Petra Häring-Kuan
Meine chinesische Familie
Dreißig Jahre Wandel in China
Band 16281

Stellen Sie sich vor, Sie haben einen Chinesen geheiratet und besuchen zum ersten Mal seine Familie in China ...

Die komplizierte Sprache der neuen Verwandtschaft zu lernen, ist eine Sache. Sich aber über die kulturellen, politischen und gesellschaftlichen Unterschiede hinweg wirklich zu verstehen – das bietet Stoff für spannende Geschichten. Am Beispiel ihrer chinesischen Familie beschreibt Petra Häring-Kuan auf ganz persönliche Weise ein erstaunliches Land im Aufbruch.

Fischer Taschenbuch Verlag

Yu-Chien Kuan
Petra Häring-Kuan
Die Langnasen
Was die Chinesen über uns Deutsche denken
Band 18505

Yu-Chien Kuan und Petra Häring-Kuan sind in beiden Kulturen zu Hause. Sie haben mit vielen Chinesen in Deutschland und China gesprochen, um zu erfahren, wie sie uns »Langnasen« einschätzen: was sie an uns mögen und sogar bewundern, aber auch, was sie an uns merkwürdig oder irritierend finden. Dieser längst fällige Perspektivwechsel verrät uns nicht nur viel über uns selbst, sondern auch über die Chinesen und ihre Kultur.

»Ich kann mich nicht erinnern, wann ich zuletzt
ein derart informatives und gleichzeitig unterhaltsames
Buch gelesen habe. Deshalb möchte ich jedem die Lektüre
empfehlen, der bereit ist, seine Urteile und
seine Vorurteile auf den Prüfstand zu stellen.«
Helmut Schmidt

Fischer Taschenbuch Verlag